财政部规划教材

初级会计学

Fundamentals of Accounting

刘中华　张瑞丽　主编

中国财经出版传媒集团

经济科学出版社
Economic Science Press

图书在版编目（CIP）数据

初级会计学 / 刘中华，张瑞丽主编 .—北京：经济科学出版社，2022.1（2023.2 重印）
财政部规划教材
ISBN 978 – 7 – 5218 – 3403 – 1

Ⅰ.①初… Ⅱ.①刘… ②张… Ⅲ.①会计学 – 高等学校 – 教材 Ⅳ.①F230

中国版本图书馆 CIP 数据核字（2022）第 012481 号

责任编辑：杜　鹏　孙倩靖
责任校对：蒋子明
责任印制：邱　天

初级会计学
刘中华　张瑞丽　主编
经济科学出版社出版、发行　新华书店经销
社址：北京市海淀区阜成路甲 28 号　邮编：100142
编辑部电话：010 – 88191441　发行部电话：010 – 88191522
网址：www.esp.com.cn
电子邮箱：esp_bj@163.com
天猫网店：经济科学出版社旗舰店
网址：http://jjkxcbs.tmall.com
北京时捷印刷有限公司印装
787×1092　16 开　17.25 印张　370000 字
2022 年 2 月第 1 版　2023 年 2 月第 2 次印刷
ISBN 978 – 7 – 5218 – 3403 – 1　定价：39.00 元
（图书出现印装问题，本社负责调换．电话：010 – 88191510）
（版权所有　侵权必究　打击盗版　举报热线：010 – 88191661
QQ：2242791300　营销中心电话：010 – 88191537
电子邮箱：dbts@esp.com.cn）

前 言
INTRODUCTION

随着经济社会的发展和以大数据、云计算、物联网、人工智能、区块链等为特征的信息技术发展，会计工作也面临着新的挑战。同时，为了规范会计核算工作，提高会计信息质量，财政部不断修订颁布了一系列《企业会计准则》和深化税收改革的制度。科学技术进步与经济社会环境变化，必然要求会计学教学内容也要作出相应的调整和完善。

教材建设工作是高等院校巩固教学改革成果、提高教学质量、造就高素质人才的重要环节。本教材依据最新修订颁布的《企业会计准则》《企业会计准则——应用指南》等规定及深化增值税改革的要求编写，同时借鉴会计教育改革的最新成果，试图对会计基础教育的内容不断创新和完善。

本教材在编写过程中将会计准则和税收改革的新变化融入其中，并结合长期教学实践和社会实践经验，系统简明地阐述了初级会计学的基本理论；通过一般企业的日常经济业务，介绍会计核算业务基础知识，具有鲜明的新颖性、典型性、实用性特点。为便于教学与学习，本教材在体系和结构安排上力求内容完整、循序渐进，每章前有"学习目的与要求"和"本章知识结构导图"，章后附有"复习思考题"。为了使同学们加深理解和巩固提高，我们还编写了同教材配套的习题与解答，以方便课后学习。本教材适用于会计学专业学生使用，同时也可作为经济管理类其他专业学习会计学的教学用书。

本教材由广东外语外贸大学会计学院刘中华、张瑞丽老师主编，并负责整个教材的组织和总纂定稿。参加编写的人员有刘中华、汤胜、张瑞丽、曹瑜强、唐亚娟及广州华商学院程可辉老师等。本教材在编写过程中得到了广东外语外贸大学会计学院、经济科学出版社等单位的大力支持，同时还要感谢王心悦、江励锋、樊蓓沁、汤颖哲、吴宇、谢思诚等研究生收集整理参考资料和制作课件等,在此一并致谢。

在教材编写过程中难免对一些内容安排和问题表述有所缺憾,恳请读者和同行批评指正,以便我们不断完善和修订。

编者

2022 年 1 月

目 录
CONTENTS

第一章　总论 ·· 1

　第一节　会计的含义 ··· 2
　第二节　会计的职能与目标 ··· 8
　第三节　会计假设与会计核算原则 ·· 12
　第四节　会计的方法 ··· 20
　第五节　会计规范与会计国际化 ··· 23
　复习思考题 ·· 29

第二章　会计要素与会计等式 ·· 30

　第一节　会计对象 ·· 30
　第二节　会计要素 ·· 32
　第三节　会计等式 ·· 39
　复习思考题 ·· 44

第三章　账户与复式记账 ·· 45

　第一节　会计科目与账户 ··· 45
　第二节　借贷记账法 ··· 51
　第三节　账户的平行登记 ··· 63
　复习思考题 ·· 66

第四章　制造业企业主要经济业务的核算 ······························ 68

　第一节　制造业企业主要经济业务概述 ··································· 69
　第二节　资金筹集的核算 ··· 71
　第三节　材料采购和发出核算 ··· 81

第四节　长期资产的核算 …………………………………………………… 92
　　第五节　生产与成本的核算 ………………………………………………… 103
　　第六节　销售过程的核算 …………………………………………………… 117
　　第七节　财务成果形成与分配的核算 ……………………………………… 125
　　复习思考题 …………………………………………………………………… 141

第五章　会计凭证和会计账簿 …………………………………………………… 142
　　第一节　会计凭证 …………………………………………………………… 143
　　第二节　会计账簿 …………………………………………………………… 156
　　第三节　会计凭证与会计账簿的管理 ……………………………………… 170
　　复习思考题 …………………………………………………………………… 173

第六章　财产清查 ………………………………………………………………… 174
　　第一节　财产清查概述 ……………………………………………………… 174
　　第二节　财产清查的内容与方法 …………………………………………… 179
　　第三节　财产清查结果的处理 ……………………………………………… 185
　　复习思考题 …………………………………………………………………… 189

第七章　财务报告 ………………………………………………………………… 190
　　第一节　案例引入 …………………………………………………………… 190
　　第二节　财务报告概述 ……………………………………………………… 196
　　第三节　资产负债表 ………………………………………………………… 199
　　第四节　利润表 ……………………………………………………………… 210
　　第五节　现金流量表 ………………………………………………………… 214
　　第六节　所有者权益变动表 ………………………………………………… 217
　　第七节　财务报表附注 ……………………………………………………… 219
　　第八节　常见财务报表分析指标 …………………………………………… 220
　　复习思考题 …………………………………………………………………… 222

第八章　账务处理程序 …………………………………………………………… 223
　　第一节　会计账务处理程序概述 …………………………………………… 223
　　第二节　记账凭证账务处理程序 …………………………………………… 226
　　第三节　科目汇总表账务处理程序 ………………………………………… 226
　　第四节　汇总记账凭证账务处理程序 ……………………………………… 228

第五节　科目汇总表会计账务处理程序实例 …………………… 230
　　复习思考题 …………………………………………………………… 247

第九章　会计工作组织 …………………………………………… 248

　　第一节　会计机构与会计人员 ………………………………………… 248
　　第二节　会计工作组织的基本内容 …………………………………… 254
　　第三节　会计职业道德 ………………………………………………… 256
　　第四节　会计档案 ……………………………………………………… 258
　　复习思考题 …………………………………………………………… 262

主要参考文献 …………………………………………………………… 264

第一章 总　　论

【本章知识结构图】

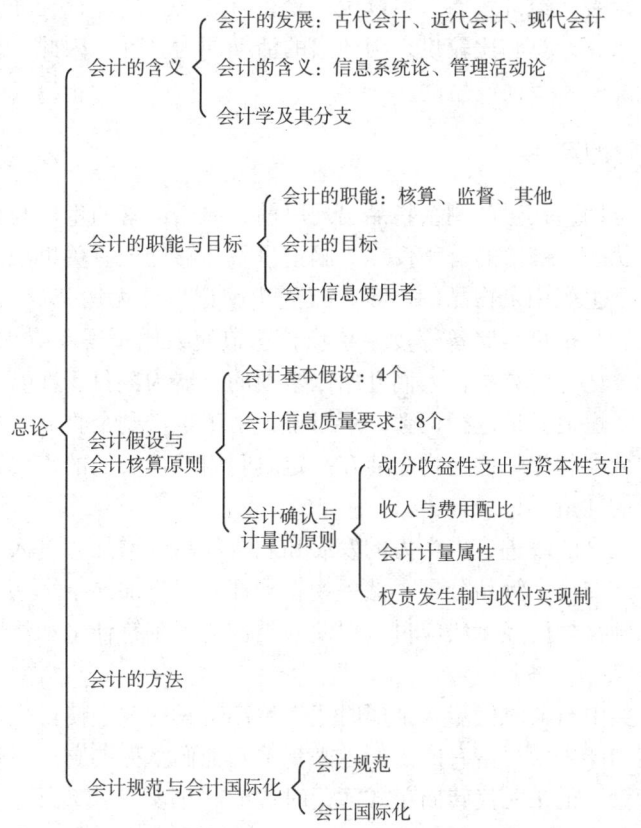

【学习目的与要求】
　　会计是基于信息处理的管理活动，是经济管理的重要组成部分。通过本章学习，应当了解会计的产生与发展；掌握会计的基本概念及主要观点；明确会计职能与会计目标；掌握会计假设与会计核算的原则；了解会计的规范体系及会计国际化。

第一节 会计的含义

一、会计的产生与发展

会计是为适应社会生产实践和经济管理的客观需要而产生的,并随着生产的发展而发展。生产活动是人类赖以生存和发展的最基本的实践活动。在生产活动过程中,一定是先有投入,而后有产出。记录生产过程的投入与产出,并加以比较,才能判断是否有经济效益、继续生产是否有意义,这样社会才会进步,经济才会发展。记录、计算和比较投入与产出的活动即为会计,因此,会计是出于对管理生产和分配的需要而产生的。

(一) 会计的产生

原始社会早期,在生产剩余物品出现以前,原始部落的生产与分配活动尚处于极其简单的状态,部落的首领仅靠头脑记事就能够处理有关事项。在旧石器时代中晚期,由于生产剩余物品的出现,仅凭头脑记事已无法完成组织生产活动、分配剩余物品、安排物品储备等复杂事项,这迫使人们不得不寻求记事的载体,以及进行计量、记录的方法,人们开始以坚硬的石器为刻具,在石头、骨片、树干等上刻画出一道道标记进行记数。所以说,由于生产剩余物品的出现,围绕剩余物品的合理分配和保障这些物品能在一定时间内维持人们的需要这些问题,萌生了人类最早的计量、记录行为。

随着生产工具的改进、生产力的发展和剩余物品的增加,进入新石器时代之后,部落的生产安排、物品分配、储备物管理都变得更加复杂,还要考虑物品交换,简单的刻画符号已经无法应付,促使人类创造了刻符计量和绘图计量等记录方法。

此后,人类由石器时代步入金属时代,生产工具的改进使得生产力得到很大提高,私有制的产生使得富有的人们越来越关心他们掌握的财产,这时,标志着会计由原始计量、记录时代转向单式簿记时代的"书契"出现了。"书契"是在刻符记事与抽象绘图记事的基础上产生的,但无论在文字创造方面,还是在数的创造、运算方面都兼有两者之优点,由数字、实物计量单位和文字三个要素构成。

(二) 会计的发展

1. 西方会计的发展。随着私有制的发展,人类社会从原始社会进入奴隶社会,由于经济的发展和文字的丰富,原始的计量、记录终于演化为文字和数字相结合的簿记。由于私人财产的累积,家庭或家族要通过计量和考核保护财产的安全、完整,安排财产的使用和储备,并不断扩大财产的占有数量。这种计量和考核工作后来被称为簿记工作，由"管家"亲自或委托助手实施，"管家"定期向"东家"报告财产物资的收发缴存详情，"东家"检查这些报告并据以衡量"管家"是否诚实、有效地履行其职责。"簿记"对应于英文中的"bookkeeping"一词，book 是指账册或账簿，keep 意为保存、保留、保密、管理等。

从奴隶社会至公元 12 世纪，在漫长的单式簿记年代，发展出了较为完善的官厅簿记、庄园簿记、手工业簿记、商业簿记、教会与寺庙簿记、典当簿记、钱庄簿记等行业性簿记。这时期簿记工作的特点是，平时只记载现金和往来收付，不记载财产的增减和损益，期末采用盘存法确定财产总值，本期增加的财产按照期末财产减去期初财产衡量。相对于后来出现的复式簿记，这种简单的簿记方法被称为单式簿记。

12 世纪，由于海上贸易的发展，意大利沿海城市佛罗伦萨、热那亚、威尼斯的商业、手工业和金融业获得了长足的发展，这些城市出现了复式簿记的萌芽，先后出现了著名的"佛罗伦萨式簿记""热那亚式簿记""威尼斯式簿记"。复式簿记的记录与报告已不是"东家"私人财物的收发缴存，而是相对独立经营的"营业主体"的资产及其变动。复式簿记的特点是对每项会计事项均按相等金额在两个或两个以上相互联系的账户中同时进行登记，期末可以通过全面清查检查账实是否相符；引入了损益计算的"虚账户"，根据收入、费用的比较计算损益，从而揭示净财富变动的原因，反映资金的来龙去脉。

1494 年，意大利数学家卢卡·帕乔利（Luca Pacioli）在总结意大利威尼斯商人簿记方法的基础上出版了《算术、几何、比及比例概要》，其中，第九篇第十一论《计算与记录要论》（即《簿记论》）详细阐述了复式簿记的基本原理、基本方法与实务处理。该书的出版使得复式簿记法得到了广泛的传播和应用，卢卡·帕乔利也由此被称为"近代会计之父"。这既是借贷复式记账法形成的重要标志，也是近代会计发展史上具有划时代意义的第一个里程碑，标志着近代会计的开端。在随后漫长的历史时期内，复式簿记在意大利迅速得到普及并不断发展和完善，16~17 世纪，德国、荷兰、法国等先后继承与发展了意大利的复式簿记实务与理论，最终在欧洲造就了"卢卡·帕乔利时代"。随着美洲大陆的发现和东西方贸易的进行，加之各国建立了统一货币制度、阿拉伯数字取代了罗马数字、纸张的普遍使用等，促使复式簿记传遍了整个欧洲，后又传遍世界各地。

18 世纪以前，无论是单式簿记还是复式簿记，由于簿记仅供向"东家"报告使用，所以当时的簿记并没有统一的记账原则和方法，只要提供"东家"能明白的账簿记录即可。18 世纪英国的产业革命发生后，农业经济转变为工业经济，"东家"的家庭作坊转变为股份有限公司，所有权与经营权发生分离。簿记不再仅仅为向"东家"报告，而是为了企业的需要而建立，不仅要辅助经营者的日常管理工作，而且要向投资者报告决策所需信息。伴随资本信贷业务的发展，债权人审阅企业偿债能力成为投放贷款前的一个重要环节，于是出现了以查账为职业的特许或注册会计师。再加上这一时期各国税法、商法、公司法等不断完善并陆续颁布，大大促进了会计的发展，簿记逐渐发展成为会计、成本核算、会计报表分析和审计等。1854年,世界上第一个会计师协会——英国爱丁堡会计师公会的成立,被认为是近代会计发展史上的第二个里程碑。

18世纪和19世纪的英国、美国实行的是自由放任的经济政策,企业采用什么样的会计原则被看作是企业自己的事,各个企业都可以根据自己的需要和目的自行确立会计原则,会计计量的方法也多种多样。当时的制造业公司普遍将固定资产像未售出的商品那样列账,在每一个会计期末重估固定资产并将增减额直接计入损益账户。而铁路、公用事业和其他公共服务性公司则采用重置会计的形式,将原始投资资本化,永不计提折旧,将资产重置费和维持费列为费用,将扩建和改良支出予以资本化。

自由放任会计一方面促进了会计方法和程序的发展,另一方面不可避免地引发了滥用会计方法、会计造假盛行。1929年从美国爆发、随即席卷资本主义世界的经济危机,促使人们重新思考会计理论和会计原则。在反思经济危机的过程中,人们认为会计处理的随意性和多样性使得虚增资产、虚增利润、粉饰经营前景的会计报告泛滥,是引发经济危机的一个重要原因,因此,建立统一会计原则的呼声越来越高。1933年和1934年,美国国会分别通过了《证券法》和《证券交易法》,并成立了证券交易委员会(SEC),授权SEC制定统一会计规则。

20世纪30年代以后,证券市场的发展对会计信息质量的要求越来越高,为了使会计工作规范化,提高会计报表的可靠性和可比性,西方各国先后研究和制定了会计原则,进一步把会计理论和会计方法推上了一个新台阶。20世纪50年代以后,由于信息论、控制论、系统论、现代数学、行为科学等被引入会计,丰富了会计学的内容,形成了财务会计和管理会计两大分支。计算机等信息技术在会计领域的运用和推广,使得会计信息更加及时、准确,大大提高了会计信息的质量,促进了会计的快速发展,使现代会计在提供信息方面发挥了巨大的作用。

2. 我国会计的发展。在我国的西周王朝,也就是奴隶社会的鼎盛时期,设立了专门管理钱粮赋税的官员,总管王朝财权的官员称"大宰",掌握王朝计政的官员称"司会",职内、职岁和职币等会计官员分别记录收入、支出和结余会计账簿,并建立了定期会计报表制度、专仓出纳制度、财物稽核制度等。《孟子正义》一书曾加以解释,"零星算之为计,总合算之为会"。《周礼·天官》篇中指出:"会计,以参互考日成,以月要考月成,以岁会考岁成。""日成"相当于旬报;"月要"相当于月报;"岁会"相当于年报。由此可见,我国在西周时代已经进入了单式簿记阶段,会计方法已有相当成就。

自春秋战国到秦代出现了"籍书",或称"簿书",用"入""出"作为记录符号来反映各种经济出入事项。唐宋两代,创建和运用了"四柱结算法"。所谓四柱,即"旧管""新收""开除""实在",四柱之间的关系可用会计方程式表示为"旧管+新收=开除+实在"。"四柱结算法"的创建和运用,为我国会计中的收付记账法奠定了理论基础。南宋的"审计院"设置,以及明朝的"都察院制度"、财物出纳印信勘合制度、黄册制度,以及继承两宋之制所实行的《会计录》编纂制度与钱粮"四柱清册"编报制度等,闪烁着中式会计的历史光辉。

到明末清初，在"四柱结算法"原理的启示下，人们设计了一种比较完善的会计方法，即"龙门账"。它是把全部账目划分为"进""缴""存""该"四大类，四大类之间的关系为"进－缴＝存－该"。所谓"进"指全部收入；"缴"指全部支出；"存"指全部资产；"该"指全部负债（包括业主权益）。清代又发展为"天地合一账"，对一切会计事项，都要在账簿上记录两笔，既登记"来账"，又登记"去账"，以反映同一账项的来龙去脉。"龙门账"和"天地合一账"表现了我国历史上传统中式账簿的发展过程，显示出中国会计从业者的智慧，也构成了中华文明史的一部分。

中华人民共和国成立以前，我国会计中、西式并存。中华人民共和国成立以后，我国实行高度集中的计划经济体制，引进了与此相适应的苏联计划经济会计模式。后来为了适应我国社会主义市场经济发展的需要，我国对会计模式进行了重大的变革。自1993年7月1日起，我国实施《企业会计准则》和13个行业会计制度，这是引导我国会计工作与国际通行的会计实务趋同的一项重大措施，也是我国会计理论与实践发展中的一个重要里程碑。我国财政部于1997～2001年陆续颁布了16项具体会计准则，标志着与国际惯例相适应的中国会计准则体系逐步建立。2001年1月1日起《企业会计制度》正式施行，实现了与国际会计惯例的充分协调，实现了不同所有制、不同行业企业的会计制度的统一。2007年1月1日实施的包括《企业会计准则——基本准则》和38项具体准则在内的企业会计准则体系，既实现了我国会计准则与国际财务报告准则的实质性趋同，也揭开了我国会计发展的崭新篇章。这些具体准则的制定、颁布和实施，规范了中国会计实务的核算，大大改善了中国上市公司的会计信息质量和企业财务状况的透明度，为企业经营机制的转换和证券市场的发展、国际经济技术交流起到了积极的推动作用。

中西方会计发展的实践表明，会计是适应生产活动发展的需要产生的，并随着生产的发展而发展。随着社会生产渐趋发展和生产规模日益扩大，生产、分配、交换、消费活动日益频繁和错综复杂，会计经历了一个由简单到复杂、由低级到高级的不断发展和完善的过程。经济越发达，会计越重要。正如马克思所说的那样："过程越是按社会的规模进行，越是失去纯粹个人的性质，作为对过程的控制和理念总结的簿记就越是必要。因此，簿记对资本主义生产比对手工业和农民的分散生产更为必要；对公有制生产比对资本主义生产更为必要。"经济的发展，促进了会计理论、方法和技术的进步；会计方法、技术的发展又推动了社会文明的进程。

二、会计的含义

会计是一个发展的概念。会计的含义是人们在会计实践的基础上对其正确认识的反映。由于人们对会计实践的认识存在差异，表现在会计的概念上也存在差异。关于会计的定义这一基本问题，许多学者都提出了自己的看法，具有代表性的观点是"信息系统论"和"管理活动论"。

（一）信息系统论

会计信息系统论，就是把会计的本质理解为一个经济信息系统。会计是按照会计规范确认、计量、记录一个组织的经济活动，运用特定程序处理加工经济信息，并将处理结果传递给会计信息使用者的信息系统，是组织和总结经济活动信息的主要工具。

会计信息系统论的思想最早起源于美国会计学家 A. C. 利特尔顿。他在1953年出版的《会计理论结构》一书中指出："会计是一种特殊门类的信息服务""会计的显著目的在于对一个企业的经济活动提供某种有意义的信息"。美国的会计学界和会计职业界一直倾向于将会计的本质定义为会计信息系统。例如，1966年美国会计学会在其发表的《会计基本理论说明书》中明确指出："实质地说，会计是一个信息系统。"

我国会计界对"信息系统论"具有代表性的提法是由葛家澍教授于1983年提出的。他认为："会计是为提高企业和各单位的经济效益、加强经济管理而建立的一个以提供财务信息为主的经济信息系统。"

（二）管理活动论

将会计作为一种管理活动并使用"会计管理"这一概念在西方管理理论学派中早已存在。"古典管理理论"学派的代表人物法约尔把会计活动列为经营的六种职能活动之一；美国人卢瑟·古利克则把会计管理列为管理的功能之一；20世纪60年代出现的"管理经济会计学派"则认为进行经济分析和建立管理会计制度就是管理。

我国最早提出会计管理活动论的当数杨纪琬、阎达五教授。1980年，在中国会计学会成立大会上，他们作了题为《开展我国会计理论研究的几点意见——兼论会计学的科学属性》的报告。在报告中，他们指出：无论从理论上还是从实践上看，会计不仅仅是管理经济的工具，它本身就具有管理的职能，是人们从事管理的一种活动。

通过以上分析，我们认为，会计是以货币为主要计量单位，对特定单位的资金运动进行连续、系统、全面的核算和监督的一种基于信息处理的经济管理活动。

首先，会计的特点是以货币为主要计量单位。会计离不开计量，它主要是用货币对经济过程中占用的财产物资和发生的劳动耗费进行系统的计量、记录、分析和检查，以货币数量描述经济过程，评价经济上的得失。会计记录是数字和文字的结果，而文字说明寄托在数量的基础之上。因此，会计是一种信息处理的技术。

其次，会计的对象是扩大再生产过程中的资金运动。社会再生产过程中的活动，都需要通过各种价值形式进行核算。再生产过程中的生产、交换、分配和消费等方面的经济活动都是以价值形式来表现的。所有这些通过价值形式表现的经济活动,均为会计核算和监督的内容。

最后,会计的本质是一种管理活动。会计用货币计量和价值反映,只是为达到管理目的而采用的手段,凭借这些手段达到提高企业经济效益的目的。因此,会计是人们从事经济管理的一种活动。

三、会计学及其分支

会计学属于管理科学,它运用一系列经济理论和范畴来建立它的概念和方法,它分担经济管理的一个特定方面,是关于价值管理和成本管理的知识体系。随着会计实践的不断发展和丰富,会计学理论也在不断发展和完善,并分化出许多分支,每一分支都形成了一个独立的学科。这些学科相互促进、相互补充,构成了一个完整的会计学科体系。

会计学按其知识和研究内容分类,主要分为理论会计学和应用会计学。其中,应用会计学又分为财务会计、管理会计、成本会计和审计学等,如图1-1所示。

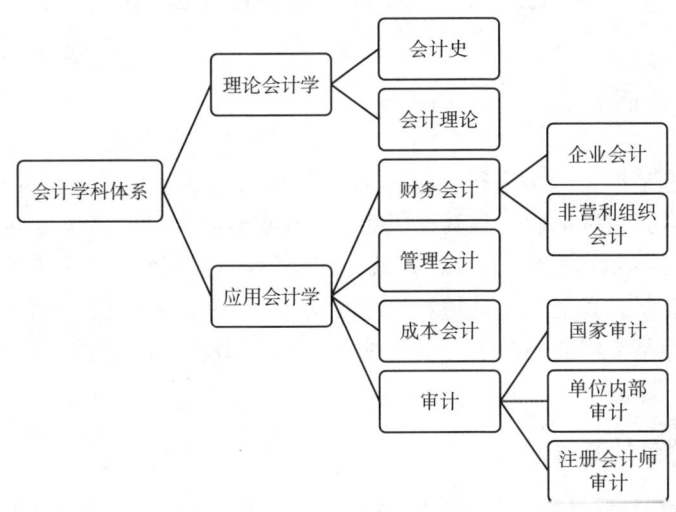

图1-1 会计学科体系

理论会计学包括会计史的研究和会计理论的研究,会计史阐述会计产生和发展的历史,会计理论阐述会计的基础理论知识、基本方法和基本操作技术。

财务会计研究会计要素如资产、负债、所有者权益、收入、费用和利润的确认、计量和报告的基本理论与方法。财务会计主要包括流动资产、长期投资、固定资产、无形资产和其他资产会计,流动负债和长期负债会计,所有者权益会计,收入、费用以及利润确定和分配会计等。财务会计还包括一些专题性业务的会计,如租赁、外币折算、所得税、退休养老金、期货交易、物价变动、企业合并和合并报表、分支机构以及企业重整、改组和破产清算等业务的会计。此外,财务会计按其涉及的领域，可分为营利组织会计和非营利组织会计。营利组织会计，也即企业会计。非营利组织会计，即服务于各种非营利组织和机构的会计，非营利组织包括学校、医院、科研机构、图书馆、政府机关和各种社会慈善机构等。

管理会计阐明如何结合企业经营管理，综合地利用企业内部会计信息和有关外部信息的基本理论和方法，以求提高经济效益。管理会计主要包括战略管理与创造价值、决策会计、各种经营业务的计划和控制、责任会计与绩效评价等。成本会计阐明成本预测、决策、计划、计算、分析和控制的基本理论和方法，研究成本管理以及通过管好成本来提高经济效益的途径。成本会计主要包括制造成本的计算、成本预测的方法、目标成本的制定、成本计划的编制、成本分析和成本控制的方法等。审计学阐明对经济活动的合法性、合规性、合理性以及效益进行检查监督的基本理论和方法。审计学主要包括国家审计、单位内部审计和注册会计师审计等。

第二节　会计的职能与目标

一、会计的职能

会计职能是指会计实施行为过程中所具有的功能，即"会计是干什么的"。会计的职能可分为基本职能和其他职能，马克思曾把会计的基本职能准确地概括为"对过程的控制和观念的总结"，就是指会计对经济活动的反映和监督，也可称为核算和监督。其他职能是随着生产的发展、经济关系的复杂化和管理理论的提高，在会计基本职能不断细分和充实的基础上出现的，主要包括预测、决策、控制、分析等职能。

（一）会计的基本职能

1. 会计的核算（反映）职能。会计核算职能或称会计反映职能，是指会计能够按照会计准则的要求，采用一定的程序和方法，全面、系统、及时、准确地将一个会计主体所发生的会计事项表现出来，以达到揭示会计事项的本质、为经营管理提供经济信息的目的。会计核算职能具有以下三个特点：

（1）会计核算以货币为主要计量单位，会计核算主要是从价值量方面反映各单位的经济活动情况。会计在对各单位经济活动进行反映时，主要是从数量而不是从质的方面进行反映。例如，企业对固定资产进行反映时，只记录其数量、成本、折旧等数量变化，而并不反映其技术性能、运行状况等。会计在反映各单位经济活动时主要使用货币度量，实物量单位、其他指标及其文字说明等都处于附属地位。因为货币是衡量各种商品的价值尺度，而且企业最初的投资总是用货币度量的，所以，对这些投资使用的追踪记录也使用货币度量。

(2) 会计是反映过去已经发生的经济活动。会计反映经济活动就是要反映其事实，探索并说明其真相，因此，只有在每项经济业务发生或完成之后，才能取得该项经济业务完成的书面凭证。这种凭证具有可验证性，据以记录账簿，才能保证会计所提供的信息真实可靠。而这必须是在经济业务已经发生或完成之后，至少在传统会计上是这样的。虽然管理会计等具有预测职能，其核算的范围可能扩大到未来的经济活动，但从编制会计报表、对外提供会计信息来看仍然是面向过去的。

(3) 会计核算具有连续性、系统性和全面性的特点。会计反映的连续性，是指对经济业务的记录是连续的，逐笔、逐日、逐月、逐年进行，不能间断；会计反映的系统性，是指对会计对象要按科学的方法进行分类，进而系统地加工、整理和汇总，以便提供管理所需要的各类信息；会计反映的全面性，是指对每个会计主体所发生的全部经济业务都应该进行记录和反映，不能有任何遗漏。只有连续、系统和全面的会计信息，才能准确、有效地反映企业的经济活动情况和经济效益。

会计核算是会计工作的基础，它通过记账、算账和报账三个过程来体现，记账就是把一个会计主体所发生的全部经济业务运用一定的程序和方法在账簿上予以记载；算账就是在记账的基础上，运用一定的程序和方法来计算该会计主体在生产经营过程中的资产、负债、所有者权益、收入、成本费用以及损益情况；报账就是在记账和算账的基础上，通过编制会计报表等方式将会计主体的财务状况和经营成果向会计信息使用者报出。

2. 会计的监督职能。会计的监督职能是指会计按照一定的目的和要求，利用会计核算所提供的经济信息，对各企业、行政事业单位等的经济活动进行控制，使之达到预期目标的功能。

会计监督包括合法性监督和效益性监督两大方面，并且贯穿于经济活动的全过程。从时间上还可分为事前监督、事中监督和事后监督；从监督的主体上看还可分为单位内部监督、社会公众监督和政府监督。其最终目的都是保证单位在合法、合规运营的前提下，力求提高经济效益。

会计监督职能具有以下显著的特征：

(1) 会计监督具有强制性和严肃性。会计监督是依据国家的财经法规和财经纪律来进行的，《中华人民共和国会计法》(简称《会计法》)不仅赋予会计机构和会计人员实行监督的权利，而且还规定了监督者的法律责任。放弃监督，听之任之，情节严重的，给予行政处分；给公共财产造成重大损失，构成犯罪的，依法追究刑事责任。因此，会计监督是以国家的财经法规和财经纪律为准绳，具有强制性和严肃性。

(2) 会计监督具有连续性。社会再生产过程不间断，会计反映就要不断地进行下去，在这个过程中，始终离不了会计监督。各会计主体每发生一笔经济业务，都要通过会计进行反映，在反映的同时，还要审查它们是否符合法律、制度、规定和计划。会计反映具有连续性，会计监督也就具有连续性。

(3) 会计监督具有完整性。会计监督不仅体现在已经发生或已经完成的业务方面，还体现在业务发生过程中及尚未发生之前，包括事前监督、事中监督和事后监督。事前监督是指会计部门或会计人员在参与制定各种决策以及相关的各项计划或费用预算时，就依据有关政策、法规、准则等的规定对各项经济活动的可行性、合理性、合法性和有效等进行审查，它是对未来经济活动的指导；事中监督是指在日常会计工作中，随时审查所发生的经济业务，一旦发现问题，要及时提出建议或改进意见，促使有关部门或人员采取措施予以改正；事后监督是指以事先制定的目标、标准和要求为依据，利用会计反映取得的资料对已经完成的经济活动进行考核、分析和评价。会计事后监督既可以为制定下期计划、预算提供资料，也可以为预测今后经济活动发展趋势提供资料。

（二）会计两大基本职能的关系

就会计两大基本职能的关系而言，核算职能是监督职能的基础，没有反映职能提供的信息，就不可能进行会计监督，因为如果没有会计反映提供可靠、完整的会计资料，会计监督就没有客观依据，也就无法进行会计监督；而监督职能又是反映职能的保证，没有监督职能进行控制，提供有力的保证，就不可能提供真实可靠的会计信息，也就不能发挥会计管理的能动作用，会计反映也就失去了存在的意义。因此，会计的反映职能和监督职能是紧密结合、相辅相成的，同时又是辩证统一的。

（三）会计的其他职能

由于会计在现代社会中的作用日渐突出，会计的职能也得到不断发展与完善，在基本职能的基础上又派生出其他的职能。

1. 会计预测职能。会计预测的职能是利用会计资料和其他信息，对经济活动的未来发展趋势和状况进行估计和预测，以便掌握未来经济活动中的不确定因素或未知因素，为会计决策和其他经营决策提供相关的信息。

2. 会计决策职能。会计决策的职能是指利用会计预测的信息资料，围绕经营目标，提出各种可行性方案，并对其进行分析、对比、优选，从而为管理当局进行决策提供依据的职能。在现代会计中，会计的决策会直接影响到企业的各种经营决策，因此，会计决策往往要与其他经营管理决策的信息共享。

3. 会计控制职能。会计控制是按照会计目标，利用组织、管理、控制等程序和方法，对会计的过程进行规范，确保会计核算按照预计的方向和轨道进行。会计控制是现代企业正常运转的基础，企业一切管理工作应当从建立和健全内部控制制度开始。会计可控制是企业内部控制整体框架的核心，它是提高会计信息质量、保护资产的安全完整、确保有关法律法规和规章制度得以贯彻执行的控制系统。

4. 会计分析职能。会计分析职能是以利用会计核算资料及相关资料为依据，采用一系列专门分析技术和方法，对企业等经济组织过去和现在的有关筹资活动、投资活动、经营活动、偿债能力、盈利能力和营运能力状况等进行分析与评价，为投资者、债权人、经营者和其他相关组织或个人了解企业过去、评价企业现状、预测企业未来、做出正确决策提供准确的信息。

二、会计的目标

会计目标是人们通过会计实践活动所期望达到的结果。在会计实践中，会计目标决定了会计工作的具体程序和方法。

会计目标受到所处经济环境的制约，它随着时间的推移而不断发展变化。在原始社会，人们进行原始计量和记录的目的是组织生产、分配剩余物品、安排物品储备、物品交换等。在单式簿记时代，簿记的目的是向"东家"报告其受托管理的财产物资的收发缴存详情，由于"东家"也参与财产的管理和决策，当时对受托责任的评价并不太重要。在复式簿记时代，"东家"由一个发展为几个，簿记的对象不再是"东家"的私人财物，而是相对独立经营的"营业主体"。资源的所有权与经营权分离，委托者（财产所有者）不直接参与经营管理，但他们又迫切需要了解财产的经营、增值情况，所以簿记的目的演变为反映受托资源的经营状况及其结果。

20世纪70年代，会计目标开始成为会计理论研究的热点。关于会计目标，会计理论界主要有两种观点：受托责任观和决策有用观。

在受托责任观下，会计信息的使用者主要是财产所有者。所有者将财产委托给经营者，经营者接受委托经营和管理财产，并向委托人报告受托责任履行情况。委托方根据受托方提供的信息，对财产的保管、经营和增值情况进行评价，决定应给予的报酬以及是否继续聘用。但经营者与所有者的目标并不完全一致，经营者有偷懒和侵害所有者利益的动机。为了客观评价受托责任的履行情况，委托方所需要的信息侧重于历史的、已发生的、便于验证的信息。相应地，受托责任观下的会计重在提供反映过去的经营业绩及财务状况变化的信息，强调会计信息的客观性和可验证性，主要采用历史成本计量属性进行会计计量。

18世纪英国的产业革命发生后，随着专业化分工的发展和企业规模的不断扩大，企业经营所需资金仅靠有限的几个投资者和债权人已远不能满足需要，股份公司这一组织形式使得企业可在证券市场上向众多投资者和债权人进行筹资。随着社会化募资成为越来越重要的筹资方式，证券市场也得到了空前的发展。社会化募资使得股份公司的投资者和债权人从原来的一个或少数几个发展到数量众多且相对分散。投资者可以随时转让或购买证券，这就要求会计为资本市场现实的和潜在的投资者和债权人提供反映企业未来经营业绩和未来创造现金流量能力的具有预测价值的信息，以便于他们做出合理的投资决策和信贷决策。于是，决策有用观应运而生。

在决策有用观下，会计目标是向现实的和潜在的会计信息使用者提供决策需要的信息，强调会计信息的决策有用性，尤其是相关性。决策是面向未来的，决策有用观要求提供有关公司未来获利能力和风险的信息。面向过去的历史成本无法提供这些信息，面向现在和未来的公允价值可以反映资产的现时市场价值、未来现金流量现值。因此，决策有用观下的会计计量要求采用公允价值进行计量。

目前，IASB 和 FASB 将会计目标定位为决策有用观，评价受托责任是众多决策中的一种，即"提供报告主体的有助于现实的和潜在的投资者、贷款人和其他债权人作出是否向主体提供资源的决策的财务信息"（联合概念框架，2010 年 9 月）。我国《企业会计准则——基本准则》（2006 年）对财务报告目标的定位结合了受托责任观和决策有用观，即"向财务报告使用者提供与企业财务状况、经营成果和现金流量等有关的会计信息，反映企业管理层受托责任履行情况，有助于财务报告使用者作出经济决策"。

三、会计信息使用者

会计的目标取决于会计信息使用者的需要，不同的会计信息使用者对会计信息有着不同的要求。会计目标的确定要针对会计信息的主要使用者，要满足相关会计信息使用者的要求。会计信息使用者主要有：

1. 投资者。投资者即企业的股东，他们利用会计信息进行投资决策，判断自己的资本能否保值增值，预测企业的盈利能力、发展前景，由此决定是否出售股票、是否追加投资等。

2. 债权人。债权人是指向企业提供贷款的机构或个人（如银行），或以提供商品和劳务形式提供短期融资的单位或个人（如供应商）。他们通过会计信息判断企业的财务状况、偿债能力，以此来做出信贷决策或制定赊销政策、是否要求抵押品、是否提前收回贷款等。

3. 政府部门。政府部门是指企业的政府管理部门，如财政、税务、国资、统计和企业主管部门等。政府部门利用会计信息制定宏观调控和管理措施，进行税收征管，调节国民经济，促进资源合理配置。

4. 企业管理者。管理人员利用会计信息考核各部门的业绩和经营目标完成情况，从中发现经营中存在的问题，并改善经营管理，对公司实行有效的控制并制订计划。

5. 企业员工。员工关心有关其雇主的稳定性和获利能力的信息，以及有助于他们评估工资福利、职业前景等方面的信息。

第三节 会计假设与会计核算原则

一、会计基本假设

会计所处的环境极为复杂，会计面对的是变化不定的社会经济环境。会计人员在会计核算过程中面对这些变化不定的经济环境，就不得不做出一些合理的假设，对会计核算的对象及其环境做出一些基本的规定，即建立会计核算的基本前提，也称为会计假设。

会计假设是指为了保证会计工作的正常进行和会计信息的质量，对会计核算的范围、内容、基本程序和方法所做的合理设定。结合我国实际情况，企业在组织会计核算时，应遵循的会计假设包括会计主体假设、持续经营假设、会计分期假设和货币计量假设。

（一）会计主体假设

《企业会计准则——基本准则》第五条规定："企业应当对其本身发生的交易或者事项进行会计确认、计量和报告。"

会计主体假设明确了会计工作的空间范围，解决了为"谁"记账的问题。会计主体是指会计所服务的特定单位或组织，是会计人员进行会计核算时采取的立场以及在空间范围上的界定。会计主体既可以是一个企业，也可以是若干个企业组织起来的集团公司；既可以是法人，也可以是不具备法人资格的实体。会计主体应当具备以下条件：（1）具有一定数量的经济资源；（2）进行独立的生产经营活动或其他活动；（3）实行独立核算，提供反映本主体经济情况的会计报表。

会计主体与法律主体是有区别的。法律主体以能够独立承担法律责任为确定依据，既可以是自然人，也可以是法人；而会计主体是以是否进行独立会计核算为确定依据，需要单独进行会计核算的就应当作为一个会计主体，它既可以是法人也可以是非法人。一般来说，法律主体必然是会计主体，但会计主体不一定是法律主体。例如，一个企业是独立法人，需要进行会计核算，自然应当成为会计主体；但企业内部的分厂、车间如果需要进行单独核算，应当作为会计主体，却不构成法律主体。

会计主体假设是持续经营假设、会计分期假设和其他会计核算的基础，因为如果不划分会计的空间范围，会计核算工作就无法进行，指导会计核算工作的有关要求也就失去了存在的意义。

（二）持续经营假设

《企业会计准则——基本准则》第六条规定："企业会计确认、计量和报告应当以持续经营为前提。"

持续经营是指在正常的情况下，企业的经营活动将长期继续下去，并假定在可以预见的未来时期企业不会面临破产清算，企业所持有的资产将按预定的目的在正常经营过程中被消耗、出售或转让，企业所承担的债务也将按期清偿。

持续经营假设要求以企业永续存在为前提，设定账户并进行费用和成本的摊销。持续经营假设主要是为解决固定资产折旧、跨期费用摊销问题。

现代企业在激烈的竞争中存在着经营失败甚至破产清算的风险。如果事实证明会计主体已经无法持续经营下去时,则说明该企业已不具备持续经营这一基本前提条件。

(三) 会计分期假设

《企业会计准则——基本准则》第七条规定:"企业应当划分会计期间,分期结算账目和编制财务报告。会计期间分为年度和中期。中期是指短于一个完整的会计年度的报告期间。"

企业的经济活动是连续性的,收入和费用也是连续发生的,不能等到企业停业清算时才提供会计信息。因此,只有持续经营假设还不够,还需要把企业的整个经营期人为地划分为若干会计期间,并以此期间为基础进行会计核算、编制会计报表。

会计分期具体分为年度、半年度、季度和月度。最重要的会计分期是以年度为会计期间,又称会计年度。我国以日历年度作为会计年度,即从公历的1月1日至12月31日为一个会计年度。凡是短于一个完整的会计年度的会计期间均称为中期。

(四) 货币计量假设

《企业会计准则——基本准则》第八条规定:"企业会计应当以货币计量。"

货币计量是指会计主体在会计核算过程中应采用货币作为计量单位记录、反映会计主体的经营情况。企业所拥有的资源存在多种形态,并性质各异,可能使用着多种不同的计量单位。为了全面、综合地反映企业的生产经营活动,会计核算客观上需要一种统一的计量单位作为计量尺度。货币作为商品的一般等价物,能用以计量一切资产、负债和所有者权益,以及收入、费用和利润,也便于综合。因此,会计必须以货币计量为前提。需要说明的是,其他计量单位,如实物、劳动工时等,在会计核算中也要使用,但不占主要地位。

会计核算应以人民币为记账本位币。业务收支以外币为主的企业,也可以选定某种外币作为记账本位币,但编制的会计报表应当折算为人民币反映。境外企业向国内有关部门编报会计报表,应当折算为人民币反映。

以货币作为统一计量单位,还应以币值不变或变化甚微为条件,即假定货币本身的价值是给定的。在通货膨胀的环境下,货币购买力不断下降、币值不变这一前提条件将受到冲击,此时需要以特殊的会计准则与方法来加以修正。

二、会计信息质量要求

会计核算的信息质量要求是进行会计核算工作的规范,是会计核算工作中从事会计账务处理、编制会计报表时所依据的一般规则和准绳,是会计核算一般规律的概括和总结。会计作为一项管理活动,其主要目的之一是向企业的利益相关者提供反映经营者受托责任和供投资者决策有用的会计信息。要达到这个目的,就必须对会计信息有一定的要求，会计信息质量要求也称为会计信息质量特征、会计信息质量标准。我国会计信息质量要求包括以下八项：可靠性、相关性、可理解性、可比性、实质重于形式、重要性、谨慎性、及时性。

（一）可靠性

《企业会计准则——基本准则》第十二条规定："企业应当以实际发生的交易或者事项为依据进行会计确认、计量和报告，如实反映符合确认和计量要求的各项会计要素及其他相关信息，保证会计信息真实可靠，内容完整。"

可靠性，又称客观性、真实性，是指会计核算应当以实际发生的经济业务为依据，如实反映财务状况和经营成果。可靠性原则要求企业会计所提供的会计信息符合其反映的现象，不应被企业管理部门或编制财务报表的会计人员的主观意志所左右。会计核算必须以经过审核的、能证明经济业务实际发生的、合法的凭证为依据。

会计核算的各个环节都应遵守可靠性要求。可靠性主要包括以下三层含义：一是会计核算应当以真实的交易或事项为依据，真实地反映企业的财务状况和经营成果以及现金流量，刻画出企业生产经营与财务活动的真实面貌，保证会计信息的真实性；二是会计核算应当在符合重要性和成本效益原则的前提下，充分披露与决策者相关的信息，不能随意遗漏或减少应予以披露的信息，保证会计信息的完整性；三是会计核算应当具有可检验性，即有可靠的凭证证据以复查数据来源和信息的提供过程，保证会计信息的可验证性。

（二）相关性

《企业会计准则——基本准则》第十三条规定："企业提供的会计信息应当与财务报告使用者的经济决策需要相关，有助于财务报告使用者对企业过去、现在或者未来的情况作出评价或者预测。"

会计的目标是为会计信息使用者提供对其有用的会计信息，高质量的会计信息不仅应该是可靠的，更应该是与信息使用者的决策需要相关，有助于其做出正确的决策或提高决策水平，即对会计信息使用者有用。如果会计所提供的信息不符合会计信息使用者的要求，即使是客观真实地反映了企业经营情况的会计信息，也毫无价值。因此，是否具有决策价值是判断信息是否相关的首要要求。相关的会计信息应该具有预测价值和反馈价值。所谓预测价值，是指会计信息应有助于使用者根据财务报告所提供的会计信息预测企业未来的财务状况、经营成果和现金流量；所谓反馈价值，是指会计信息应有助于使用者评价企业过去的决策，证实或者修正过去的有关预测。

为了满足会计信息质量的相关性要求，企业应当在确认、计量和报告会计信息的过程中，充分考虑使用者的决策模式和信息需要。但是，相关性要求并不是要求企业提供的会计信息完全满足所有会计报告使用者的要求，这是因为会计信息的使用者是众多的，而不同的会计信息使用者有着不同的需要。事实上，即使再全面的会计报告也不可能完全满足所有方面的需要。因此，会计核算的资料，特别是企业向外报送的会计报告，只能是提供通用的会计信息。会计报告的使用者通过对通用会计报告中的信息进行加工整理，能够得到其所需要的会计信息，这样的会计信息即符合相关性的质量要求。

（三）可理解性

《企业会计准则——基本准则》第十四条规定："企业提供的会计信息应当清晰明了，便于财务报告使用者理解和使用。"

可理解性，也称明晰性，是指企业在会计核算时，会计记录和会计报表应当清晰明了，简明易懂地反映企业的财务状况和经营成果，以便于报表使用者理解会计报表和利用会计信息，同时也有利于审计人员进行查账验证。如果信息不能被决策者所理解，那么，这种信息毫无用处。会计人员应尽可能传递表达易被人理解的会计信息，而使用者也应设法提高自身的综合素养，以增强理解会计信息的能力。

（四）可比性

《企业会计准则——基本准则》第十五条规定："企业提供的会计信息应当具有可比性。同一企业不同时期发生的相同或者相似的交易或者事项，应当采用一致的会计政策，不得随意变更。确需变更的，应当在附注中说明。不同企业发生的相同或者相似的交易或者事项，应当采用规定的会计政策，确保会计信息口径一致、相互可比。"

可比性是指会计核算应当按照规定的会计处理方法进行，会计指标应当口径一致，相互可比。可比性原则要求把不同企业尤其是同一行业不同企业的财务报表建立在相同的会计原则和程序的基础上，以便于会计信息的比较、分析和汇总。

可比性包括两个方面的含义：同一企业在不同时期的纵向对比；不同企业在同一时期的横向对比。要做到这两个方面的可比，就必须做到：同一企业不同时期发生的相同或者相似的交易或者事项，应当采用一致的会计政策，不得随意变更，确须变更的，应当在附注中说明；不同企业发生的相同或者相似的交易或者事项，应当采用规定的会计政策，确保会计信息口径一致、相互可比。

（五）实质重于形式

《企业会计准则——基本准则》第十六条规定："企业应当按照交易或者事项的经济实质进行会计确认、计量和报告，不应仅以交易或者事项的法律形式为依据。"

如果要真实地反映所拟反映的交易或事项，那就必须根据它们的实质和经济现实，而不是仅仅根据它们的法律形式进行核算和反映。交易或事项的实质，并不一定与它们的法律形式一致。实质重于形式就是要求在对会计要素进行确认和计量时，应重视交易的实质，而不管其采用何种形式。

（六）重要性

《企业会计准则——基本准则》第十七条规定："企业提供的会计信息应当反映与企业财务状况、经营成果和现金流量等有关的所有重要交易或者事项。"

重要性是指会计核算在全面反映企业的财务状况和经营成果的同时，对于影响经营决策的重要经济业务应当分别核算、单独反映，并在会计报告中作重点说明；而对于次要的会计事项，在不影响会计信息真实性的情况下，则可适当简化、合并反映。对会计信息使用者来说，对经营决策有重要影响的会计信息是最需要的，如果会计信息不分主次，反而会有碍于使用，甚至影响决策。并且，对不重要的经济业务简化核算或合并反映，可以节省人力、物力和财力，符合成本效益原则。

（七）谨慎性

《企业会计准则——基本准则》第十八条规定："企业对交易或者事项进行会计确认、计量和报告应当保持应有的谨慎，不应高估资产或者收益、低估负债或者费用。"

谨慎性又称稳健性，是指企业对于某一会计事项有多种不同方法可供选择时，应持谨慎反映的态度，合理核算可能发生的损失和费用。其主要内容是：不预计收益，但预计可能发生的损失；对期末资产的估价宁可低估，不能高估。根据谨慎性原则，企业可对应收账款计提坏账准备，对存货、固定资产、无形资产等计提资产减值准备，对固定资产折旧的计提采用加速折旧法等。

遵循谨慎性，对于企业存在的经营风险加以合理估计，对防范风险起到预警作用，有利于企业做出正确的经营决策，有利于保护投资者和债权人的利益，有利于提高企业在市场上的竞争能力。但是，企业在运用谨慎性时，不能滥用，不能以谨慎性为由任意计提各种准备，即秘密准备。例如，企业过量计提减值准备，待以后年度再予以转回。这种行为属于滥用谨慎性，是会计准则所不允许的。

（八）及时性

《企业会计准则——基本准则》第十九条规定："企业对于已经发生的交易或者事项，应当及时进行会计确认、计量和报告，不得提前或者延后。"

会计信息的价值在于帮助企业或其他方面做出经营决策，具有时效性。即使是可靠、可比、相关的会计信息，如果不及时提供，对于会计信息使用者也没有任何意义，甚至可能误导会计信息使用者。及时性要求包括三个方面：（1）及时收集会计信息，即在交易或者事项发生后，及时收集整理各种原始单据或者凭证；（2）及时处理会计信息，即及时对交易或者事项进行确认或者计量，并编制财务报告；（3）及时传递会计信息，即及时地将编制的财务报告传递给财务报告使用者，便于其及时使用和决策。

三、会计确认与计量的原则

对会计要素进行确认与计量不仅要符合一定的条件，而且还要在确认与计量过程中遵循以下原则。

（一）划分收益性支出与资本性支出

会计核算应当合理划分收益性支出与资本性支出。划分收益性支出和资本性支出的目的在于正确确定企业的当期损益。具体来说，收益性支出是为取得本期收益而发生的支出，应当作为本期费用，计入当期损益，列于利润表中。例如，本期消耗的水、电、人工等，本期所销售商品的成本、销售费用等。资本性支出是为以后各期取得收益而发生的各种支出，应当作为资产反映，列于资产负债表中。例如，购置固定资产和无形资产的支出等。

如果将资本性支出错列为收益性支出，例如，将应确认为固定资产的支出错记为管理费用，就会导致资产的虚减和费用的虚增，从而虚减当期利润；反之，将收益性支出错列为资本性支出，就会导致资产的虚增和费用的虚减，从而虚增当期利润。因此，企业在会计核算中，应正确地划分收益性支出与资本性支出。

（二）收入与费用配比

配比原则要求一个会计期间内的各项收入与相关联的成本、费用应当在同一会计期间内登记入账。企业应根据费用与收入之间的内在联系，将企业所发生的费用与由此而赚取的收入相互匹配，用收入扣除与之相关的费用来确定利润。收入与费用配比包括两方面的配比问题：一是收入和费用在因果联系上的配比，即取得一定的收入时发生了一定的支出，而发生这些支出的目的就是取得这些收入，例如，将主营业务收入与主营业务成本相配比，将其他业务收入与其他业务成本相配比；二是收入和费用在时间意义上的配比，即属于某一会计期间的费用必须与相同收益期的收入相配比，例如，将当期的收入与当期的管理费用、财务费用、销售费用相配比。

（三）会计计量属性

会计计量是指以货币为计量单位对已确定可以进行会计处理的经济活动确定其应记录的金额。会计计量属性反映的是确定会计计量金额的基础，主要包括历史成本、重置成本、可变现净值、现值、公允价值。

1. 历史成本。在历史成本计量下，资产按照购置时支付的现金或者现金等价物的金额，或者按照购置资产时所付出的对价的公允价值计量。负债按照因承担现时义务而实际收到的款项或者资产的金额，或者承担现时义务的合同金额，或者按照日常活动中为偿还负债预期需要支付的现金或者现金等价物的金额计量。

2. 重置成本。在重置成本计量下，资产按照现在购买相同或者相似资产所需支付的现金或者现金等价物的金额计量。负债按照现在偿付该项义务所需支付的现金或者现金等价物的金额计量。

3. 可变现净值。在可变现净值计量下，资产按照其正常对外销售所能收到的现金或者现金等价物的金额扣减该资产至完工时估计将要发生的成本、估计的销售费用以及相关税费后的金额计量。

4. 现值。在现值计量下，资产按照预计从其持续使用和最终处置中所产生的未来净现金流入量的折现金额计量。负债按照预计期限内需要偿还的未来净现金流出量的折现金额计量。现值是考虑货币时间价值的一种计量属性。

5. 公允价值。在公允价值计量下，资产和负债按照市场参与者在计量日发生的有序交易中，出售资产所能收到或者转移负债所需支付的价格计量。

《企业会计准则——基本准则》第四十三条规定："企业对会计要素进行计量时一般应当采用历史成本，采用重置成本、可变现净值、现值、公允价值计量的，应当保证所确定的会计要素金额能够取得并可靠计量。"

（四）权责发生制与收付实现制

由于有了会计分期，产生了当期与其他期间的区别，从而出现权责发生制和收付实现制两种不同的确认当期收入与费用的方法。

权责发生制，也称应计制或应收应付制，它是以收入、费用是否发生而不是以款项是否收到或付出为标准来确认收入和费用的一种记账基础。它强调的是收入和费用的归属，而不看实际的收付。凡是当期已经实现的收入和已经发生或应当负担的费用，无论款项是否收付，都应当作为当期的收入和费用；凡是不属于当期的收入和费用，即使款项已在当期收付，也不应当作为当期的收入和费用。《企业会计准则——基本准则》第九条规定："企业应当以权责发生制为基础进行会计确认、计量和报告。"

收付实现制，也称现金制或现收现付制，它是以款项的实际收付为标准来确认本期收入和费用的一种方法。凡在本期实际收到款项的收入和支付款项的费用，无论其是否应归属本期，都应作为本期的收入和费用记账；反之，凡本期未收到款项的收入和支付款项的费用，虽应归属本期，也不应作为本期的收入和费用入账。目前，我国的政府与非营利组织会计一般采用收付实现制，事业单位除经营业务采用权责发生制外，其他业务也采用收付实现制。

【例1-1】云山公司2021年9月发生如下经济业务：
①销售商品20 000元，当月收到货款5 000元，其余款项于下月收讫；
②预收商品销售款4 000元，款项收到并存入银行；
③销售商品5 000元，款项收到并存入银行；
④收到客户支付的7月购货款6 000元；
⑤通过银行转账支付本月发生的水电费3 000元；
⑥计提本月应负担的短期借款利息2 000元，该借款将于12月底到期，采用到期一次还本付息方式偿付本金和利息。

要求：分别在权责发生制和收付实现制基础下确认收入和费用，结果如表 1-1 所示。

表 1-1　　权责发生制和收付实现制确认收入和费用　　　　　　　单位：元

经济业务	权责发生制		收付实现制	
	收入	费用	收入	费用
①	20 000		5 000	
②			4 000	
③	5 000		5 000	
④			6 000	
⑤		3 000		3 000
⑥		2 000		
合计	25 000	5 000	20 000	3 000

第四节　会计的方法

一、会计方法的含义

会计方法是用来反映和监督会计对象、实现会计职能的手段。研究和运用会计方法是为了实现会计的目标，更好地发挥会计的作用。会计方法是从会计实践中总结出来的，并随着社会实践的发展、科学技术的进步以及管理要求的提高而不断地发展和完善。会计方法是用来反映和监督会计对象的，由于会计对象多种多样，错综复杂，从而决定了预测、反映、监督、检查和分析会计对象的手段不是单一的方法，而是由一个方法体系所构成。随着会计职能的扩展和管理要求的提高，这个方法体系也将不断地发展和完善。

一般认为，会计方法应至少包括会计核算、会计分析、会计检查等方面的内容。其中，会计核算方法是会计方法的基础，其他的会计方法是会计核算方法的延伸与发展。

会计核算方法是指对企业、单位发生的经济业务和事项进行会计确认、计量、记录、报告，并反映财务状况、经营成果和现金流量所采用的专门方法。

会计分析是依照会计核算提供的各项资料及经济业务发生的过程，运用一定的分析方法，对企业的经营过程及其经营成果进行定性或定量的分析。会计分析的具体方法主要有比率分析法、因素分析法、平衡分析法等。

会计检查也称审计，主要是根据会计核算，检查各单位的经济活动是否合理，会计核算资料是否真实正确，根据会计核算资料编制的未来时期的计划、预算是否可行、有效等。

上述各种会计方法紧密联系、相互依存、相辅相成，形成了一个完整的会计方法体系。其中，会计核算方法是基础，会计分析方法是会计核算方法的继续和发展，会计检查方法是会计核算方法和会计分析方法的保证。本教材主要阐述会计核算方法。

二、会计核算方法的基本内容

会计核算方法包括设置会计科目与账户、复式记账、填制和审核凭证、登记账簿、成本核算、财产清查和编制财务会计报告。

（一）设置会计科目与账户

会计科目是对会计对象的具体内容进行科学分类的名称。由于会计对象的内容是多种多样的，因此，必须通过科学分类的方法，才能将它系统地反映出来。企业既可以选用国家统一会计制度设置的会计科目，也可以根据国家统一会计制度规定的内容自行设置和使用会计科目。

账户是根据会计科目在账簿中设置的、具有一定的结构、用以反映会计对象具体内容的增减变化及其结果的一种专门方法。进行会计核算之前，应将多种多样、错综复杂的会计对象的具体内容进行科学的分类，每个会计账户只能反映一定的经济内容，将会计对象的具体内容划分为若干项目，即设置若干个会计账户，就可以使所设置的账户既有分工、又有联系地反映整个会计对象的内容，提供管理所需要的各种信息。设置会计科目与账户，对复式记账、填制凭证、登记账簿和编制财务会计报告等方面的运用，具有重要意义。

（二）复式记账

复式记账是指每一项经济业务事项，都要以相等的金额，在相互关联的两个或两个以上的账户中同时进行记录的方法。任何一项经济业务事项，都会引起至少两个账户的变化，或同时出现增减，或此增彼减。这种变化既相互独立又密切联系。采用复式记账法，将每项经济业务都在相互联系的账户中作双重记录，不仅可以了解资金运动的来龙去脉，还可以通过每一项经济业务事项所涉及的两个或两个以上的账户之间的平衡关系，来检查会计记录的正确性。

例如，用银行存款 5 000 元购买原材料这笔经济业务，一方面要在"银行存款"账户中记录减少 5 000 元，另一方面要在"原材料"账户中记录增加 5 000 元，使"银行存款"账户和"原材料"账户相互联系地分别记录 5 000 元，这样，既可以了解这笔经济业务的具体内容，又可以反映该项经济活动的来龙去脉，完整、系统地记录资金运动的过程和结果。

（三）填制和审核凭证

会计凭证是记录经济业务事项、明确经济责任的书面证明，是登记账簿的依据。填制和审核凭证,是为了保证会计记录真实、可靠、完整、正确而采用的方法。它不仅是会计核算的专门方法,也是会计监督的重要方式。对于任何一项经济业务事项,都应根据实际发生和完成的情况填制或取得会计凭证,经有关部门和人员审核无误后,方可登记账簿。填制和审核凭证是保证会计资料真实、完整的有效手段。

(四) 登记账簿

会计账簿,是由具有规定格式的账页所组成,用以全面、系统、连续地记录经济业务事项的簿籍。登记账簿,是根据审核无误的会计凭证,分门别类地记入有关簿籍的专门方法。账簿是将会计凭证中分散的经济业务事项进行分类、汇总、系统记录的信息载体。账簿记录的资料,是编制财务会计报告的重要依据。

(五) 成本计算

成本计算就是将经营过程中发生的全部费用,按照一定对象进行归集,借以明确各对象的总成本和单位成本的专门方法。它通常是指对制造业产品进行的成本计算。例如,按制造业企业供应、生产和销售三个过程分别归集生产经营所发生的费用,并分别与其采购、生产和销售的材料与产品的品种及数量联系起来,计算它们的总成本和单位成本。通过成本计算,可以考核各企业的物化劳动和活劳动的耗费程度;进而为成本控制、价格决策和经营成果的确定提供有用资料。

(六) 财产清查

财产清查是指定期或不定期地对财产物资、货币资金、往来结算款项进行清查盘点,以查明其实物量和价值量的实有数额的一种专门方法。在清查中,如果发现账实不符,应查明原因,调整账簿记录,使账存数额同实存数额保持一致,做到账实相符。通过财产清查,可以保证账实相符,从而确保财务会计报告的数据真实可靠。同时,财产清查也是加强财产物资管理、充分挖掘财产物资潜力、明确经济责任、强化会计监督的重要制度。

(七) 财务会计报告

编制财务会计报告是根据账簿记录的数据资料,概括地、综合地反映各单位在一定时期经济活动情况及其结果的一种书面报告。财务会计报告由会计报表、会计报表附注和财务情况说明书组成。编制财务会计报告是对日常核算的总结,是在账簿记录基础上对会计核算资料的进一步加工整理,也是进行会计分析、会计检查、会计预测和会计决算的重要依据。

上述七种会计核算方法相互联系、相互配合,构成了一个完整的方法体系。由于每个会计期末都需要按照前述的会计处理程序和方法来处理会计信息,因此,上述处理程序和方法体系也称为会计循环。会计循环可用图1-2表示。

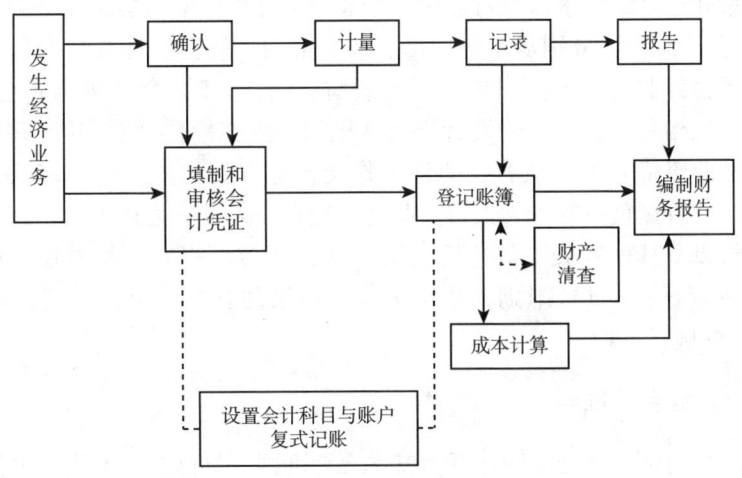

图 1-2 会计处理程序和会计方法体系

第五节 会计规范与会计国际化

一、会计规范

会计规范是组织和从事会计工作必须遵守的规范，是由一系列会计法律法规和会计规章制度组成的会计规范体系的总称。我国现行会计规范包括《会计法》《企业财务报告条例》《企业会计制度》《企业会计准则》《小企业会计准则》《民间非营利组织会计制度》《会计基础工作规范》《会计档案管理办法》，以及其他会计规章和会计规范性文件。我国现行会计规范以《会计法》为核心，以《企业会计准则》为主要内容。

（一）会计法

《中华人民共和国会计法》（简称《会计法》）由全国人民代表大会常务委员会通过，是我国会计工作的基本法律，是我国会计规范体系中处于最高层次的法律规范，是制定其他会计法律法规、会计规章制度的依据。

《会计法》自1985年发布实施以来，经过了1999年修订和1993年、2017年两次修正。《会计法》共分七章：（1）总则，明确了《会计法》的立法宗旨、适用范围以及贯穿整个《会计法》的基本原则、会计工作的管理体制和国家统一会计制度的制定权限；（2）会计核算，规定了会计记账规则，即具体规定了会计核算的原则、会计核算的内容、会计核算的要求、会计年度、记账本位币、会计处理方法、财务报告的组成及编报要求、会计记录文字和会计档案保管等方面的制度；（3）公司、企业会计核算的特别规定，规定了公司、企业会计要素的确认、计量和记录的要求以及对公司、企业在会计核算中的禁止性行为作出了规定；(4) 会计监督，分别从单位内部、政府部门、社会审计及社会公众等几个方面规定了会计监督的原则、内容、方式与方法；(5) 会计机构和会计人员，规定了会计机构和总会计师的设置、会计机构的内部稽核制度和内部牵制制度、会计人员从业资格和继续教育、会计工作交接等方面的内容；(6) 法律责任，规定了单位、直接负责的主管人员、其他直接责任人员、会计人员、有关国家机关工作人员以及其他有关人员违反《会计法》所应承担的法律责任，包括刑事责任和行政责任；(7) 附则，规定了一些用语的含义、个体工商户的适用及《会计法》的施行日期。

(二) 企业会计准则

我国现行的企业会计准则体系由基本会计准则、具体会计准则、准则应用指南、准则解释、准则实施问答以及准则应用案例组成，自2007年1月1日起在上市公司范围内施行，鼓励其他企业执行。

《企业会计准则——基本准则》，2006年2月15日财政部令第33号公布，2014年7月23日修改后重新发布。《企业会计准则——基本准则》共分11章50条，其内容包括总则、会计信息质量要求、资产、负债、所有者权益、收入、费用、利润、会计计量、财务报告和附则。

《企业会计准则——具体准则》截至2021年8月已发布42项，第1号至第38号由财政部于2006年2月15日以财会〔2006〕3号文发布，其中的企业会计准则第2、9、30、33、37号5项具体准则于2014年重新修订后发布；第14、16、22、23、24、37号6项具体准则于2017年重新修订后发布；第21号具体准则于2018年重新修订后发布；第7、12号2项具体准则于2019年重新修订后发布；第39、40、41号为2014年新发布的具体准则；第42号为2017年新发布的具体准则。2020年12月19日，财政部发布修订后《企业会计准则第25号——保险合同》，原《企业会计准则第25号——保险合同》和《企业会计准则第26号——再保险合同》不再执行。

《企业会计准则——应用指南》是针对42项具体会计准则而制定，截至2021年8月发布共36项准则应用指南，并附录《会计科目和主要账务处理》。

除此之外，财政部还发布了14项《企业会计准则解释》、若干《企业会计准则实施问答》，以及收入、租赁、股份支付准则的应用案例。

我国现行的企业会计准则具体如下（截至2021年8月）。

企业会计准则——基本准则（2014年）

企业会计准则第1号——存货（2006年）

企业会计准则第2号——长期股权投资（2014年）

企业会计准则第3号——投资性房地产（2006年）

企业会计准则第4号——固定资产（2006年）

企业会计准则第5号——生物资产（2006年）

企业会计准则第 6 号——无形资产（2006 年）
企业会计准则第 7 号——非货币性资产交换（2019 年）
企业会计准则第 8 号——资产减值（2006 年）
企业会计准则第 9 号——职工薪酬（2014 年）
企业会计准则第 10 号——企业年金基金（2006 年）
企业会计准则第 11 号——股份支付（2006 年）
企业会计准则第 12 号——债务重组（2019 年）
企业会计准则第 13 号——或有事项（2006 年）
企业会计准则第 14 号——收入（2017 年）
企业会计准则第 15 号——建造合同（2006 年）
企业会计准则第 16 号——政府补助（2017 年）
企业会计准则第 17 号——借款费用（2006 年）
企业会计准则第 18 号——所得税（2006 年）
企业会计准则第 19 号——外币折算（2006 年）
企业会计准则第 20 号——企业合并（2006 年）
企业会计准则第 21 号——租赁（2018 年）
企业会计准则第 22 号——金融工具确认和计量（2017 年）
企业会计准则第 23 号——金融资产转移（2017 年）
企业会计准则第 24 号——套期会计（2017 年）
企业会计准则第 25 号——保险合同（2020 年）
企业会计准则第 27 号——石油天然气开采（2006 年）
企业会计准则第 28 号——会计政策、会计估计变更和差错更正（2006 年）
企业会计准则第 29 号——资产负债表日后事项（2006 年）
企业会计准则第 30 号——财务报表列报（2014 年）
企业会计准则第 31 号——现金流量表（2006 年）
企业会计准则第 32 号——中期财务报告（2006 年）
企业会计准则第 33 号——合并财务报表（2014 年）
企业会计准则第 34 号——每股收益（2006 年）
企业会计准则第 35 号——分部报告（2006 年）
企业会计准则第 36 号——关联方披露（2006 年）
企业会计准则第 37 号——金融工具列报（2017 年）
企业会计准则第 38 号——首次执行企业会计准则（2006 年）
企业会计准则第 39 号——公允价值计量（2014 年）
企业会计准则第 40 号——合营安排（2014 年）
企业会计准则第 41 号——在其他主体中权益的披露（2014 年）
企业会计准则第 42 号——持有待售的非流动资产、处置组和终止经营（2017 年）

(三) 小企业会计准则

2011年10月18日,财政部发布了《小企业会计准则》,自2013年1月1日起在小企业范围内施行。

《小企业会计准则》适用于在中华人民共和国境内依法设立的、符合《中小企业划型标准规定》所规定的小型企业标准的企业。但有三类小企业除外:(1) 股票或债券在市场上公开交易的小企业;(2) 金融机构或者其他具有金融性质的小企业;(3) 企业集团内的母公司和子公司。

二、会计国际化

会计国际化是随着全球经济发展尤其是经济全球化发展而发展的。第二次世界大战以后,跨国公司迅速发展。然而,跨国公司的母公司遵循母国的会计准则,国外子公司则被要求遵循东道国的会计准则。各国会计准则的差异不利于股东和债权人了解国外子公司的财务状况和经营业绩,不利于母公司汇总子公司财务数据。会计作为一种商业语言,通过会计国际化消除"语言"差异,可以提高会计报表信息的透明度及可比性,可以为跨国公司的股东和债权人等利益相关者提供更有效的可比信息,降低交易费用,促进跨境资本流动。

(一) IFRS

国际财务报告准则(International Financial Reporting Standards,IFRS)是由国际会计准则理事会(International Accounting Standards Board,IASB)发布的会计准则及解释公告和框架。IASB 是在国际会计准则委员会(International Accounting Standards Committee,IASC)的基础上于 2001 年改组成立的,是一个独立的会计准则制定机构,旨在制定在全球范围内适用的会计准则。IASC 制定的准则称为国际会计准则(International Accounting Standards,IAS);IASB 制定的准则称为国际财务报告准则(IFRS)。

欧盟在 2002 年做出集体决定,要求欧盟内各国上市公司自 2005 年开始按 IFRS 编制合并财务报表。这一决议在推广国际会计准则方面发挥了很好的带头作用。随后,澳大利亚、南非和中国香港也做出了上市公司从 2005 年年报起按 IFRS 编制合并财务报表的决定。2007 年 12 月,SEC 宣布,今后在美国证券交易所上市的公司既可以采用美国一般公认会计准则(GAAP),也可以采用 IFRS。现在,IASB 制定的 IFRS 已成为全球公认和普遍采用的高质量会计准则。根据德勤对 175 个国家和地区的统计,截至 2021 年 8 月,已有 98 个国家和地区要求其全部上市公司使用 IFRS,有 9 个国家和地区要求其部分上市公司使用 IFRS,另有 25 个国家和地区允许其上市公司使用 IFRS。[①]

---

① https://www.iasplus.com/en/resources/ifrs-topics/use-of-ifrs.

IASB 已经发布的 IFRS 和仍然有效的 IAS 具体如下（截至 2021 年 8 月）。

IFRS 1　First-time Adoption of International Financial Reporting Standards（首次采用国际财务报告准则）（2008）

IFRS 2　Share-based Payment（以股份为基础的支付）（2004）

IFRS 3　Business Combinations（企业合并）（2008）

IFRS 4　Insurance Contracts（保险合同）（2004）[①]

IFRS 5　Non-current Assets Held for Sale and Discontinued Operations（持有待售非流动资产和终止经营）（2004）

IFRS 6　Exploration for and Evaluation of Mineral Resources（矿产资源的勘探和评价）（2004）

IFRS 7　Financial Instruments：Disclosures（金融工具：披露）（2005）

IFRS 8　Operating Segments（经营分部）（2006）

IFRS 9　Financial Instruments（金融工具）（2014）

IFRS 10　Consolidated Financial Statements（合并财务报表）（2011）

IFRS 11　Joint Arrangements（合营安排）（2011）

IFRS 12　Disclosure of Interests in Other Entities（其他主体中权益的披露）（2011）

IFRS 13　Fair Value Measurement（公允价值计量）（2011）

IFRS 14　Regulatory Deferral Accounts（递延调整账户）（2014）

IFRS 15　Revenue from Contracts with Customers（客户合同收入）（2014）

IFRS 16　Leases（租赁）（2016）

IFRS 17　Insurance Contracts（保险合同）（2017）

IAS 1　Presentation of Financial Statements（财务报表列报）（2007）

IAS 2　Inventories（存货）（2005）

IAS 7　Statement of Cash Flows（现金流量表）（1992）

IAS 8　Accounting Policies, Changes in Accounting Estimates and Errors（会计政策、会计估计变更和会计差错）（2003）

IAS 10　Events After the Reporting Period（资产负债表日后事项）（2003）

IAS 12　Income Taxes（所得税）（1996）

IAS 16　Property, Plant and Equipment（不动产、厂房和设备）（2003）

IAS 19　Employee Benefits（雇员福利）（2011）

IAS 20　Accounting for Government Grants and Disclosure of Government Assistance（政府补助会计和政府补助的披露）（1983）

IAS 21　The Effects of Changes in Foreign Exchange Rates（汇率变动的影响）（2003）

IAS 23　Borrowing Costs（借款费用）（2007）

[①]　IFRS 4 将在 2023 年 1 月 1 日被 IFRS 17 取代。

IAS 24　Related Party Disclosures（关联方披露）（2009）

IAS 26　Accounting and Reporting by Retirement Benefit Plans（退休福利计划的会计与报告）（1987）

IAS 27　Separate Financial Statements（合并财务报表）（2011）

IAS 28　Investments in Associates and Joint Ventures（对联营企业和合营企业的投资）（2011）

IAS 29　Financial Reporting in Hyperinflationary Economies（恶性通货膨胀下的财务报告）（1989）

IAS 32　Financial Instruments：Presentation（金融工具：列报）（2003）

IAS 33　Earnings Per Share（每股收益）（2003）

IAS 34　Interim Financial Reporting（中期财务报告）（1998）

IAS 36　Impairment of Assets（资产减值）（2004）

IAS 37　Provisions，Contingent Liabilities and Contingent Assets（准备、或有负债与或有资产）（1998）

IAS 38　Intangible Assets（无形资产）（2004）

IAS 40　Investment Property（投资性房地产）（2003）

IAS 41　Agriculture（农业）（2001）

（二）我国会计国际化的进程

1992年5月，财政部和国家体改委联合发布了《股份制试点企业会计制度》，该会计制度大量引入了国际通用的会计惯例，改变了以往计划经济体制下的会计模式，具有开创性的意义。1992年底，财政部陆续发布了"两则""两制"，即《企业会计准则》和《企业财务通则》，以及13项行业会计制度和10项行业财务制度，充分考虑了与国际会计惯例的协调，标志着我国由计划经济会计模式向市场经济会计模式转变。从1997年起财政部又陆续发布了16项具体会计准则，基本形成了我国具体会计准则的基本架构。

2005年是中国会计改革和会计准则国际趋同的重要之年。财政部决定放弃"两则""两制"，于同年6月起先后发布了《基本会计准则》及22项具体会计准则的征求意见稿，连同已经颁布并经过修订的16项具体会计准则，形成了一个由1项基本准则和38项具体准则构成的新会计准则体系。新会计准则获得了IASB的高度认可，2005年11月8日，中国财政部副部长王军与国际会计准则理事会主席戴维·泰迪爵士签署了联合声明，确认了中国会计准则与国际财务报告准则实现了实质性趋同。2006年2月15日，财政部发布了这套新准则并于2007年1月1日起在上市公司实施。2007年12月，中国会计准则委员会与香港会计师公会发表联合声明，宣布两地已实现会计准则等效互认。2008年11月，欧盟委员会投票通过中国企业会计准则等效报告。准则等效后，我国公司在香港特区、欧盟上市时可直接采用中国企业会计准则编制财务报表，而不必根据IFRS进行调整。2010年，财政部发布了《中国企业会计准则与国际财务报告准则持续趋同路线图》,承诺中国企业会计准则的修订与制定将与 IFRS 保持同步。

复习思考题

1. 在会计的产生和发展过程中,各阶段的重要标志是什么?
2. 会计的定义是什么?会计学科体系包括哪些内容?
3. 会计的基本职能是什么?会计有没有其他职能?
4. 会计的目标是什么?会计信息的使用者对会计目标有哪些不同要求?
5. 会计的基本假设是什么?
6. 会计信息质量要求具体包括哪些内容?
7. 会计计量与确认的原则有哪些?
8. 权责发生制与收付实现制有哪些区别?
9. 会计的方法有哪些?会计核算的方法有哪些?
10. 我国会计规范体系的主要内容有哪些?

第二章 会计要素与会计等式

【本章知识结构图】

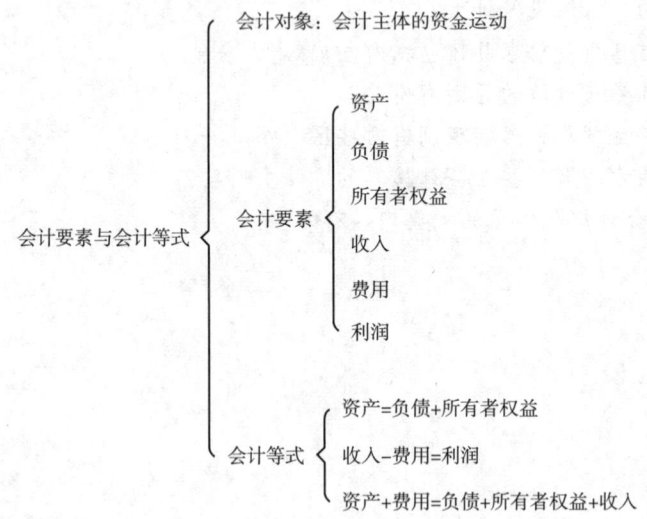

【学习目的与要求】

通过本章学习,要求掌握会计对象的含义与会计主体的资金运动;掌握会计要素的概念、作用以及确认条件和计量方法;掌握会计等式的类型及其恒等性,以及影响会计等式的九种主要经济业务。

第一节 会计对象

一、会计对象

会计对象就是会计所要反映和监督的内容,即会计所要反映和监督的客体。具体来说,会计对象是指企事业单位在日常经营活动或业务活动中所表现出的资金运动,即资金运动构成了会计核算和会计监督的内容。

研究会计对象的目的,是要明确会计在经济管理中的活动范围,从而确定会计的任务,建立和发展会计的方法体系。会计需要以货币为主要计量单位,对特定单位的经济活动进行核算和监督，因此，凡是特定单位能够以货币表现的资金运动，都是会计核算和监督的内容，也就是会计的对象。以货币表现的经济活动，通常被称为价值运动或资金运动，本教材以产品生产企业作为例子来说明会计对象。

二、会计主体的资金运动

对企业而言，会计对象的基本内容是其经营资金的运动。经营资金是指企业所拥有或控制的财产物资的货币表现。随着企业经营活动的进行，这些资金相应地会发生价值以及形态上的变化。制造业企业的生产经营过程主要包括"供应—生产—销售"。对于产品生产企业来说，既要组织产品的生产，又要组织产品的销售，因此，其日常的资金运动可以分为供应阶段、生产阶段和销售阶段，产品生产企业的资金在供、产、销三个阶段不断地循环周转，如图2-1所示。

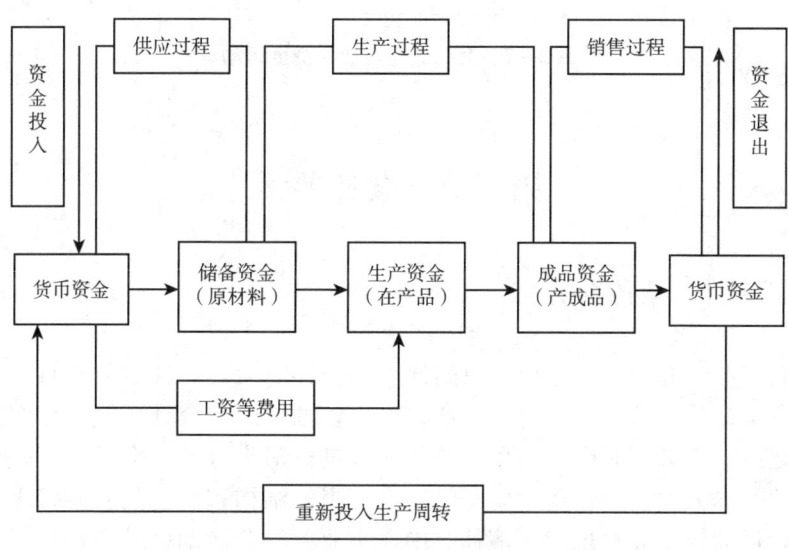

图2-1 产品生产企业的资金运动

产品生产企业需要筹集资金购买材料、设备，在这个过程中会引起企业部分资金的消耗，而在企业资金消耗之后会形成新的不同形态的资产，这个过程称为供应过程。在获得了生产所需要的材料及设备后，生产企业需要将材料投入加工成市场所需的产品，这个过程中不仅会耗用材料，设备也会产生一定的损耗，同时，企业还要支付生产工人的工资和水电等费用，这些耗费会形成另一种资产——产成品，这个过程被称为生产过程。生产过程结束后，企业还需要将产成品进行对外销售，销售结束后产成品通常又变成了货币资金。综上所述，企业的整个经营过程就是资金在不同形态资产上不断变化的运动过程。

商品流通企业的会计循环比产品生产企业要简单，商品流通企业主要包括各类外贸企业、百货商店、超级市场等。这些企业并不需要自行生产产品，而是购买产品生产企业的产品并直接销售。因此，商品流通企业的日常资金活动一般包括供应阶段和销售阶段，商品流通企业的资金运动如图 2-2 所示。

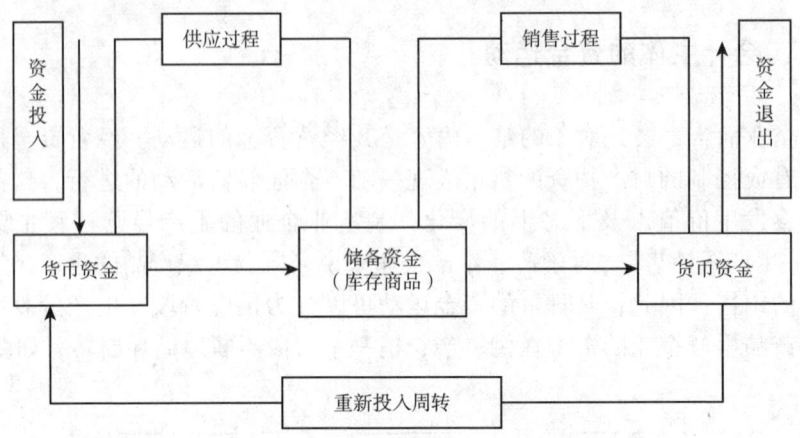

图 2-2　商品流通企业的资金运动

第二节　会计要素

一、会计要素的含义

我们在上一节学习了会计对象的概念，会计对象是会计主体在日常经营活动中的资金运动。这一概念过于宽泛，又比较抽象。在会计实践工作中进行具体核算之前，还必须对会计对象的具体内容进行适当分类。会计要素是会计核算对象的基本分类。会计要素既是设定会计报表结构和内容的基础，也是进行确认和计量的依据。在现代经济社会中，企业的经营活动多种多样，而每天所发生的业务事项更是不胜枚举。为了便于将这些业务事项在会计上加以记录，同时增加会计资料的效用，就必须将其按性质分别归纳为几个大类，对会计对象的基本分类就形成了会计要素，同时，对会计要素加以严格定义，就能为会计核算奠定坚实的基础。会计要素包括资产、负债、所有者权益、收入、费用和利润等。

二、会计要素的内容

（一）资产

资产是指企业过去的交易或事项形成的、由企业拥有或者控制的、预期会给企业带来经济利益的资源。

一个企业从事生产经营活动，必须具备一定的物质资源，或者说物质条件。

在市场经济条件下，这些必需的物质条件表现为货币资金、厂房场地、机器设备、原材料等，统称为资产。它们是企业从事生产经营活动的物质基础。除以上的货币资金以及具有物质形态的资产以外，资产还包括那些不具备物质形态，但有助于生产经营活动的专利、商标等无形资产，也包括对其他单位的投资。资产具有如下特点：

1. 资产是过去的交易或者事项形成的。这就是说，作为企业资产，必须是现实的而不是预期的资产，它是企业过去已经发生的交易或事项所产生的结果，包括购置、生产、建造等行为或其他交易或事项。预期在未来发生的交易或事项不形成资产，如计划购入的机器设备等。

2. 资产是由企业拥有或控制的。企业拥有资产，就能够从资源中获得经济利益；有些资产虽然不为企业所拥有，但在某些条件下，对一些由特殊方式形成的资源，企业虽然不享有所有权，但能够被企业所控制，而且同样能够从资产中获取经济利益，也可以作为企业资产。

3. 资产能够给企业带来经济利益。资产预期会给企业带来经济利益，是指资产直接或者间接导致现金或者现金等价物流入企业的潜力。这种潜力既可以来自企业日常的生产经营活动，也可以是非日常活动；带来经济利益的形式既可以是现金或者现金等价物形式，也可以是能转化为现金或者现金等价物流入的形式，或者是可以减少现金或者现金等价物流出的形式。资产预期会为企业带来经济利益是资产的重要特征。例如，企业采购的原材料、购置的固定资产等可以用于生产经营过程、制造商品或者提供劳务，对外出售后收回货款，货款即为企业所获得的经济利益。如果某一项目预期不能给企业带来经济利益，那么就不能将其确认为企业的资产。前期已经确认为资产的项目，如果不能再为企业带来经济利益，也不能再确认为企业的资产。

将一项资源确认为资产，需要符合资产的定义，还应同时满足以下两个条件：

（1）与该资源有关的经济利益很可能流入企业；

（2）该资源的成本或者价值能够可靠地计量。

资产按流动性分类，可以分为流动资产和非流动资产。流动资产是指可以在一年（含一年）或超过一年的一个营业周期内变现的资产，如库存现金、银行存款、应收账款、存货等。有些企业营业周期可能长于一年，例如，造船、大型机械制造，从购料到生产的周期比较长，往往超过一年，在这种情况下，就不能把一年内变现作为划分流动资产的标志，而是将营业周期作为划分流动资产的标志。非流动资产是指不能在一年（含一年）或超过一年的一个营业周期内变现的资产，如长期股权投资、固定资产、无形资产等。按流动性对资产进行分类，有助于分析企业资产的变现能力，一般来说，流动资产所占比重越大，说明企业资产的偿债能力和支付能力越强。具体如图2-3所示。

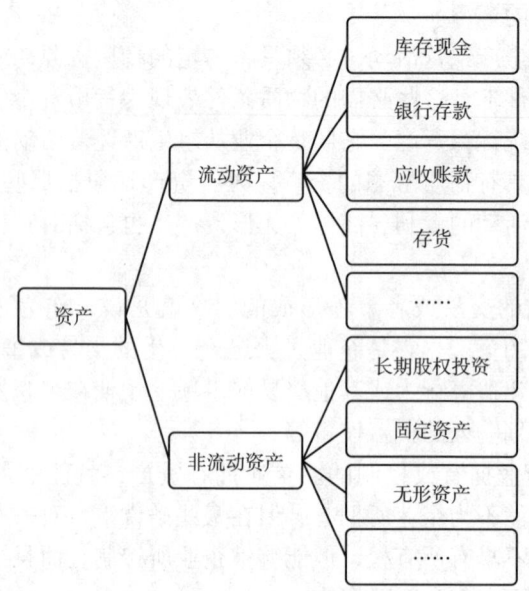

图 2-3 资产按流动性分类

（二）负债

负债是指企业过去的交易或者事项形成的、预期会导致经济利益流出企业的现时义务。

如果把资产理解为企业的权利，那么，负债就可以理解为企业所承担的义务。负债具有如下特点：

1. 负债是由企业过去的交易或者事项形成的。换句话说，只有过去的交易或者事项才形成负债，企业将在未来发生的承诺、签订的合同等交易或者事项，不形成负债。

2. 负债是企业承担的现时义务。负债必须是企业承担的现时义务，这是负债的一个基本特征。其中，现时义务是指企业在现行条件下已承担的义务。未来发生的交易或者事项形成的义务，不属于现时义务，不应当确认为负债。这里所指的义务既可以是法定义务，也可以是推定义务。其中，法定义务是指具有约束力的合同或者法律法规规定的义务，通常必须依法执行。例如，企业购买原材料形成应付账款、企业向银行借入款项形成借款、企业按照税法规定应当交纳的税款等，均属于企业承担的法定义务，需要依法予以偿还。推定义务是指根据企业多年来的习惯做法、公开的承诺或者公开宣布的政策而导致企业将承担的责任，这些责任也使有关各方形成了企业将履行义务解脱责任的合理预期。潜在的义务或预期在将来要发生的交易、事项可能产生的债务不能确认为负债。

3. 负债预期会导致经济利益流出企业。预期会导致经济利益流出企业也是负债的一个本质特征,只有在履行义务时会导致经济利益流出企业的,才符合负债的定义,如果不会导致企业经济利益流出,就不符合负债的定义。在履行现时义务清偿负债时,导致经济利益流出企业的形式多种多样,例如,用现金偿还或以实物资产形式偿还;以提供劳务形式偿还;以部分转移资产、部分提供劳务形式偿还;将负债转为资本等。

符合上述负债定义的义务,在同时满足以下条件时,确认为负债:

(1) 与该义务有关的经济利益很可能流出企业;

(2) 未来流出的经济利益的金额能够可靠计量。

按偿还期的长短,一般将负债分为流动负债和非流动负债。预计在一年或一个营业周期内清偿的债务属于流动负债,如短期借款、应付账款、应付职工薪酬等。流动负债以外的负债,即为非流动负债,一般包括长期借款、应付债券、长期应付款等。具体如图2-4所示。

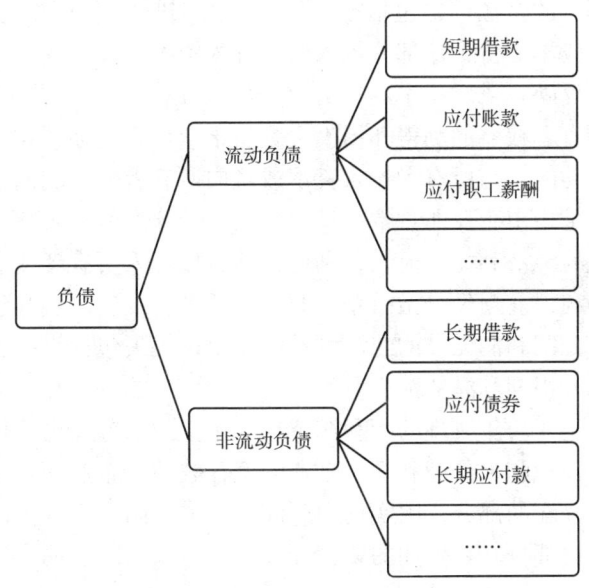

图2-4 负债按流动性分类

(三) 所有者权益

所有者权益是指企业资产扣除负债后,由所有者享有的剩余权益。所有者权益是所有者在企业资产中享有的经济利益,其金额为资产减去负债后的余额,又称为净资产。

企业资产的来源,包括债权人借入和所有者直接投入两个方面。向债权人借入的资金,形成企业的负债;所有者投入的资金,形成所有者权益。所有者权益相对于负债而言,具有以下特点:

1. 所有者权益不像负债那样需要偿还,除非发生减资、清算,企业不需要偿还所有者。

2. 企业清算时，负债往往优先清偿，而所有者只有在清偿所有负债之后才返还给所有者。

3. 所有者权益能够分享利润，而负债则不能参与利润分配。所有者权益在性质上体现为所有者对企业资产的剩余权益，在数量上体现为资产减去负债后的余额。

所有者权益体现的是所有者在企业中的剩余权益，所以所有者权益的确认和计量主要取决于资产和负债的确认和计量。

所有者权益的来源包括所有者投入的资本、直接计入所有者权益的利得和损失、留存收益等，通常由实收资本（或股本）、资本公积（含资本溢价或股本溢价）、盈余公积和未分配利润构成。其中，前两项属于投资者的投入资本，最后两项属于企业的留存收益。

所有者投入的资本是指所有者投入企业的资本部分，它既包括构成企业实收资本或者股本部分的金额，也包括投入资本超过实收资本或者股本部分的金额，即资本溢价或者股本溢价，这部分投入资本计入资本公积，并在资产负债表中的资本公积项目下反映。

直接计入所有者权益的利得和损失，是指不应计入当期损益、会导致所有者权益发生增减变动的、与所有者投入资本或者向所有者分配利润无关的利得或损失。其中，利得是指由企业非日常活动所形成、会导致所有者权益增加、与所有者投入资本无关的经济利益的流入，利得包括直接计入所有者权益的利得和直接计入当期利润的利得。损失是指由企业非日常活动所发生、会导致所有者权益减少、与向所有者分配利润无关的经济利益的流出，损失包括直接计入所有者权益的损失和直接计入当期利润的损失。

留存收益是企业历年实现的净利润留存于企业的部分，主要包括从净利润中累计计提的盈余公积和未分配利润。企业的留存收益是企业各年度实现的净利润中累积下来尚未分配的部分，因实现净利润而增加，因发生亏损而减少，是所有者权益的重要组成部分。具体如图 2-5 所示。

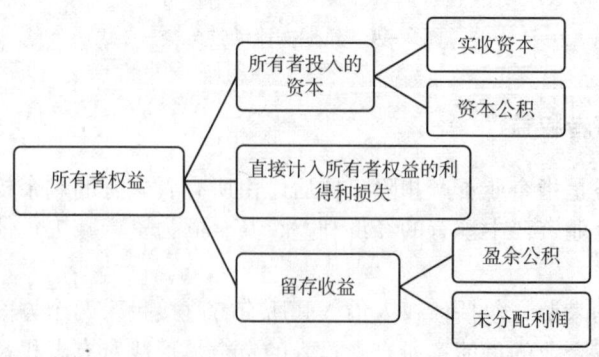

图 2-5 所有者权益的构成

（四）收入

收入是企业在日常活动中形成、会导致所有者权益增加、与所有者投入资本无关的经济利益的总流入。根据收入的定义，收入具有以下特征：

1. 收入是企业在日常活动中形成的。日常活动是指企业为完成其营业目标所从事的经常性活动以及与之相关的活动。例如，工业企业制造并销售产品、商业企业销售商品、保险公司签发保单、咨询公司提供咨询服务、软件企业为客户开发软件、安装公司提供安装服务、商业银行对外贷款、租赁公司出租资产等，均属于企业的日常活动。明确界定日常活动是为了将收入与利得相区分，利得是指由企业非日常活动所形成的、会导致所有者权益增加、与所有者投入资本无关的经济利益的流入。日常活动是确认收入的重要判断标准，凡是日常活动所形成的经济利益流入应当确认为收入；反之，非日常活动所形成的经济利益的流入不能确认为收入，而应当计入利得，如现金盘盈利得。

2. 收入会导致所有者权益的增加，与收入相关的经济利益流入应当会导致所有者权益的增加，不会导致所有者权益增加的经济利益流入不符合收入的定义，不应确认为收入。例如，企业向银行借入款项，尽管也导致了经济利益流入，但该流入并不导致所有者权益的增加，而是使企业承担了一项现时义务，不应将其确认为收入，应当确认为一项负债。

3. 收入是与所有者投入资本无关的经济利益的总流入。收入应当会导致经济利益的流入，从而导致资产的增加。例如，企业销售商品，应当在收到现金或者在有权收到现金时，才表明该交易符合收入的定义。但是，经济利益的流入有时是所有者投入资本的增加所致，所有者投入资本的增加不应当确认为收入，而应当将其直接确认为所有者权益。

当企业与客户之间的合同满足下列条件时，企业应当在客户取得相关商品控制权时确认收入：

（1）合同各方已批准合同并承诺将履行各自义务；
（2）该合同明确了合同各方与所转让商品或提供劳务相关的权利和义务；
（3）该合同有明确的与转让商品或提供劳务相关的支付条款；
（4）该合同具有商业实质；
（5）企业因向客户转让商品或提供劳务而有权取得的对价很可能收回。

收入主要包括主营业务收入、其他业务收入。

（五）费用

费用是指企业在日常活动中发生、会导致所有者权益减少、与向所有者分配利润无关的经济利益的总流出。根据费用的定义，费用具有以下特征：

1. 费用是企业在日常活动中形成的。费用必须是企业在其日常活动中所形成的，这些日常活动的界定与收入定义中涉及的日常活动的界定相一致。将费用界定为日常活动所形成的,目的是将其与损失相区分,损失是指由企业非日常活动所发生、会导致所有者权益减少、与向所有者分配利润无关的经济利益的流出。企业非日常活动所形成的经济利益流出不能确认为费用,而应当确认为损失,如盘亏损失。

2. 费用会导致所有者权益的减少。与费用相关的经济利益流出应当会导致所有者权益的减少,不会导致所有者权益减少的经济利益流出不符合费用的定义,不应确认为费用。

3. 费用是与向所有者分配利润无关的经济利益的总流出。费用的发生应当会导致经济利益的流出,从而导致资产的减少或者负债的增加(最终也会导致资产的减少)。费用表现为现金或者现金等价物的流出,存货、固定资产和无形资产等的消耗等。企业向所有者分配利润也会导致经济利益的流出,而该经济利益流出属于投资者投资回报的分配,是所有者权益的直接抵减项目,不应确认为费用,应当将其排除在费用的定义之外。

费用的确认除了应当符合其定义外,还至少应当符合以下条件:
(1) 与费用相关的经济利益应当很可能流出企业;
(2) 经济利益流出企业的结果会导致资产的减少或负债的增加;
(3) 经济利益的流出额能够可靠计量。

费用通常包括营业成本(主营业务成本、其他业务成本)、税金及附加、期间费用(销售费用、管理费用、财务费用)和资产减值损失等。

(六) 利润

利润是企业在一定会计期间的经营成果。通常情况下,如果企业实现了利润,表明企业的所有者权益将增加,业绩得到了提升;反之,如果企业发生了亏损(即利润为负数),表明企业的所有者权益将减少,业绩下降。利润既是评价企业管理层业绩的指标之一,也是投资者等财务报告使用者进行决策时的重要参考。

利润包括收入减去费用后的净额、直接计入当期利润的利得和损失等。其中,收入减去费用后的净额反映企业日常活动的经营业绩,直接计入当期利润的利得和损失反映企业非日常活动的业绩。直接计入当期利润的利得和损失,是指应当计入当期损益、最终会引起所有者权益发生增减变动、与所有者投入资本或者向所有者分配利润无关的利得或损失。企业应当严格区分收入和利得、费用和损失之间的区别,以更加全面地反映企业的经营业绩。

利润反映的是收入减去费用、直接计入当期利润的利得减去损失后的净额。因此,利润的确认主要依赖于收入和费用,以及利得和损失的确认。利润的构成具体如图 2-6 所示。

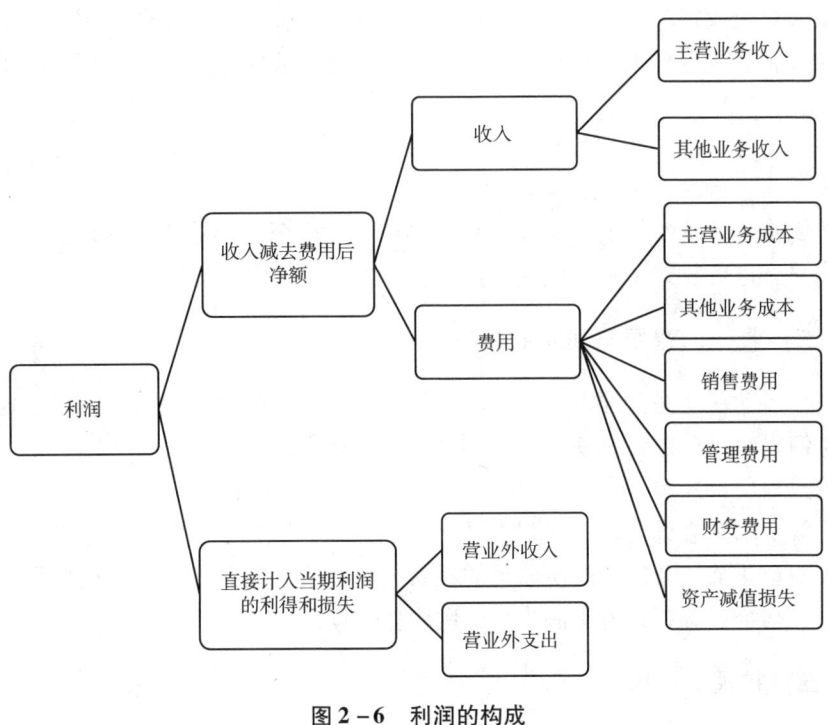

图 2-6 利润的构成

第三节 会计等式

一、会计等式的含义

会计等式,也称为会计平衡公式或会计方程式,它是对各会计要素的内在经济关系利用数学公式所作的概括表达,即反映各会计要素数量关系的等式。它揭示了各会计要素之间的联系,是复式记账、试算平衡和编制会计报表的理论依据。

二、会计等式的类型

(一)资产、负债及所有者权益的关系

资金运动在静态情况下,资产、负债及所有者权益三个要素之间存在平衡关系。企业资产的来源最初包括两部分:一是由企业所有者投入的资源;二是由企业债权人提供的资源。所有者和债权人将其资源提供给企业使用,不可能是无偿的,因此,他们对企业的资产享有一定的要求权,即为"权益"。资产与权益相互依存,有一定数额的资产,必然有相应数额的权益;反之亦然。然而,所有者

与债权人对企业资产的要求权是不同的，会计上将债权人对企业资产的要求权称为负债（债权人权益），将所有者对企业资产的要求权称为所有者权益。由此可以推出：

资产＝权益

即：资产＝负债＋所有者权益

这就是会计基本等式，又称为静态会计等式或会计恒等式。它是会计核算中设置账户、进行复式记账和编制资产负债表的理论依据。

（二）收入、费用与利润的关系

资金运动在动态情况下，其循环周转过程中发生的收入减去费用后表现为利润，它们之间也存在着平衡关系，用公式表示如下：

收入－费用＝利润

这就是动态会计等式，反映的是企业某一时期收入、费用与利润的恒等关系，表明企业某一会计期间所取得的经营成果，是编制利润表的理论依据。若利润为正，则企业盈利；若利润为负，则企业亏损。

（三）扩展会计等式

企业经过一段时间生产经营后，或盈利，或亏损。"收入－费用＝利润"，当利润为正时，表明经济利益流入大于经济利益流出，即企业资产增多，基本会计等式可变化为：

资产＝负债＋所有者权益＋利润

资产＝负债＋所有者权益＋收入－费用

将上面公式移项即成：

资产＋费用＝负债＋所有者权益＋收入

我们将这一等式称为扩展会计等式。

基本会计等式反映某一会计主体在某一特定时点上的财务状况，而动态会计等式反映某一会计主体一定会计期间的经营成果，即收入减去费用后为利润，企业的经营成果必然影响所有者权益，当利润结转以后，扩展会计等式又回到会计基本等式："资产＝负债＋所有者权益"。企业在生产经营过程中，发生的各类经济业务会引起各个会计要素金额上的变化，但不管各个会计要素金额如何变化，资产、负债、所有者权益、收入、费用、利润这六大要素之间始终保持着恒等关系。

（四）经济业务的发生对会计等式的影响

企业经济业务的发生会对会计要素产生影响，但不会影响等式的平衡关系。根据经济业务对会计要素的影响我们可以把企业的经济业务如表2－1所示进行分类。

表 2-1　　　　　各种经济业务对会计等式的影响

经济业务类型		资产 =	负债 +	所有者权益
会计等式左右两边同时增加或同时减少	1	增加	增加	
	2	增加		增加
	3	减少	减少	
	4	减少		减少
会计等式右边的此增彼减	5		增加	减少
	6		减少	增加
会计等式内部的此增彼减	7	增加、减少		
	8		增加、减少	
	9			增加、减少

下面举例说明会计等式的恒等性。

【例 2-1】珠江有限责任公司（以下简称珠江公司）期初资产为 300 万元，负债为 140 万元，所有者权益为 160 万元。会计等式为：

300 万（资产）＝140 万（负债）＋160 万（所有者权益）

本月发生以下经济业务：

①因业务需要，向银行借入短期借款 25 万元，款项已存入银行。

这笔经济业务发生后，珠江公司的一项资产（银行存款）增加 25 万元，一项负债（短期借款）同时增加 25 万元，会计等式变为：

325 万（资产）＝165 万（负债）＋160 万（所有者权益）

会计等式左右两边金额等额增加，会计等式的平衡关系保持不变。该项经济业务属于表 2-1 经济业务类型中的第 1 种。

②珠江公司接受华天公司投入货币资金 100 万元。

这笔经济业务发生后，珠江公司的一项资产（货币资金）增加 100 万元，一项所有者权益（实收资本）同时增加 100 万元，会计等式变为：

425 万（资产）＝165 万（负债）＋260 万（所有者权益）

会计等式左右两边金额等额增加，会计等式的平衡关系保持不变。该项经济业务属于表 2-1 经济业务类型中的第 2 种。

③珠江公司向银行归还短期借款 25 万元。

这笔经济业务发生后，珠江公司的一项资产（银行存款）减少 25 万元，一项负债（短期借款）同时减少 25 万元，会计等式变为：

400 万（资产）＝140 万（负债）＋260 万（所有者权益）

会计等式两边金额等额减少，会计等式的平衡关系保持不变。该项经济业务属于表 2-1 经济业务类型中的第 3 种。

④因要缩减经营规模，珠江公司根据公司章程减少资本 15 万元，已按出资

比例退还给投资者。

这笔经济业务发生后,珠江公司的一项资产(银行存款)减少15万元,一项所有者权益(实收资本)同时减少15万元,会计等式变为:

385万(资产)=140万(负债)+245万(所有者权益)

会计等式两边金额等额减少,平衡关系不变。该项经济业务属于表2-1经济业务类型中的第4种。

⑤珠江公司宣布向投资者分配利润50万元。

这笔经济业务发生后,珠江公司的一项负债(应付股利)增加50万元,一项所有者权益(未分配利润)同时减少50万元,会计等式变为:

385万(资产)=190万(负债)+195万(所有者权益)

会计等式右边一项负债增加,一项所有者权益等额减少,平衡关系保持不变。该项经济业务属于表2-1经济业务类型中的第5种。

⑥通过和债权人宏远公司协商,双方一致同意将所欠宏远公司的货款10万元转为实收资本。

这笔经济业务发生后,珠江公司的一项负债(应付账款)减少10万元,一项所有者权益(实收资本)同时增加10万元,会计等式变为:

385万(资产)=180万(负债)+205万(所有者权益)

会计等式右边一项负债减少,一项所有者权益等额增加,会计等式的平衡关系保持不变。该项经济业务属于表2-1经济业务类型中的第6种。

⑦珠江公司用银行存款购买一台生产设备,设备实际成本14万元。

这笔经济业务发生后,珠江公司的一项资产(固定资产)增加14万元,同时一项资产(银行存款)减少14万元,会计等式变为:

385万(资产)=180万(负债)+205万(所有者权益)

即会计等式左边资产要素内部的金额有增有减,增减金额相等,会计等式平衡关系保持不变。该项经济业务是表2-1经济业务类型中的第7种。

⑧珠江公司将已到期却无力支付的应付票据100万元转为应付账款。

这笔经济业务发生后,珠江公司的一项负债(应付票据)减少100万元,另一项负债(应付账款)同时增加100万元,会计等式变为:

385万(资产)=180万(负债)+205万(所有者权益)

即会计等式右边负债要素内部的金额有增有减,增减金额相等,会计等式平衡关系保持不变。该项经济业务是表2-1经济业务类型中的第8种。

⑨珠江公司将资本公积20万元转为实收资本。

这笔经济业务发生后,珠江公司的一项所有者权益(资本公积)减少20万元,另一项所有者权益(实收资本)同时增加20万元,会计等式变为:

385万(资产)=180万(负债)+205万(所有者权益)

即会计等式右边所有者权益要素内部的金额有增有减,增减金额相等,会计等式平衡关系保持不变。该项经济业务属于表2-1经济业务类型中的第9种。

在某一会计期间内,企业会取得收入、发生费用,在这种情况下需要用到扩展的会计等式：资产＝负债＋所有者权益＋收入－费用。

【例2－2】承〖例2－1〗，珠江公司本月发生有关收入和费用的业务如下。

①销售产品取得收入30万元，款项已存入银行。

这笔经济业务发生后，珠江公司的资产（银行存款）增加了30万元，同时收入增加了30万元，我们需要用到扩展的会计等式：

415万（资产）＝180万（负债）＋205万（所有者权益）＋30万（收入）

扩展等式左边的资产要素增加了30万元，右边的收入要素增加了30万元，等式平衡关系保持不变。

②上述产品的销售成本为25万元。

产品在没有销售之前是企业资产的一部分（库存商品），销售之后就转化为企业的一项费用。会计等式变为：

390万（资产）＝180万（负债）＋205万（所有者权益）＋30万（收入）－25万（费用）

扩展等式左边的资产要素减少了25万元，右边的费用要素增加了30万元。因为费用要素在等式的右边是减项，所以等式平衡关系保持不变。

③接到电力公司付费通知，本月应支付电费1万元，款项尚未支付。

这笔业务的发生使得珠江公司的费用增加了1万元；款项尚未支付，所以负债增加了1万元。等式变为：

390万（资产）＝181万（负债）＋205万（所有者权益）＋30万（收入）－26万（费用）

④假设珠江公司本期没有别的业务发生，计算本期利润和期末的所有者权益。

利润＝收入－费用

本期利润＝30－25－1＝4（万元）

利润是所有者权益的一个构成部分，所以期末的所有者权益为：

205＋4＝209（万元）

当把利润计入所有者权益之后，我们会发现会计等式又变为：

390万（资产）＝181万（负债）＋209万（所有者权益）

又回到了基本会计等式。从〖例2－2〗可以看到，在某个会计期间，企业取得收入发生费用，但企业并不会时时刻刻计算利润。当收入和费用没有进行配比计算利润时，我们需要用到扩展的会计等式。在会计期末，收入和费用配比后计算出利润，利润计入所有者权益后，就又回到了基本的会计等式。

企业收入的取得和费用的发生最终都会影响所有者权益，所以企业发生的所有经济业务其实都可以归纳为表2－1的9种类型，任何一种经济业务的发生都不会影响会计等式的恒等关系。

复习思考题

1. 什么是会计对象？研究会计对象的目的是什么？
2. 生产企业的资金运动可分为哪几个阶段？
3. 什么是会计要素？企业有哪些会计要素？
4. 什么是资产？企业有哪些资产项目？
5. 什么是负债？企业有哪些负债项目？
6. 什么是所有者权益？企业一般有哪些所有者权益项目？
7. 什么是会计等式？了解会计等式有何重要意义？
8. 什么是经济业务？经济业务对会计等式的影响如何？

第三章　账户与复式记账

【本章知识结构图】

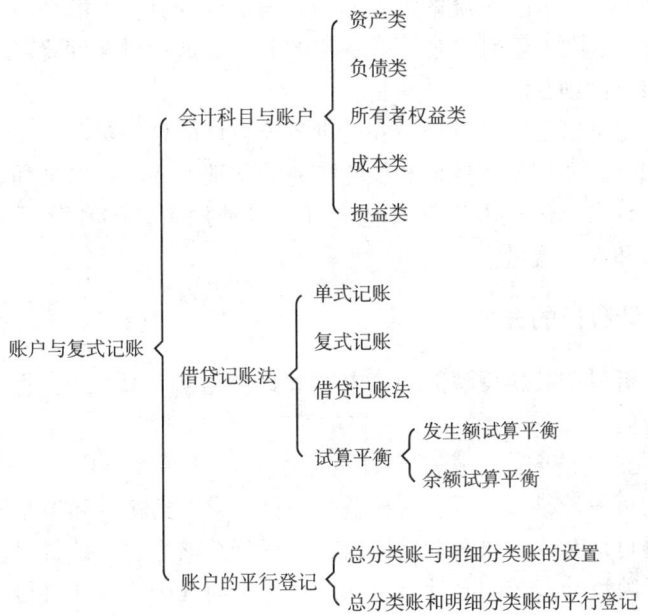

【学习目的与要求】

通过本章学习，要求掌握会计科目的内容、会计科目与账户的关系、设置账户的作用、账户的结构、账户的特点等问题；掌握复式记账的原理和借贷记账法的全部内容，包括借贷记账法的理论基础、记账符号、账户结构、记账规则、试算平衡等问题。

第一节　会计科目与账户

一、会计科目

（一）会计科目的概念

企业在经营过程中发生的各种各样经济业务，会引起各项会计要素发生增减变化。由于企业的经营业务错综复杂，即使涉及同一种会计要素，也往往具有不同的性质和内容。例如，固定资产和现金虽然都属于资产，但它们的经济内容以及在经济活动中的周转方式和所引起的作用各不相同。又如，应付账款和长期借款，虽然都是负债，但它们的形成原因和偿付期限也是各不相同的。再如，所有者投入的实收资本和企业的利润，虽然都是所有者权益，但它们的形成原因与用途大不一样。为了实现会计的基本职能，要从数量上反映各项会计要素的增减变化，不但需要取得各项会计要素增减变化及其结果的总括数字，而且要取得一系列更加具体的分类和数量指标。因此，为了满足所有者对利润构成及其分配情况、负债及构成情况了解的需要，为了满足债权人了解流动比率、速动比率等有关指标并判断其债权安全情况的需要，为了满足税务机关了解企业欠缴税金的详细情况的需要，还要对会计要素作进一步的分类。这种对会计要素对象的具体内容进行分类核算的项目称为会计科目。

会计科目是进行各项会计记录和提供各项会计信息的基础，设置会计科目是复式记账中编制、整理会计凭证和设置账簿的基础，并能提供全面、统一的会计信息，便于投资人、债权人以及其他会计信息使用者掌握和分析企业的财务状况、经营成果和现金流量。

（二）会计科目的分类

会计科目可以按其所反映的经济内容（即所属会计要素）、所提供信息的详细程度进行分类。

1. 按反映的经济内容分类。会计科目按所反映的经济内容不同，可以分为资产类科目、负债类科目、所有者权益类科目、成本类科目和损益类科目。

资产类科目是对资产要素的具体内容进行分类核算的会计科目。按资产流动性可以分为反映流动资产的会计科目和反映非流动资产的会计科目。反映流动资产的会计科目主要有"库存现金""银行存款""应收账款""应收票据""原材料""库存商品"等科目。反映非流动资产的会计科目主要有"在建工程""固定资产""无形资产""长期股权投资"等科目。

负债类科目是对负债要素具体内容进行分类核算的会计科目。按负债偿还期限长短可以分为反映流动负债的科目和反映非流动负债的科目。反映流动负债的科目主要有"短期借款""应付账款""应付票据""应交税费""应付利息""应付职工薪酬"等。反映非流动负债的科目主要有"长期借款""应付债券""长期应付款"等。

所有者权益类科目是对所有者权益要素具体内容进行分类核算的会计科目，主要有"实收资本""资本公积""盈余公积""本年利润""利润分配"等。

成本类科目是对可归属于产品成本、劳务成本等的具体内容进行分类核算的会计科目，主要有"生产成本""制造费用"等。

损益类科目是对企业收入、费用等要素的具体内容进行分类核算的会计科目。反映收入的科目主要有"主营业务收入""其他业务收入"等。反映费用的科目主要有"主营业务成本""其他业务成本""税金及附加""管理费用""财务费用""销售费用"等。收入和费用实质都是所有者权益的组成部分，由于收入和费用可以衡量企业的业绩，是报表使用者非常需要了解的指标，所以在会计核算期中单独分类处理，期末还是要结转到所有者权益类账户中。这类账户结转之后没有余额，便于从下一个会计期间重新开始计量企业的收入和费用。

2. 按提供信息的详细程度分类。会计科目按提供信息的详细程度，分为总分类科目和明细分类科目。

总分类科目又称总账科目或一级科目，是对会计要素的具体内容进行总括分类的会计科目，是进行总分类核算的依据。为了满足会计信息使用者对信息质量的要求，总账科目是由财政部《企业会计准则——应用指南》统一规定的。

明细科目也称为明细分类会计科目、细目，是在总账科目的基础上，对总账科目所反映的经济内容进行进一步详细分类的会计科目，以提供更详细、更具体会计信息的科目。例如，在"原材料"科目下，按材料类别开设"原料及主要材料""辅助材料""燃料"等二级科目。明细科目的设置，除了要符合财政部统一规定外，一般根据经营管理需要由企业自行设置。对于明细科目较多的科目，可以在总账科目和明细科目下设置二级或多级科目。例如，在"原料及主要材料"下，再根据材料规格、型号等开设三级明细科目。

实际工作中，并不是所有的总账科目都需要开设二级和三级明细科目，根据会计信息使用者所需不同信息的详细程度，有些只需要设一级总账科目，有些只需要设一级总账科目和二级明细科目。会计科目的级别如表 3-1 所示。

表 3-1　　　　　　　　"原材料"总账和明细账会计科目

总账科目	明细科目	
一级科目	二级科目（子目）	三级科目（细目）
原材料	原料及主要材料	圆钢、角钢
	辅助材料	润滑剂、石炭酸
	燃料	汽油、原煤

（三）设置会计科目的原则

《企业会计准则——应用指南》中统一制定了企业实际工作中需要使用的会计科目（见表 3-2），为我国企业会计提供了标准的会计科目指引。每一个会计科目都有具体的编号，会计科目编号为企业填制会计凭证、登记会计账簿、查阅会计账簿、采用会计软件系统做参考。根据会计科目编号第一位数字的不同，可以区分不同的会计要素：资产类"1"，负债类"2"（共同类"3"，本书略），所有者权益类"4"，成本类"5"，损益类"6"。

表 3-2 常用会计科目

序号	编号	会计科目	序号	编号	会计科目
		一、资产类			二、负债类
1	1001	库存现金	1	2001	短期借款
2	1002	银行存款	2	2201	应付票据
3	1012	其他货币资金	3	2202	应付账款
4	1101	交易性金融资产	4	2203	预收账款
5	1121	应收票据	5	2211	应付职工薪酬
6	1122	应收账款	6	2221	应交税费
7	1123	预付账款	7	2231	应付利息
8	1131	应收股利	8	2232	应付股利
9	1132	应收利息	9	2241	其他应付款
10	1221	其他应收款	10	2501	长期借款
11	1231	坏账准备	11	2502	应付债券
12	1401	材料采购	12	2701	长期应付款
13	1402	在途物资	13	2711	专项应付款
14	1403	原材料	14	2801	预计负债
15	1404	材料成本差异			三、所有者权益类
16	1405	库存商品	1	4001	实收资本/股本
17	1411	周转材料	2	4002	资本公积
18	1471	存货跌价准备	3	4101	盈余公积
19	1511	长期股权投资	4	4103	本年利润
20	1521	投资性房地产	5	4104	利润分配
21	1601	固定资产			四、成本类
22	1602	累计折旧	1	5001	生产成本
23	1603	固定资产减值准备	2	5101	制造费用
24	1604	在建工程			五、损益类
25	1605	工程物资	1	6001	主营业务收入
26	1606	固定资产清理	2	6051	其他业务收入
27	1701	无形资产	3	6101	公允价值变动损益
28	1702	累计摊销	4	6111	投资收益
29	1703	无形资产减值准备	5	6301	营业外收入
30	1801	长期待摊费用	6	6401	主营业务成本
31	1901	待处理财产损溢	7	6402	其他业务成本
			8	6403	税金及附加
			9	6601	销售费用
			10	6602	管理费用
			11	6603	财务费用
			12	6701	资产减值损失
			13	6711	营业外支出
			14	6801	所得税费用

会计科目作为反映会计要素的构成情况及其变化情况为投资者、债权人、企业管理者等提供会计信息的重要手段，在其设置过程中应努力做到科学、合理、实用。因此，在设计会计科目时应遵循下列基本原则。

1. 设置会计科目要符合国家会计法规体系的规定。国家的会计法规体系，体现了国家对财务会计工作的要求，因此，设计会计科目要以此为依据，所设置的会计科目应尽量符合《会计法》以及《企业会计准则》等规定，以便编制会计凭证，登记账簿，查阅账目，实行会计电算化。

2. 设置会计科目要结合所反映会计要素的特点，具有一定的灵活性。设置会计科目必须对会计要素的具体内容进行分类，以分门别类地反映和监督各项经营业务，不能有任何遗漏，即所设置的会计科目应能覆盖企业所有的要素。例如，有些公司制造工业产品，根据这一业务特点就必须设置反映和监督其经营情况和生产过程的会计科目，如"主营业务收入""生产成本"；而农业企业就可以设置"消耗性生物资产""生产性生物资产"等会计科目；金融企业则应设置反映、监督吸收和贷出存款相关业务等科目，如"利息收入""利息支出"等。此外，为了便于发挥会计的管理作用，企业可以根据实际情况自行增设、减少或合并某些会计科目的明细科目。

3. 设置会计科目要全面反映企业经济业务内容。在会计要素的基础上对会计对象的具体内容做进一步分类时，为了全面而概括地反映企业生产经营活动情况，会计科目的设置要保持会计指标体系的完整，企业所有能用货币表现的经济业务，都能通过设置某一会计科目进行核算。

4. 会计科目名称力求简明扼要，内容确切。每一科目原则上反映一项内容，各科目之间不能相互混淆。企业可以根据本企业具体情况，在不违背会计科目使用原则的基础上，确定适合本企业的会计科目名称。

二、会计账户

（一）会计账户的概念

会计科目只是对会计对象的具体内容（会计要素）进行分类的项目名称。为了能够分门别类地对各项经济业务的发生所引起会计要素的增减变动情况及其结果进行全面、连续、系统、准确地反映和监督，为经营管理提供需要的会计信息，必须设置一种方法或手段，能核算指标的具体数字资料。于是必须根据会计科目开设账户。所谓会计账户，是指具有一定格式，用来分类、连续地记录经济业务，反映会计要素增减变动及其结果的一种核算工具。所以设置会计科目以后，还要根据规定的会计科目开设一系列反映不同经济内容的账户，每个账户都有一个科学而简明的名称，账户的名称就是会计科目。会计账户是根据会计科目设置的。设置账户是会计核算的一种专门方法，运用账户，把各项经济业务的发生情况及由此引起的资产、负债、所有者权益、收入、费用和利润各要素的变化,系统地、分门别类地进行核算,以便提供所需要的各项指标。

(二)会计账户的结构和内容

账户是用来记录经济业务的,必须具有一定的结构和内容。作为会计核算的会计对象,会随着经济业务的发生在数量上增减变化,并相应产生变化结果。因此,用来分类记录经济业务的账户必须确定账户的基本结构:增加的数额记在哪里,减少的数额记在哪里,增减变动后的结果记在哪里。

采用不同记账方法,账户的结构是不同的,即使采用同一记账方法,不同性质的账户结构也是不同的。借贷记账法下账户结构如表3-3所示。

表3-3　　　　　　　　　　　原材料总账　　　　　　　　　　　单位:元

2021年		凭证号数	摘要	借方	贷方	借或贷	余额
月	日						
8	1		月初余额			借	50 000
	6	银付3	购入	80 000		〃	130 000
	10	转5	领用		100 000	〃	30 000
			……				
	31		本月合计	220 000	230 000	借	40 000

注:借贷记账法下,以借或贷来表示增加或减少方向。

但是,不管采用何种记账方法,也不论是何种性质的账户,其基本结构总是相同的。具体归纳如下:

1. 任何账户一般可以划分为左右两方。每一方再根据实际需要分成若干栏次,用来分类登记经济业务及其会计要素的增加与减少,以及增减变动的结果。账户的格式设计一般应包括以下内容:(1)账户的名称,即会计科目;(2)日期和摘要,即经济业务发生的时间和内容;(3)凭证号数,即账户记录的来源和依据;(4)增加和减少的金额;(5)余额。

2. 账户的左右两方是按相反方向来记录增加额和减少额。也就是说,如果规定在左方记录增加额,就应该在右方记录减少额;反之,如果在右方记录增加额,就应该在左方记录减少额。在具体账户的左、右两个方向中究竟哪一方记录增加额,哪一方记录减少额,取决于账户所记录的经济内容和所采用的记账方法。

3. 账户的余额一般与记录的增加额在同一方向。

4. 任何一个时期的期末余额可以根据账户所记录的期初余额和当期发生的增加额、减少额用下列公式计算确定:

期末余额=期初余额+本期增加发生额-本期减少发生额

本期增加发生额和本期减少发生额是指在一定会计期间内(月、季或年),

账户在左右两方分别登记的增加金额的合计数和减少金额的合计数。

为了教学方便，我们经常采用简化格式"T"型账（也称"丁"字账）来表示账户的结构。"库存现金"账户的"T"型账格式如图3-1所示。

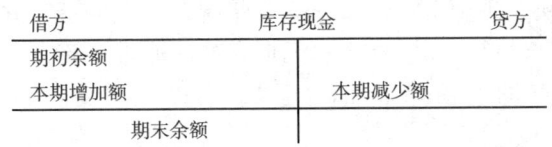

图3-1 "库存现金"账户的"T"型账

（三）会计科目和会计账户的区别与联系

会计账户是对会计要素的内容所作的科学再分类。会计科目与账户是两个既有区别又有联系的不同概念。它们的共同点是：会计科目是设置会计账户的依据，是会计账户的名称，会计账户是会计科目的具体运用，会计科目所反映的经济内容，就是会计账户所要登记的内容。它们之间的区别在于：会计科目只是对会计要素具体内容的分类，本身没有结构；会计账户则有相应的结构，是一种核算方法，能具体反映资金运用状况。因此，会计账户比会计科目分类更为明细，内容更为丰富。

第二节 借贷记账法

一、单式记账和复式记账

会计科目只是对会计要素进行具体分类的项目，提供会计核算所需要运用的内容，账户则提供了某一类会计要素在各个期间的增减变化情况。那么，当每一笔经济业务发生时应该如何登记账簿呢？这就需要依靠一套系统的记账方法。所谓记账方法，就是账簿登记经济业务的方法，即根据一定的记账原则、记账符号、记账规则，采用一定的计量单位，利用文字和数字把经济业务记录到账簿中去的一种专门方法。记账方法按记录方式不同，可分为单式记账法和复式记账法。

（一）单式记账法

单式记账法是指对发生的经济业务只在一个账户中加以记录的记账方法，这是一种比较简单、不完整的记账方法。这种记账方法的特征是，通常只记录现金和银行存款的收付业务，对于财产物资的增减、收入和费用等通常不加以记录。

【例3-1】珠江有限责任公司购入一台价值10 000元的设备，款项已用银行存款支付。

在单式记账法下，这笔业务只登记银行存款减少了10 000元，而不登记固定资产增加了 10 000 元。造成的结果就是,当我们看会计记录时,只知道银行存款少了 10 000 元,却不知道这 10 000 元用在了什么地方。

单式记账法主要存在以下弊端:

(1) 无法反映非现金资产的增减变动情况。企业的资产并不仅仅是现金和银行存款,还有原材料、固定资产、无形资产等非现金资产,但是单式记账法对这些非现金资产的变动并不加以记录,所以无法反映非现金资产的期末状况。

(2) 无法反映企业负债的增减变动。企业货币资金的变动有可能是负债带来的,例如,从金融机构取得借款,单式记账不反映货币资金的来源,只单纯记录货币资金的增减,所以期末无法反映企业的负债状况。

(3) 无法反映企业的收入和费用发生情况,无法反映企业的利润。因为单式记账法只记录现金和银行存款的增减,不记录增减的途径。例如,银行存款的增加,既可能是销售商品取得收入导致的,也可能是从金融机构取得的贷款,单式记账法无法反映。我们知道,一定期间的收入和费用进行配比形成了企业在一定期间所创造的利润,利润是所有报表使用者共同关心的一个关键指标。单式记账法无法反映企业在一定期间的收入、费用和利润情况。

尽管单式记账法简单易学,但由于有这些弊端,所以在会计实践中最终被复式记账法取代。

(二) 复式记账法

复式记账法是指对每一笔经济业务,都要用相等的金额在两个或两个以上相互联系的账户中进行记录的记账方法。

这种记账方法并不只记录银行存款和现金的增减变动,还会反映银行存款和现金增减变动的原因。仍以〖例 3-1〗来说,在复式记账法下,不仅会记录银行存款减少了 10 000 元,还同时会记录固定资产增加了 10 000 元。再如,用银行存款 1 000 元支付了本期的宣传费用,在复式记账法下,记录银行存款减少 1 000 元的同时会记录费用增加了 1 000 元。当我们将经济业务登记在两个(或两个以上)相互关联的账户中,我们就可以清楚地知道钱用到了什么地方,即我们可以清楚地知道资金运动的来龙去脉。

相比于单式记账法,复式记账法的优点显然易见。

(1) 对于发生的每一笔经济业务都要在两个或两个以上的账户中进行记录,账户记录可以全面地反映经济业务内容和资金运动过程,全面反映企业收入的取得和费用的发生情况。

(2) 因为发生的每一笔经济业务都要以相等的金额在有关账户中进行登记,所以可以进行试算平衡,检查账簿记录是否正确,即复式记账本身就有一定的纠错功能。

复式记账法主要有借贷记账法、增减记账法和收付记账法等。

增减记账法曾经是我国会计工作中实行的记账方法,从 1964 年开始到 1993

年，我国商业企业全面推行使用增减记账法，包括一些工业企业和其他企业也都采用这种记账方法。1993年7月，我国《企业会计准则》实施后，将增减记账法改为借贷记账法。

我国《企业会计准则——基本准则》第十一条规定，企业应当采用借贷复式记账法记账。

二、借贷记账法

（一）借贷记账法的含义

借贷记账法是以"借"和"贷"作为记账符号的一种复式记账法。13世纪在意大利最早出现了"借"和"贷"的记账形式。起初，借贷资本家（银行）把向债务人放出的款项称为"借"（debit），把从债权人那里吸收的款项称为"贷"（credit）。当借款人增加借款时就记录在左边（站在银行的角度，借款人的借款是银行的债权）；当存款人增加存款时就记录在右边（站在银行的角度，存款人的存款是银行的债务）。这样就慢慢演化成了资产增加记录在借方，负债（和所有者权益）增加记录在贷方。

今天，"借""贷"两个字已经完全失去了本身的含义，仅仅是一个单纯的记账符号，"借"就表示一个账户的左边，"贷"就表示一个账户的右边。

（二）借贷记账法的理论基础

借贷记账法的对象是会计要素的增减变动过程及其结果，这个过程及其结果可用公式表示为：资产＝负债＋所有者权益，这一恒等式揭示了三个方面的内容：

1. 会计主体各要素之间的数字平衡关系。有一定数量的资产，就必然有相应数量的权益（负债和所有者权益）与之相对应，任何经济业务所引起的要素增减变动，都不会影响这个等式的平衡。如果把等式的"左""右"两方，用"借""贷"两方来表示的话，就是说每一次记账的借方和贷方是平衡的，一定时期账户的借方、贷方的金额是平衡的，所有账户的借方、贷方余额的合计数是平衡的。

2. 各会计要素增减变化的相互联系。从上一章可以看出，任何经济业务都会引起两个或两个以上相关会计项目发生金额变动，因此，当经济业务发生后，在一个账户中记录的同时必然要有另一个或两个以上账户的记录与之对应。

3. 等式有关因素之间是对立统一的。资产在等式的左边，移到等式右边时，就要以"－"表示，负债和所有者权益也具有同样情况，也就是说，当我们用左边（借方）记录资产类项目增加时，就要用右边（贷方）来记录资产类项目减少。与之相反，当我们用右方（贷方）记录负债和所有者权益增加额时，就需要通过左方（借方）来记录负债和所有者权益的减少额。

这三个方面的内容贯穿了借贷记账法的始终，会计等式对记账方法的要求决定了借贷记账法的账户结构、记账规则、试算平衡的基本理论，因此说，会计恒等式是借贷记账法的理论基础。

（三）借贷记账法下的账户结构

在借贷记账法下，账户的基本结构是左方为借方，右方为贷方。但哪一方登记增加，哪一方登记减少，要看账户反映的经济内容和账户的性质。不同性质的账户，其结构是不同的。我们可以从会计要素的静态恒等式：资产＝负债＋所有者权益，以及动态平衡方程：资产＋费用＝负债＋所有者权益＋收入来分析。

1. 资产类账户。资产类账户的结构是：账户的借方记录资产的增加额，贷方记录资产的减少额，期末余额一般在账户的借方。其形式如图 3–2 所示。

借方	资产类账户	贷方	
期初余额	×××		
增加额（1）	×××	减少额（1）	×××
增加额（2）	×××	减少额（2）	×××
本期发生额	×××	本期发生额	×××
期末余额	×××		

图 3–2　资产类账户结构

该类账户的发生额和余额之间的关系用公式表示为：

资产类账户期末余额＝期初余额(借方)＋本期借方发生额－本期贷方发生额

2. 负债及所有者权益类账户。负债类与所有者权益类账户结构完全一致。这两类账户的结构是：账户的贷方记录负债、所有者权益的增加额，借方记录负债、所有者权益的减少额，期末余额一般在账户的贷方。其形式如图 3–3 所示。

借方	负债及所有者权益类账户	贷方	
		期初余额	×××
减少额（1）	×××	增加额（1）	×××
减少额（2）	×××	增加额（2）	×××
本期发生额	×××	本期发生额	×××
		期末余额	×××

图 3–3　负债及所有者权益类账户

该类账户的发生额和余额之间的关系用公式表示为：

负债及所有者权益类账户期末余额＝期初余额(贷方)＋本期贷方发生额
－本期借方发生额

3. 收入类账户。收入类账户的结构与负债及所有者权益类账户的结构基本一致。收入的增加额记入账户的贷方,收入转出(减少额)则应记入账户的借方。由于在会计期末,需按规定把贷方记录的收入从借方转出,并与费用比较,计算当期财务成果,所以该类账户期末经结账后一般没有余额。其形式如图3-4所示。

借方	收入类账户		贷方
减少额	×××	增加额(1)	×××
本期发生额转出	×××	增加额(2)	×××
本期发生额	×××	本期发生额	×××

图3-4 收入类账户结构

4. 费用类账户结构。费用类账户与资产类账户结构基本一致。费用的增加额记入账户的借方,费用的减少额(转出)则应记入账户的贷方。由于会计期末,需按规定把借方记录的全部费用从贷方转出,并与收入比较,计算当期财务成果,所以该类账户期末经结账后一般没有余额。其形式如图3-5所示。

借方	费用类账户		贷方
增加额(1)	×××	减少额	×××
增加额(2)	×××	本期发生额转出	×××
本期发生额	×××	本期发生额	×××

图3-5 费用类账户结构

综上所述,借贷记账法中的"借""贷"二字作为记账符号所表示的经济含义是不同的。借贷记账法的记账符号对于不同性质账户的含义可以归纳如图3-6所示。

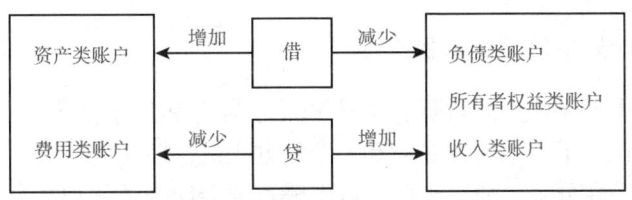

图3-6 借贷记账法的记账符号对不同性质账户的含义

(四)借贷记账法的记账规则

记账规则是进行会计记录和检查账簿登记是否正确的依据和规律。不同的记账方法,具有不同的记账规则。借贷记账法的记账规则可以用一句话概括:"有借必有贷,借贷必相等"。这一规则的基本内容是:把经济业务发生的金额记入一个账户借方的同时，必然要记入另一个（或几个）账户的贷方；反之，把经济业务发生的金额记入一个账户贷方的同时，必然要记入另一个（或几个）账户的借方，并且记入借方的金额与记入贷方的金额必然相等。即每项经济业务都要以相等的金额、相反的方向，登记在两个或两个以上的账户中。

三、借贷记账法的应用

（一）会计分录

在借贷记账法下，会计分录是指标明某项经济业务应借、应贷方向，科目名称和金额的记录，简称分录。应借应贷方向、相对应的会计科目、具体金额是会计分录的三个组成要素。在会计实践中，会计分录记载在记账凭证上。我们在学习过程中分录书写在纸面上。分录的书写要求主要有以下几点：

（1）分录的格式是先借后贷，借贷分行；借方在上，贷方在下。

（2）贷方记账符号、账户、金额都要比借方退后一些，表面借方在左，贷方在右。

（3）金额后面无须书写具体的货币单位。

（二）账户的对应关系和对应账户

在运用借贷记账法进行核算时，在有关账户之间存在着应借、应贷的相互关系，账户之间的这种相互关系称为账户的对应关系。存在对应关系的账户称为对应账户。例如，用现金 500 元购买原材料，就要在"原材料"账户的借方和"库存现金"账户的贷方进行记录。这样"原材料"与"库存现金"账户就发生了对应关系，两个账户也就成了对应账户。掌握账户的对应关系很重要，通过账户的对应关系可以了解经济业务的内容，检查对经济业务的处理是否合理合法。

（三）会计分录的编制举例

根据分录中涉及账户的数量，会计分录分为简单会计分录和复合会计分录。如果分录中只包含了一个借方账户和一个贷方账户，即一借一贷的会计分录就是简单会计分录。在分录中使用了两个以上账户的会计分录就是复合会计分录。复合会计分录包括一借多贷的会计分录、多借一贷的会计分录和多借多贷的会计分录。不可以将几个毫无关联的简单会计分录汇集为一个复合会计分录。下面举例说明借贷记账法下会计分录的编制。

【例3-2】珠江有限责任公司2021年1月1日资产、负债及所有者权益各账户余额如表3-4所示。

从表3-4中我们可以看到，资产590 000 = 负债590 000 + 所有者权益270 000。

表 3-4 珠江有限责任公司余额
2021 年 1 月 1 日　　　　　　　　　　　　　　　　　单位：元

资产类账户	金额	负债及所有者权益类账户	金额
库存现金	11 000	短期借款	150 000
银行存款	49 000	应付账款	100 000
应收账款	80 000	应付职工薪酬	30 000
原材料	220 000	应付股利	40 000
固定资产	230 000	实收资本	180 000
		资本公积	90 000
合计	590 000	合计	590 000

2021 年 1 月，珠江有限责任公司发生以下业务。

①投资者继续投入货币资金 200 000 元，手续已办妥，款项已转入本公司的存款户头。

该项业务的发生，说明公司在拥有 270 000 元资本金的前提下，继续扩大规模，投入货币资金 200 000 元。对于公司来说，一方面使公司"银行存款"增加，另一方面公司"实收资本"的规模也在扩大。经进一步分析，"银行存款"属于资产类账户，"实收资本"属于所有者权益类账户。根据借贷记账法下的账户结构，资产的增加，通过账户的借方反映；所有者权益的增加，通过账户的贷方反映。最后，借记"银行存款"200 000 元，贷记"实收资本"200 000 元。该业务属于等式两边资产与所有者权益同时等额增加业务。

借：银行存款　　　　　　　　　　　　　　　　　　200 000
　　贷：实收资本　　　　　　　　　　　　　　　　　　200 000

②向新乐公司购买所需甲材料，但由于资金周转紧张，材料款 70 000 元尚未支付。

该项业务的发生，说明由于购料款未付，一方面使公司"原材料"增加，另一方面使公司欠款"应付账款"增加。经分析，"原材料"属于资产类账户，"应付账款"属于负债类账户。根据借贷记账法下的账户结构，资产的增加，通过账户的借方反映；负债的增加，通过账户的贷方反映。最后，借记"原材料"70 000 元，贷记"应付账款"70 000 元。该业务属于等式两边资产与负债同时等额增加业务。

借：原材料——甲材料　　　　　　　　　　　　　　70 000
　　贷：应付账款——新乐公司　　　　　　　　　　　　70 000

③通过银行转账支付向银行偿还于本月到期的银行临时借款 80 000 元。

该项业务的发生，说明由于归还以前的银行借款，一方面使公司属于资产项目的"银行存款"减少 80 000 元，另一方面使属于负债项目的"短期借款"减少 80 000 元。"银行存款"属于资产类账户，"短期借款"属于负债类账户。根据借贷记账法下的账户结构，资产的减少，通过账户的贷方反映；负债的减少，通过账户的借方反映。最后，借记"短期借款"80 000元，贷记"银行存款"80 000元。该业务属于等式两边的资产与负债同时等额减少业务。

借：短期借款　　　　　　　　　　　　　　　　　　　　80 000
　　贷：银行存款　　　　　　　　　　　　　　　　　　　　80 000

④9月25日，用库存现金支付销售门市部租金7 600元。

该项业务的发生，说明由于用库存现金支付销售门市部租金，一方面使资产减少了7 600元，应该在"库存现金"账户的贷方登记；另一方面使费用增加了7 600元，应该在"销售费用"账户的借方登记。该业务属于等式两边的资产与所有者权益同时等额减少业务。

借：销售费用　　　　　　　　　　　　　　　　　　　　7 600
　　贷：库存现金　　　　　　　　　　　　　　　　　　　　7 600

⑤开出转账支票40 000元，购买了一台电子仪器。

该项业务的发生，说明由于购买仪器设备款已付，一方面使公司"固定资产"增加40 000元，另一方面使"银行存款"减少40 000元。"固定资产"和"银行存款"都属于公司的资产账户。根据借贷记账法下的账户结构，资产的增加通过账户的借方反映，资产的减少通过账户的贷方反映。最后，借记"固定资产"40 000元，贷记"银行存款"40 000元。该业务属于等式左边的资产内一增一减业务。

借：固定资产　　　　　　　　　　　　　　　　　　　　40 000
　　贷：银行存款　　　　　　　　　　　　　　　　　　　　40 000

⑥开出一张面值为50 000元，期限为3个月的商业承兑汇票，以抵偿原欠新乐公司的甲材料款。

该项业务的发生，说明由于开出商业承兑汇票抵偿原欠材料款，一方面使公司的"应付票据"增加50 000元，另一方面属于企业的债务"应付账款"减少50 000元。"应付票据"和"应付账款"都属于公司的负债账户。根据借贷记账法下的账户结构，负债的增加通过账户的贷方反映，负债的减少通过账户的借方反映。最后，借记"应付账款"50 000元，贷记"应付票据"50 000元。该业务属于等式右边的负债内一增一减业务。

借：应付账款——新乐公司　　　　　　　　　　　　　　50 000
　　贷：应付票据——新乐公司　　　　　　　　　　　　　　50 000

⑦按法定程序将资本公积60 000元转增资本金。

该业务的发生，说明由于将资本公积60 000元转增资本金，一方面使公司的"实收资本"增加60 000元，另一方面使"资本公积"减少60 000元。"资本公积"和"实收资本"都属于所有者权益类账户。根据借贷记账法下的账户结构，所有者权益的增加通过账户的贷方反映，所有者权益的减少通过账户的借方反映。最后，借记"资本公积"60 000元，贷记"实收资本"60 000元。该业务属于等式右边的所有者权益内一增一减业务。

借：资本公积　　　　　　　　　　　　　　　　60 000
　　　　贷：实收资本　　　　　　　　　　　　　　　　　60 000

⑧从银行提取现金 5 000 元。

　　该业务的发生，说明由于从银行提取现金，一方面使一项资产增加了 5 000 元，应该在"库存现金"账户的借方登记；另一方面使另一项资产减少了 5 000 元，应该在"银行存款"账户的贷方登记。该业务属于等式左边的资产内一增一减业务。

　　借：库存现金　　　　　　　　　　　　　　　　5 000
　　　　贷：银行存款　　　　　　　　　　　　　　　　　5 000

⑨向博明公司销售库存商品取得收入 60 000 元（暂不考虑增值税），款项已存入银行。

　　该业务的发生，说明由于销售库存商品，一方面使资产银行存款增加了 60 000 元，另一方面使收入增加了 60 000 元，应该在"主营业务收入"账户的贷方登记。该业务属于等式两边的资产与所有者权益同时等额增加业务。

　　借：银行存款　　　　　　　　　　　　　　　　60 000
　　　　贷：主营业务收入　　　　　　　　　　　　　　　60 000

　　以上举例，已经概括了企业的所有业务类型，而无论哪种类型的经济业务，都是以相等的金额同时记入有关账户的借方和另一账户的贷方。借贷记账法的记账规则就是"有借必有贷，借贷必相等"。

　　借贷记账法的账户结构要求对发生的任何经济事项，都要按借贷相反的方向进行记录，如果在一个账户中记借方，必然在另一个账户中记贷方，即有借必有贷。复式记账要求对发生的任何经济事项，都要等额地在相关账户中进行登记，借贷的金额一定是相等的，即借贷必相等。

　　凡涉及两个以上账户的会计分录就是复合分录。在实际工作中，不允许将没有关系的多项经济业务合并编制为复合会计分录。但有的经济业务比较复杂，这时可编制复合会计分录。对复合分录举例如下。

【例 3-3】珠江有限责任公司向保康公司购买乙材料一批，价值 98 000 元，其中，用银行存款支付 48 000 元，其余款项尚未支付。

　　该项业务涉及资产类账户的"原材料"账户、"银行存款"账户和负债类账户的"应付账款"账户，编制复合会计分录如下：

　　借：原材料——乙材料　　　　　　　　　　　　98 000
　　　　贷：银行存款　　　　　　　　　　　　　　　　　48 000
　　　　　　应付账款——保康公司　　　　　　　　　　50 000

　　通过以上例题我们可以总结出编制会计分录的步骤。首先，根据发生的经济业务，分析哪些会计要素发生了变化，是资产的变化，还是负债或所有者权益的变化等。其次，根据上述分析，确定它所涉及的账户的性质，设置相应的会计科目和账户。最后，确定该账户的结构，分析在哪些账户记借方（或贷方），同时以相等的金额记入其对应账户的贷方（或借方），然后进行记账。凡涉及资产及费用成本的增加、负债及所有者权益的减少、收入的减少或转出,都应记入各该账户的借方;凡涉及资产及费用成本的减少、负债及所有者权益的增加、收入的增加,都应记入各账户的贷方。

(四) 过账

各项经济业务编制会计分录以后,即应记入有关账户,这个记账步骤通常称为"过账"。过账以后,一般要在月末进行结账,即结算出各账户的本期发生额合计和期末余额。下面以"T"型账户反映〖例3-2〗中账户的登记情况,如图3-7所示。

借	银行存款		贷		借	实收资本		贷
期初余额	49 000						期初余额	180 000
(1)	200 000	(3)	80 000				(1)	200 000
(9)	60 000	(5)	40 000				(7)	60 000
		(8)	5 000		本期发生额	0	本期发生额	260 000
本期发生额	260 000	本期发生额	125 000				期末余额	440 000
期末余额	184 000							

借	原材料		贷		借	实付账款		贷
期初余额	220 000						期初余额	100 000
(2)	70 000				(6)	50 000	(2)	70 000
本期发生额	70 000	本期发生额	0		本期发生额	50 000	本期发生额	70 000
期末余额	290 000						期末余额	120 000

借	短期借款		贷		借	销售费用		贷
		期初余额	150 000		(4)	7 600		
(3)	80 000							
本期发生额	80 000	本期发生额	0		本期发生额	7 600	本期发生额	0
		期末余额	70 000		期末余额	7 600		

借	库存现金		贷		借	应付票据		贷
期初余额	11 000						(6)	50 000
(8)	5 000	(4)	7 600					
本期发生额	5 000	本期发生额	7 600		本期发生额	0	本期发生额	50 000
期末余额	8 400						期末余额	50 000

借	固定资产		贷		借	资本公积		贷
期初余额	230 000						期初余额	90 000
(5)	40 000				(7)	60 000		
本期发生额	40 000	本期发生额	0		本期发生额	60 000	本期发生额	0
期末余额	270 000						期末余额	30 000

借	应收账款	贷		借	主营业务收入	贷
期初余额	80 000				(9)	60 000
本期发生额	0	本期发生额	0	本期发生额	0	本期发生额	60 000
期末余额	80 000				期末余额	60 000

图 3-7 过账及结算余额

四、试算平衡

企业对日常发生的经济业务都要记入有关账户，内容庞杂，次数繁多，记账稍有疏忽，便有可能发生差错。因此，对全部账户的记录必须定期进行试算，借以验证账户记录是否正确。所谓试算平衡，是指根据会计恒等式"资产＝负债＋所有者权益"以及借贷记账法的记账规则，通过汇总、检查和验算确定所有账户记录是否正确的过程。它包括发生额试算平衡和余额试算平衡。

（一）发生额试算平衡

发生额试算平衡包括两个方面的内容：一是每笔会计分录的发生额平衡，即每笔会计分录的借方发生额必须等于贷方发生额，这是由借贷记账法的记账规则决定的；二是本期发生额的平衡，即本期所有账户的借方发生额合计必须等于所有账户的贷方发生额合计。因为本期所有账户的借方发生额合计，相当于把复式记账的借方发生额相加；所有账户的贷方发生额合计，相当于把复式记账的贷方发生额相加，两者必然相等。这种平衡关系用公式表示为：

第一笔会计分录的借方发生额＝第一笔会计分录的贷方发生额

⋮

第 n 笔会计分录的借方发生额＝第 n 笔会计分录的贷方发生额

$\sum$ 所有业务借方发生额 ＝ $\sum$ 所有业务贷方发生额

即：本期全部账户借方发生额合计＝本期全部账户贷方发生额合计

发生额试算平衡是根据上面两种发生额的平衡关系来检验本期发生额记录是否正确的方法。

（二）余额试算平衡

余额试算平衡是指所有账户的借方余额之和与所有账户的贷方余额之和相等。余额试算平衡就是根据此恒等关系，来检验本期记录是否正确的方法。这是由"资产＝负债＋所有者权益"的恒等关系决定的。在某一时点上，有借方余额的账户应是资产类账户，有贷方余额的账户应是权益类账户，分别合计其金额，即是具有相等关系的资产与权益总额。根据余额的时间不同，可分为期初余额平衡和期末余额平衡。本期的期末余额平衡，结转到下一期，就成为下一期的期初余额平衡。这种关系也可用下列公式表示：

资产＝负债＋所有者权益

本期期末资产借方余额＝本期期末负债贷方余额＋本期期末所有者权益贷方余额

根据〖例3－2〗中的资料，珠江公司2021年1月的试算平衡如表3－5所示。

表3－5　　　　　　　　　　　　试算平衡表　　　　　　　　　　　　单位：元

会计科目	期初余额		本期发生额		期末余额	
	借方	贷方	借方	贷方	借方	贷方
库存现金	11 000		5 000	7 600	8 400	
银行存款	49 000		260 000	125 000	184 000	
应收账款	80 000				80 000	
原材料	220 000		70 000		290 000	
固定资产	230 000		40 000		270 000	
短期借款		150 000	80 000			70 000
应付票据				50 000		50 000
应付账款		100 000	50 000	70 000		120 000
应付职工薪酬		30 000				30 000
应付股利		40 000				40 000
实收资本		180 000		260 000		440 000
资本公积		90 000	60 000			30 000
主营业务收入				60 000		60 000
销售费用			7 600		7 600	
合计	590 000	590 000	572 600	572 600	840 000	840 000

应该看到，试算平衡表只是通过借贷金额是否平衡来检查账户记录是否正确，而有些错误对于借贷双方的平衡并不产生影响。因此，在编制试算平衡表时对以下问题应引起注意。

（1）必须保证所有账户的余额均已记入试算平衡表。因为会计等式是对六项会计要素整体而言的，缺少任何一个账户的余额，都会造成期初或期末借方与贷方余额合计不相等。

（2）如果借贷不平衡，肯定账户记录有错误，应认真查找，直到实现平衡为止。

（3）如果借贷平衡，也并不能说明账户记录绝对正确，因为有些错误对于借贷双方的平衡并不产生影响。例如：

①漏记某项经济业务，使本期借贷双方的发生额等额减少，借贷仍然平衡；

②重记某项经济业务，使本期借贷双方的发生额发生等额虚增，借贷仍然平衡；

③某项经济业务记错有关账户，借贷仍然平衡；

④某项经济业务颠倒了记账方向，借贷仍然平衡；

⑤借方或贷方发生额中，偶然一多一少并相互抵销，借贷仍然平衡。

第三节 账户的平行登记

一、总分类账与明细分类账的设置

设置会计账户是会计核算的一种专门方法。会计账户的开设应与会计科目的设置相适应，会计科目按提供核算资料的详细程度分为总账科目、二级明细科目和三级明细科目，会计账户也相应地分为总分类账（一级账户）和明细分类账（二级、三级账户）。通过总分类账户对经济业务进行的核算称为总分类核算。总分类核算只能用货币度量。通过明细分类账户对经济业务进行的核算称为明细分类核算。明细分类核算除了能用货币度量外，有些账户还要用实物度量。总分类账户统驭明细分类账户；明细分类账户则对总分类账户起着进一步补充说明的作用。

二、总分类账和明细分类账的平行登记

总分类账户是所属的明细分类账户的综合，对所属明细分类账户起统驭作用。明细分类账户是有关总分类账户的补充，对有关总分类账户起着详细说明的作用。总分类账户和明细分类账户在账务处理上是平行关系，应当进行平行登记。

所谓平行登记，就是对每一项经济业务，既要在有关的总分类账户中进行总括登记；又要在其所属的明细分类账户中进行明细登记（没有明细分类账户的除外）。平行登记的要点如下：

（1）方向相同。即对于发生的同一笔经济业务，记入有关的总分类账户及其所属的明细分类账户的方向相同，即总分类账户记借方，其所属明细账户也记借方；相反，总分类账户记贷方，其所属明细账户也记贷方。

（2）期间相同。即对于发生的同一笔经济业务，在记入总分类账户及其所属的明细分类账户的过程中，可以有先有后，但必须在同一会计期间内全部登记入账。

（3）金额相同。即对于发生的同一笔经济业务，记入总分类账户的金额必

须等于记入其所属各明细分类账户的金额之和。进而,总分类账户的本期发生额与其所属各明细分类账户的本期发生额之和相等,总分类账户的期末余额与其所属各明细分类账户的期末余额之和相等。

总账与明细账的平行登记示例如下:

【例3-4】珠江有限责任公司2021年10月1日"原材料"与"应付账款"总分类账户和明细分类账户的期初余额如表3-6所示。

表3-6 珠江有限责任公司"原材料"与"应付账款"期初余额

2021年10月1日

账户名称		计量单位	数量	单价(元)	余额(元)	
					借方	贷方
原材料	甲材料	千克	2 050	92	188 600	
	乙材料	千克	565	36	20 340	
	合计				208 940	
应付账款	博美公司					38 750
	盛丰公司					18 020
	合计					56 770

该公司在2021年10月发生如下经济业务(假设不考虑相关税费,所购原材料直接记入"原材料账户"):

① 4日,向博美公司购买甲材料350千克,单价为每千克92元,货款已用银行存款支付。

② 9日,向盛丰公司购买乙材料170千克,单价为每千克36元,货款尚未支付。

③ 17日,用银行存款归还所欠博美公司的货款32 500元、盛丰公司的货款13 500元。

④ 25日,生产领用甲材料1 280千克,单价为每千克92元,合计117 760元;领用乙材料220千克,单价为每千克36元,合计7 920元。

珠江有限责任公司将上述经济业务编制会计分录如下:

① 借:原材料——甲材料　　　　　　　　　　　　　32 200
　　　贷:银行存款　　　　　　　　　　　　　　　　　　32 200
② 借:原材料——乙材料　　　　　　　　　　　　　6 120
　　　贷:应付账款——盛丰公司　　　　　　　　　　　　6 120
③ 借:应付账款——博美公司　　　　　　　　　　　32 500
　　　　　　　　——盛丰公司　　　　　　　　　　　13 500
　　　贷:银行存款　　　　　　　　　　　　　　　　　　46 000
④ 借:生产成本　　　　　　　　　　　　　　　　　125 680

贷：原材料——甲材料　　　　　　　　　　　　　　117 760
　　　　　——乙材料　　　　　　　　　　　　　　　7 920

根据会计凭证，按照上述平行登记方法，登记各总分类账和明细分类账。"原材料"的总分类账和明细分类账如表3-7、表3-8、表3-9所示，"应付账款"的总分类账和明细分类账如表3-10、表3-11、表3-12所示。

表 3-7　　　　　　　　　总分类账

账户名称：原材料　　　　　　　　　　　　　　　　　　　　　　　单位：元

2021年		凭证号码	摘要	借方	贷方		金额
月	日						
10	1	（略）	期初余额			借	208 940
	4		向博美公司购买甲材料	32 200		借	241 140
	9		向盛丰公司购买乙材料	6 120		借	247 260
	25		生产领用甲、乙材料		125 680	借	121 580
	31		合计	38 320	125 680	借	121 580

表 3-8　　　　　　　　　原材料明细分类账

账户名称：甲材料

2021年		凭证号码	摘要	收入			发出			余额		
月	日			数量（千克）	单价（元）	金额（元）	数量（千克）	单价（元）	金额（元）	数量（千克）	单价（元）	金额（元）
10	1	（略）	期初余额							2 050	92	188 600
	4		购进材料	350	92	32 200				2 400	92	220 800
	25		生产领用				1 280	92	117 760	1 120	92	103 040
	31		合计	350	92	32 200	1 280	92	117 760	1 120	92	103 040

表 3-9　　　　　　　　　原材料明细分类账

账户名称：乙材料

2021年		凭证号码	摘要	收入			发出			余额		
月	日			数量（千克）	单价（元）	金额（元）	数量（千克）	单价（元）	金额（元）	数量（千克）	单价（元）	金额（元）
10	1	（略）	期初余额							565	36	20 340
	9		购进材料	170	36	6 120				735	36	26 460
	25		生产领用				220	36	7 920	515	36	18 540
	31		合计	170	36	6 120	220	36	7 920	515	36	18 540

表 3-10 总分类账

账户名称：应付账款　　　　　　　　　　　　　　　　　　　　　　　　　　单位：元

2021 年		凭证号码	摘要	借方	贷方		金额
月	日						
10	1	（略）	期初余额			贷	56 770
	9		赊购欠款		6 120	贷	62 890
	17		偿还欠款	46 000		贷	16 890
	31		合计	46 000	6 120	贷	16 890

表 3-11 应付账款明细分类账

账户名称：博美公司　　　　　　　　　　　　　　　　　　　　　　　　　　单位：元

2021 年		凭证号码	摘要	借方	贷方		金额
月	日						
10	1	（略）	期初余额			贷	38 750
	17		偿还欠款	32 500		贷	6 250
	31		合计	32 500		贷	6 250

表 3-12 应付账款明细分类账

账户名称：盛丰公司　　　　　　　　　　　　　　　　　　　　　　　　　　单位：元

2021 年		凭证号码	摘要	借方	贷方		金额
月	日						
10	1	（略）	期初余额			贷	18 020
	9		赊购欠款		6 120	贷	24 140
	17		偿还欠款	13 500		贷	10 640
	31		合计	13 500	6 120	贷	10 640

　　从上述举例可以看出，通过平行登记，"原材料"和"应付账款"的总分类账户的期初、期末余额以及本期借、贷方发生额，均分别与其所属的两个明细分类账户的期初、期末余额以及本期借、贷方发生额的合计数相等。在会计实务中，运用总分类账户与明细分类账户的关系及其平行登记的结果，可以检查总分类账户和明细分类账户的登记是否正确、完整。

复习思考题

1. 什么是会计科目？
2. 为什么要设置会计科目？会计科目怎样分类及分级？
3. 什么是会计账户？各类账户的结构有何不同？
4. 什么是复式记账法？

5. 什么是借贷记账法？其要点有哪些？
6. 什么是会计分录？有哪几类会计分录？
7. 什么是账户对应关系？什么是对应账户？
8. 如何进行总账与明细账的平行登记？

第四章 制造业企业主要经济业务的核算

【本章知识结构图】

```
                          ┌─ 制造业企业主要经济业务概述
                          │
                          ├─ 资金筹集的核算 ┬─ 所有者权益资金筹集
                          │                └─ 负债资金筹集
                          │
                          ├─ 材料采购和发出核算 ┬─ 材料购进业务
                          │                    └─ 材料发出业务
                          │
                          ├─ 长期资产的核算 ┬─ 固定资产购置
                          │                ├─ 固定资产折旧
                          │                ├─ 无形资产购置
                          │                └─ 无形资产摊销
   制造业企业主要 ────────┤
   经济业务的核算          ├─ 生产与成本的核算 ┬─ 材料费用的归集和分配
                          │                  ├─ 职工薪酬的归集和分配
                          │                  ├─ 制造费用的归集和分配
                          │                  └─ 完工产品生产成本的计算与结转
                          │
                          ├─ 销售过程的核算 ┬─ 主营业务
                          │                ├─ 其他业务
                          │                └─ 税金及附加
                          │
                          └─ 财务成果形成与分配的核算
                               ├─ 利润的构成：营业利润、利润总额、净利润
                               ├─ 期间费用：管理费用、财务费用、销售费用
                               ├─ 投资收益
                               ├─ 营业外收入
                               ├─ 营业外支出
                               ├─ 所得税费用
                               ├─ 结转本年利润
                               └─ 利润分配：提取盈余公积、分配利润/股利
```

第四章　制造业企业主要经济业务的核算

【学习目的与要求】

制造业企业的经济活动主要包括供应、生产、销售活动，相应地，其会计核算也比较全面，能详细地阐述会计账户和复式记账法的运用。通过本章的学习，应当掌握制造业企业的主要经济业务，包括资金筹集、材料采购与发出、长期资产、生产与成本、销售过程、财务成果形成与分配等核算时应设置的主要账户和具体的核算方法，从而完整地了解制造业企业核算的整个流程。

第一节　制造业企业主要经济业务概述

制造业企业也称工业企业，是以产品的加工制造和销售为主要生产经营过程的盈利性经济组织。

制造业企业要进行生产经营活动，必须拥有一定数量的经营资金，而这些资金都是通过一定的渠道取得的。这些经营资金在生产经营活动中被具体运用，经过采购、生产、销售三个阶段，表现为不同的占用形态，一般随着生产经营活动的进行，依次以货币资金—储备资金—生产资金—成品资金—货币资金的形态不断转化，形成资金的循环和周转。随着资金不断的循环和周转，一方面要补偿生产经营过程中的各种耗费，另一方面要实现价值的增值，即赚取利润。在生产经营过程中，大部分资金留在企业内部进行周而复始的循环和周转，而一部分资金则通过归还贷款、上交税款、支付股利、对外捐赠等形式退出企业的资金周转。因此，制造业企业生产经营过程中的主要经济业务包括资金筹集业务、采购过程业务、生产过程业务、销售过程业务、财务成果形成与分配业务等。

一、资金筹集业务

企业要从各种渠道筹集生产经营所需的资金，渠道主要包括接受投资人投资和向债权人借入各种款项。因此，资金筹集业务核算的主要业务内容是吸收投资人投入资本和向债权人借入款项。

资金筹集业务的完成意味着资金进入企业，企业可以运用筹集到的资金开展正常的经营业务，即进入采购、生产、销售等过程。

二、采购过程业务

企业筹到的资金进入采购过程。采购过程是企业产品生产的准备过程。采购过程可以分为两个部分：一是企业用货币资金购买机器设备、厂房建筑物、专利技术等长期资产，为生产产品做好长期资产准备；二是购买原材料等劳动对象，为生产产品做好物资准备。因此，采购过程核算的主要内容是长期资产和原材料的购进业务,包括支付采购价款和税款、发生采购费用、计算采购成本、验收入库结转成本等内容。

完成了采购过程的核算,为生产产品做好了各项准备,企业就可以进入生产过程了。

三、生产过程业务

生产过程是企业生产经营过程的中心环节。在生产过程中,劳动者借助固定资产等劳动资料对劳动对象进行加工生产出各种产品。生产过程既是产品的生产过程,又是物化劳动和活劳动的耗费过程。从价值形态来看,生产过程中发生的各种耗费,形成企业的生产成本。具体来说,为生产产品耗费的材料形成材料费用,耗费的活劳动形成职工薪酬等人工费用,使用厂房、机器设备等劳动资料形成折旧费用等,这些生产费用的总和就构成了产品的生产成本。随着生产过程的进行,资金形态从储备资金、固定资金和一部分货币资金形态转化为生产资金形态,产成品生产出来并验收入库后,资金形态又转化为成品资金形态。所以,生产过程核算的主要内容是生产费用的发生、归集和分配,以及完工产品生产成本的计算与结转等。生产完工并验收入库的产成品等待进入销售环节的周转。

四、销售过程业务

销售过程是产品价值的实现过程。在销售过程中,企业售出产品,并按照销售价格向购货单位收取货款。这时,资金从成品资金形态转化为货币资金形态,完成了一次资金循环。其间,企业还要发生广告费、包装费等销售费用,计算并及时缴纳各种销售税金,结转销售成本,等等。因此,销售过程核算的主要业务内容是销售收入的确认、销售成本的结转、销售费用的确认及支付、销售税金的计算及缴纳等。

五、财务成果形成与分配业务

对于制造业企业而言,生产并销售产品是其主营业务,另外,企业还会发生诸如出租固定资产、销售材料等附营业务,以及对外进行投资获取投资损益的投资业务。所以,企业的营业业务主要包括主营业务、附营业务和投资业务。此外,企业在日常营业业务之外,还会发生一些非营业业务,这些构成企业营业外的收入或营业外的支出。

企业在生产经营过程中获得的各项收入抵偿了各项成本、费用之后的差额,形成企业的财务成果,即利润或者亏损。企业实现的利润,一部分以所得税费用的形式上交国家,形成国家的财政收入;另一部分形成税后净利润,需要按照规定的程序进行合理分配。反之,如果企业发生了亏损,需要按照规定进行弥补。

通过利润分配，一部分资金退出企业的资金循环，另一部分资金则继续留在企业进行周转。因此，财务成果形成与分配过程核算的主要业务内容是各项收入与费用成本的结转、所得税的计算与缴纳、利润的形成与分配等内容。

第二节 资金筹集的核算

企业筹集资金的渠道主要有两个：一是投资者投入的资金，构成所有者权益；二是向债权人借入的资金，构成债权人的权益，即企业的负债。因此，所有者权益资金筹集业务和负债资金筹集业务的核算就构成了本节的主要内容。

一、所有者权益资金筹集业务的核算

企业所有者权益的来源主要包括所有者直接投入的资本（股份有限公司是通过发行股票的方式直接筹集所有者权益资金）、直接计入所有者权益的利得和损失、留存收益等，本节主要学习所有者直接投入资本的核算。

（一）所有者直接投入资本的核算

1. 所有者直接投入资本概述。投资人向企业投入的资本，即形成企业的资本金，它是所有者权益的主要组成部分。

我国《公司法》规定，投资者既可以用货币出资，也可以用实物、知识产权、土地使用权等可以用货币估价并可以依法转让的非货币财产作价出资；但是，法律、行政法规规定不得作为出资的财产除外。企业应当对作为出资的非货币财产评估作价，核实财产，不得高估或者低估作价。

2. 所有者直接投入资本的内容。所有者直接投入资本按照性质不同又分为实收资本（股本）和资本公积。

（1）实收资本。一个企业需要维持正常的生产经营活动就需要"本钱"，而实收资本就是企业运作的"本钱"，是企业独立承担民事责任的资金保障。为确保企业财产确定性和稳定性，我国《公司法》最初规定了较为刻板的注册资本实缴制度，对于股东的出资有较多限制，要求所有出资一次实缴到位。2013年12月，《公司法》修改了公司设立时股东必须缴纳全部或部分出资的要求，改为"注册资本登记认缴制"，除法律、行政法规和国务院决定另有规定外，一般性地取消了注册资本最低限额要求、首次出资比例要求、实缴出资的期限要求、货币出资的比例要求以及强制验资制度。

实收资本，是指企业的投资者按照企业章程或合同、协议的约定，实际投入企业的资本金以及按照有关规定由资本公积、盈余公积等转为资本的资金。实收资本的构成比例或股东的股份比例，既是确定所有者在企业所有者权益中份额的基础，也是企业进行利润或股利分配的主要依据。

(2) 资本公积。资本公积,是投资者或他人投入到企业的资本中超过其在注册资本或股本中所占份额的部分(资本溢价或股本溢价)。由于我国实行注册资本金制度,所以投资者投入超过注册资本金的部分无法直接确认为实收资本,只能先计入资本公积。资本公积属于所有者共同享有的权益,其主要用途是转增资本,即在办理增资手续后按照所有者原投资比例相应地增加投资者的实收资本。

3. 所有者投入资本核算需要设置的主要账户。核算所有者投入资本业务主要应设置"实收资本""资本公积"等账户;同时,根据投入资产的不同分别设置"库存现金""银行存款""固定资产""无形资产"等账户。

(1) "库存现金"账户。该账户属于资产类账户,用以核算企业持有的库存现金。其借方登记增加的库存现金,贷方登记减少的库存现金,期末余额在借方,表示企业期末持有的库存现金。

"库存现金"账户的结构如下:

借方	库存现金	贷方
期初余额:期初库存现金的余额 本期发生额:增加的库存现金		本期发生额:减少的库存现金
期末余额:期末库存现金的余额		

(2) "银行存款"账户。该账户属于资产类账户,用以核算企业存入银行或其他金融机构的各种存款。其借方登记增加的银行存款,贷方登记减少的银行存款,期末余额在借方,表示企业期末银行存款的余额。

该账户一般按银行、账户类型等设置明细分类账户,进行明细分类核算。

"银行存款"账户的结构如下:

借方	银行存款	贷方
期初余额:期初银行存款的余额 本期发生额:增加的银行存款		本期发生额:减少的银行存款
期末余额:期末银行存款的余额		

(3) "固定资产"账户。该账户属于资产类账户,用以核算企业固定资产原价的增减变动及其结存情况。其借方登记增加的固定资产原价,贷方登记减少的固定资产原价,期末余额在借方,表示企业现有固定资产的原价。

该账户应按固定资产的用途、类别、型号等设置明细分类账户,进行明细分类核算。

"固定资产"账户的结构如下:

借方	固定资产	贷方
期初余额:期初固定资产的原价 本期发生额:增加的固定资产的原价		本期发生额:减少的固定资产的原价
期末余额:期末固定资产的原价		

(4)"无形资产"账户。该账户属于资产类账户,用以核算企业无形资产的增减变动及其结存情况。其借方登记增加的无形资产,贷方登记减少的无形资产,期末余额在借方,表示企业期末无形资产的余额。

该账户应按无形资产的类别等设置明细分类账户,进行明细分类核算。

"无形资产"账户的结构如下:

借方	无形资产	贷方
期初余额:期初无形资产的余额		
本期发生额:增加的无形资产		本期发生额:减少的无形资产
期末余额:期末无形资产的余额		

(5)"实收资本"账户。该账户属于所有者权益类账户,用以核算企业投资人投入资本的增减变动及其结余情况。其贷方登记实收资本的增加额,借方登记实收资本的减少额,期末余额在贷方,表示期末实收资本的实有数额。

该账户一般按投资者设置明细分类账户,进行明细分类核算。

"实收资本"账户的结构如下:

借方	实收资本	贷方
		期初余额:期初实有的资本金数额
本期发生额:减少的资本金数额		本期发生额:增加的资本金数额
		期末余额:期末实有的资本金数额

(6)"资本公积"账户。该账户属于所有者权益类账户,用以核算企业资本公积的取得及使用情况。其贷方登记取得的资本公积,借方登记资本公积的减少额,期末余额在贷方,表示期末资本公积的实有数额。

该账户一般按资本公积的类别设置明细分类账户,进行明细分类核算。

"资本公积"账户的结构如下:

借方	资本公积	贷方
		期初余额:期初实有的资本公积数额
本期发生额:减少的资本公积数额		本期发生额:增加的资本公积数额
		期末余额:期末实有的资本公积数额

(7)"股本"账户。股份有限公司核算所有者投入资本业务时,应当设置"股本"账户。

该账户属于所有者权益类账户,用以核算股份有限公司股本的增减变动及其结余情况。其贷方登记股本增加额,借方登记股本的减少额,期末余额在贷方,表示期末股本的实有数额。

该账户一般按投资者设置明细分类账户,进行明细分类核算。"股本"账户的结构如下:

借方	股本	贷方
	期初余额：期初股本数额	
本期发生额：减少的股本数额	本期发生额：增加的股本数额	
	期末余额：期末实有的股本数额	

4. 所有者直接投入资本的账务处理。一般来说，企业收到投资者投入的资本，应按照其实际投资额入账。接受货币资金投资的，应以企业实际收到的金额入账作为资本；接受材料、固定资产、无形资产等非货币性资产投资的，应当以投资各方确认的价值，如评估价入账。

企业直接吸收投资者投入的各项资本时，应按实际收到的银行存款的金额或投资各方确认的非现金资产的价值，借记"银行存款""固定资产""无形资产"等账户；按投入资本在注册资本中所占的份额，贷记"实收资本"账户；按其差额，贷记"资本公积——资本溢价"账户。

【例4-1】云山公司是一家在2021年初成立的有限责任公司，为增值税一般纳税人。2021年1月2日，云山公司收到明华公司投入资本800 000元，款项已存入银行。该笔业务的发生，使企业的资产——银行存款增加了800 000元，应记入"银行存款"账户的借方；同时，使企业的所有者权益——实收资本增加了800 000元，应记入"实收资本"账户的贷方。应编制如下会计分录：

借：银行存款　　　　　　　　　　　　　　　　800 000
　　贷：实收资本——明华公司　　　　　　　　　　800 000

【例4-2】2021年1月3日，云山公司收到宁远公司投入的机器设备一台。该设备在宁远公司账上的原价为560 000元，已提折旧120 000元，双方协议价为400 000元。该笔业务的发生，使企业的资产——固定资产增加了400 000元，应记入"固定资产"账户的借方；同时，使企业的所有者权益——实收资本增加了400 000元，应记入"实收资本"账户的贷方。应编制会计分录如下：

借：固定资产　　　　　　　　　　　　　　　　400 000
　　贷：实收资本——宁远公司　　　　　　　　　　400 000

【例4-3】2021年1月7日，云山公司收到华立公司投入的一项专利技术，双方共同确认的价值为50 000元。该笔业务的发生，使企业的资产——无形资产增加了50 000元，应记入"无形资产"账户的借方；同时使企业的所有者权益——实收资本增加了50 000元，应记入"实收资本"账户的贷方。应编制会计分录如下：

借：无形资产　　　　　　　　　　　　　　　　50 000
　　贷：实收资本——华立公司　　　　　　　　　　50 000

【例4-4】2021年1月11日，云山公司收到平阳公司投入资本500 000元，其中450 000元作为实收资本，另外的50 000元作为资本公积，款项已存入银行，各项手续已办妥。该笔业务的发生，使企业的资产——银行存款增加了500 000元，应记入"银行存款"账户的借方；同时，使企业的所有者权益——

实收资本增加了 450 000 元,应记入"实收资本"账户的贷方,使得企业的所有者权益——资本公积增加了 50 000 元,应记入"资本公积"账户的贷方。应编制如下会计分录:

  借:银行存款   500 000
    贷:实收资本——平阳公司   450 000
      资本公积——资本溢价   50 000

【例 4-5】2021 年 3 月,云山公司经批准,将公司的资本公积 300 000 元转增资本,各项手续已办妥。该笔业务的发生,使企业的所有者权益——实收资本增加了 300 000 元,应记入"实收资本"账户的贷方;同时,使企业的所有者权益——资本公积减少了 300 000 元,应记入"资本公积"账户的借方。应编制如下会计分录:

  借:资本公积   300 000
    贷:实收资本   300 000

【例 4-1】至【例 4-5】中所有者投入资本的相关账务处理可归纳为图 4-1。

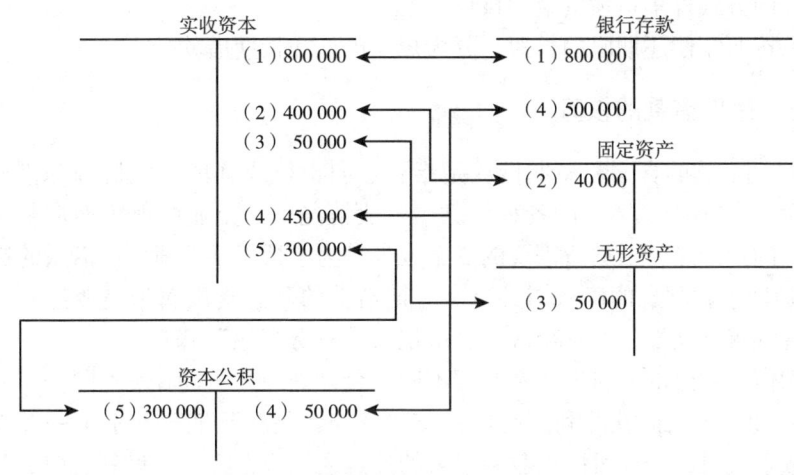

图 4-1 所有者投入资本的账务处理

注:括号内为例题序号。下同。

(二)发行股票筹集所有者权益资金的核算

股份有限公司发行股票筹集资本时,在收到银行存款等资产时,按实际收到的金额,借记"银行存款"等账户,按股票面值和核定的股份总数的乘积计算的金额,贷记"股本"账户,超出股票面值的溢价收入扣除发行净费用(手续费、佣金、印刷费用等发行费用减去发行期间冻结资金的利息收入后的差额)后的余额,贷记"资本公积——股本溢价"账户。

【例 4-6】力创股份有限公司首次公开发行了普通股 80 000 000 股,每股面值 1 元,每股发行价为 5 元,发行手续费、咨询费等费用共计 12 000 000 元。假设发行收入已全部收到,发行费用已全部支付。

该笔业务的发生，使企业的资产——银行存款增加了 388 000 000 元（80 000 000×5 − 12 000 000），应记入"银行存款"账户的借方；同时，使企业的所有者权益——股本增加了 80 000 000 元（80 000 000×1），应记入"股本"账户的贷方；超出股票面值的溢价收入扣除发行股票相关手续费、佣金等发行费用后的余额 308 000 000（388 000 000 − 80 000 000）元应记入"资本公积——股本溢价"账户的贷方。应编制如下会计分录：

借：银行存款　　　　　　　　　　　　　　　　388 000 000
　　贷：股本　　　　　　　　　　　　　　　　　80 000 000
　　　　资本公积——股本溢价　　　　　　　　 308 000 000

二、负债资金筹集业务的核算

企业在生产经营过程中，经常需要向银行或其他非银行金融机构借款，或者通过发行公司债券等方式筹集负债资金，以补充经营资金的不足。我们主要介绍通过借款的方式筹集负债资金的核算。

借款按照其偿还期限的长短，分为短期借款和长期借款。

（一）短期借款的核算

1. 短期借款的含义。短期借款是指企业向银行或其他金融机构等借入的期限在一年以内（含一年）的各种借款。一般情况下，企业取得短期借款是为了维持正常的生产经营活动所需要的资金或者是为了抵偿某项债务而借入的资金。

2. 短期借款利息的确认与计量。短期借款的利息支出属于企业经营活动过程中为筹集资金而发生的资金成本，应记入"财务费用"账户。

短期借款利息的支付方式和时间不同，会计处理方法也有所不同。

（1）如果短期借款的利息是按月支付，或者是在到期日和本金一并支付但利息数额不大时，企业可以在收到银行的计息通知或在实际支付利息时，将发生的利息费用计入当期损益（财务费用）。

（2）如果短期借款的利息是按季度、半年度、年度等较长时间支付，或者是在到期日和本金一并支付且利息数额较大时，企业通常采用预提的方法按月预提借款利息，计入预提期间损益（财务费用）。

短期借款利息的计算公式为：

短期借款利息 = 借款本金 × 利率 × 时间
月利率 = 年利率 ÷ 12
日利率 = 月利率 ÷ 30

3. 短期借款核算需要设置的主要账户。

（1）"短期借款"账户。该账户属于负债类账户，用以核算企业向银行或其他金融机构等借入的期限在一年以内（含一年）的各种借款的增减变动及其结余情况。贷方登记企业借入的短期借款，借方登记企业归还的短期借款，期末余额在贷方，表示企业尚未归还的短期借款。

该账户一般按债权人和借款种类设置明细账户，进行明细分类核算。"短期借款"账户的结构如下：

借方	短期借款	贷方
本期发生额：企业归还的短期借款	期初余额：期初尚未归还的短期借款 本期发生额：企业借入的短期借款	
	期末余额：期末尚未归还的短期借款	

（2）"财务费用"账户。该账户属于损益（费用）类账户，用以核算企业为筹集生产经营所需资金而发生的各种筹资费用，包括利息净支出（利息支出减利息收入）、佣金、汇兑损失（减汇兑收益）以及相关的手续费等。借方登记发生的财务费用，贷方登记发生的应冲减财务费用的利息收入以及期末转入"本年利润"账户的财务费用净额（即财务费用支出大于收入的差额，如果收入大于支出则进行反方向结转）。结转之后，该账户期末没有余额。

该账户一般按费用项目设置明细账，进行明细分类核算。"财务费用"账户的结构如下：

借方	财务费用	贷方
本期发生额：发生的各项财务费用	本期发生额：发生的应冲减财务费用的利息收入以及期末转入"本年利润"账户的财务费用净额	
一般期末无余额		

（3）"应付利息"账户。该账户属于负债类账户，用以核算企业按照合同约定应支付的利息。贷方登记企业按规定计算确定的应付利息，借方登记实际支付的利息，期末余额在贷方，反映应付未付的利息。该账户一般按照债权人设置明细分类账户，进行明细分类核算。"应付利息"账户的结构如下：

借方	应付利息	贷方
本期发生额：实际支付的利息	期初余额：期初应付未付的利息 本期发生额：企业按规定计算确定的应付利息	
	期末余额：期末应付未付的利息	

4. 短期借款的账务处理。企业借入短期借款时，应按实际收到的金额，借记"银行存款"账户，贷记"短期借款"账户。归还借款本金时，应按归还的数额，借记"短期借款"账户，贷记"银行存款"账户。

如果短期借款的利息是按月支付的，企业应将每月支付的利息确认为本月财务费用。支付利息时，借记"财务费用"账户，贷记"银行存款"账户。如果短期借款的利息按超过一个月的期间支付（如按季、按年支付），或者利息是在借款到期归还本金时一并支付,且数额较大,应按月计提计入当期损益。计提利息时,借记"财务费用"账户,贷记"应付利息"账户;实际支付时,按已经计提的利息金额,借记"应付利息"账户,按实际支付的利息金额与已经计提的利息金额的差额(即尚未计提的部分),借记"财务费用"账户,按实际支付的利息金额,贷记"银行存款"账户。

【例4-7】2021年10月1日,云山公司从银行借入一笔短期借款1 000 000元用于生产经营的临时性需要。根据与银行签署的借款协议,期限为3个月,本金在2022年1月1日一次性归还,年利率为6%,利息在季末支付。

①2021年10月1日借入短期借款时:

该笔业务的发生,使企业的资产——银行存款增加了1 000 000元,应记入"银行存款"账户的借方;同时使企业的负债——短期借款增加了1 000 000元,应记入"短期借款"账户的贷方。应编制会计分录如下:

借:银行存款　　　　　　　　　　　　　　　　　　1 000 000
　　贷:短期借款　　　　　　　　　　　　　　　　　　　1 000 000

②2021年10月末,计提应由本月负担的短期借款利息时:

本月应计提的利息金额 = 1 000 000 × 6% ÷ 12 = 5 000(元)

该笔业务的发生,使企业本月的财务费用增加了5 000元,应记入"财务费用"账户的借方;由于借款利息尚未支付,同时使企业的负债——应付利息增加了5 000元,应记入"应付利息"账户的贷方。应编制会计分录如下:

借:财务费用　　　　　　　　　　　　　　　　　　　5 000
　　贷:应付利息　　　　　　　　　　　　　　　　　　　　5 000

③2021年11月末,计提应由本月负担的短期借款利息时:

借:财务费用　　　　　　　　　　　　　　　　　　　5 000
　　贷:应付利息　　　　　　　　　　　　　　　　　　　　5 000

④2021年12月末,支付该季度的银行借款利息时:

前两个月的利息已经计提,该笔业务的发生,使企业的应付利息减少10 000元和本月财务费用增加5 000元,应分别记入"应付利息"账户的借方和"财务费用"账户的借方;同时使企业的资产——银行存款减少了15 000元,应记入"银行存款"账户的贷方。应编制会计分录如下:

借:应付利息　　　　　　　　　　　　　　　　　　　10 000
　　财务费用　　　　　　　　　　　　　　　　　　　　5 000
　　贷:银行存款　　　　　　　　　　　　　　　　　　　15 000

⑤2022年1月1日偿还银行借款本金时:

该笔业务的发生,使企业的负债——短期借款减少了1 000 000元,应记入"短期借款"账户的借方,同时使企业的资产——银行存款减少了1 000 000元,应记入"银行存款"账户的贷方。应编制会计分录如下:

借:短期借款　　　　　　　　　　　　　　　　　　　1 000 000
　　贷:银行存款　　　　　　　　　　　　　　　　　　　1 000 000

〖例4-7〗中云山公司借入短期借款的账务处理可归纳为图4-2。

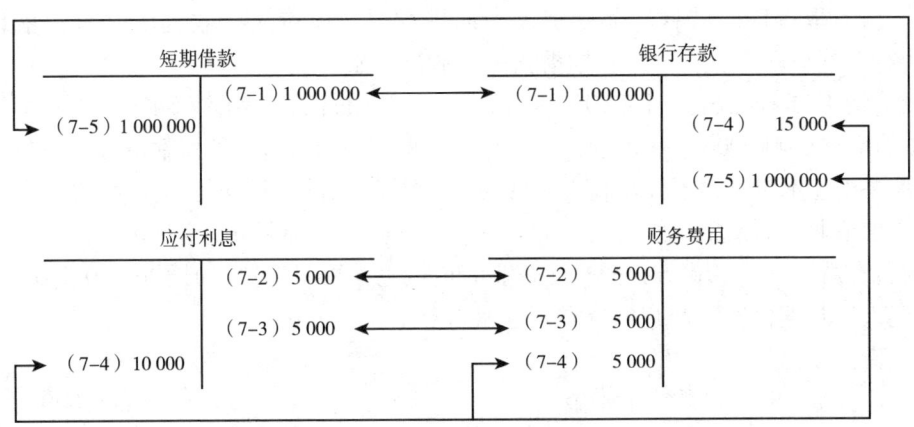

图4-2 云山公司借入短期借款的账务处理

（二）长期借款的核算

1. 长期借款的含义。长期借款是指企业向银行或其他金融机构等借入的期限在一年以上的各种借款，一般用于固定资产的购建、改扩建工程、大修理工程、对外投资以及为了保持长期经营能力而建设的工程等方面。

2. 长期借款利息的确认与计量。长期借款的利息费用，应当按照以下原则计入有关成本费用：如果长期借款用于购建固定资产等符合资本化条件的资产，根据有关制度符合资本化条件的利息支出应当资本化，计入在建工程等相关资产成本；不符合资本化条件的利息支出，应当计入当期财务费用。

3. 长期借款核算需要设置的主要账户。企业主要通过"长期借款"账户，核算长期借款的发生、偿还等情况。该账户属于负债类账户，用于核算企业向银行或其他金融机构等借入的期限在一年以上的各种借款的增减变动及其结余情况。贷方登记企业借入的各种长期借款及各期计算出来的应付而未付的利息，借方登记归还的各种长期借款本金及利息，期末余额在贷方，表示企业尚未偿还的长期借款的本金及利息。该账户一般按贷款单位和借款种类设置明细分类账户，进行明细分类核算。"长期借款"账户的结构如下：

借方	长期借款	贷方
		期初余额：期初尚未归还的长期借款本金和利息
本期发生额：企业归还的长期借款本金及利息		本期发生额：企业借入的长期借款本金和已计提的利息
		期末余额：期末尚未归还的长期借款本金及利息

4. 长期借款的账务处理。长期借款的账务处理包括取得长期借款、发生利

息、归还长期借款等环节。

(1) 取得长期借款。企业借入长期借款时,应按实际收到的金额,借记"银行存款"账户,贷记"长期借款——本金"账户。

【例4-8】云山公司于2021年12月1日从银行借入期限为两年、年利率为9%的借款6 000 000元,款项已存入银行。根据与银行签署的借款协议,该贷款到期一次还本付息,不计复利。该借款于当日已部分用于一项固定资产的建造。

该笔业务的发生,使企业的资产——银行存款增加了6 000 000元,应记入"银行存款"账户的借方;同时使企业的负债——长期借款增加了6 000 000元,应记入"长期借款"账户的贷方。应编制会计分录如下:

借:银行存款　　　　　　　　　　　　　　　　6 000 000
　　贷:长期借款——本金　　　　　　　　　　　　　　6 000 000

(2) 发生长期借款利息。企业计提长期借款利息时,借记"在建工程""制造费用""财务费用"等账户,贷记"长期借款——利息"等账户。

【例4-9】承【例4-8】,云山公司于2021年12月31日计提长期借款的利息,根据有关制度规定,本月的利息可以全部计入在建固定资产的成本。

本月应计提的利息金额 = 6 000 000 × 9% ÷ 12 = 45 000(元)

该笔业务的发生,使企业的资产——在建工程的成本增加了45 000元,应记入"在建工程"账户的借方;同时使企业的负债——长期借款的利息增加了45 000元,应记入"长期借款——利息"账户的贷方。应编制会计分录如下:

借:在建工程　　　　　　　　　　　　　　　　　45 000
　　贷:长期借款——利息　　　　　　　　　　　　　　 45 000

2022年1月至2023年11月计提当月利息时,借记"在建工程"账户,贷记"长期借款——利息"账户,金额为45 000元。

(3) 归还长期借款。企业归还长期借款时,应按归还的借款本金,借记"长期借款——本金"账户,应按归还的借款利息,借记"长期借款——利息"等账户,按归还的本息和贷记"银行存款"账户。

【例4-10】承【例4-8】和【例4-9】,云山公司于2023年12月1日偿还该笔贷款的本金6 000 000元和两年的利息1 080 000元(已计提记入"长期借款——利息"账户)。

该笔业务的发生,使企业的负债减少了7 080 000元,应分别记入"长期借款——本金"账户和"长期借款——利息"账户的借方;同时使企业的资产——银行存款减少了7 080 000元,应记入"银行存款"账户的贷方。应编制会计分录如下:

借:长期借款——本金　　　　　　　　　　　　6 000 000
　　　　　　——利息　　　　　　　　　　　　1 080 000
　　贷:银行存款　　　　　　　　　　　　　　　　7 080 000

【例4-8】至【例4-10】中云山公司借入长期借款的账务处理可归纳为图4-3。

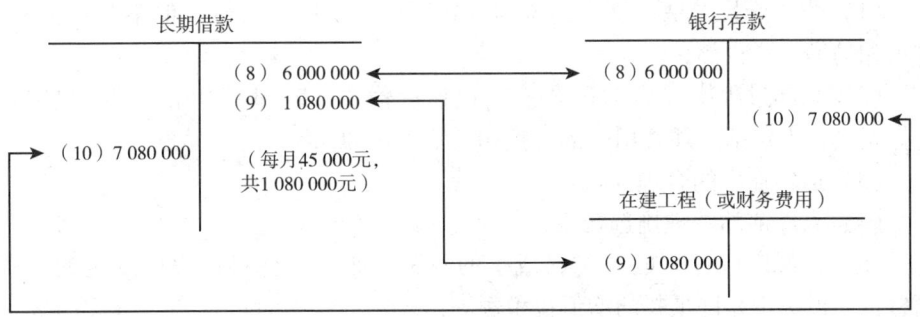

图4-3 云山公司借入长期借款的账务处理

第三节 材料采购和发出核算

材料采购和发出过程是制造业企业生产经营过程的准备阶段,企业需要采购各种材料物资,形成生产储备,用来满足生产的需要。本节主要介绍材料采购和发出业务核算。

一、材料购进业务的核算

(一) 存货和原材料的含义

存货是指企业在日常活动中持有以备出售的产成品或商品、处于生产过程中的在产品、在生产过程或提供劳务过程中耗用的材料和物料等,包括原材料、在产品、产成品及商品、周转材料等。

原材料是指在生产过程中经过加工改变其形态或性质并构成产品主要实体的各种原料及主要材料、辅助材料、外购半成品(外购件)、修理用备件、包装材料、燃料等。原材料是企业产品生产不可缺少的物质要素。在生产过程中,劳动者借助于劳动资料,对原材料进行加工并改变其原有的物质形态,生产出企业需要的产品。

在材料采购过程中,企业一方面购买各种材料,另一方面需按购销合同和结算制度规定,与供货单位进行货款结算,支付货款及各种采购费用,因此,采购业务、结算业务以及采购成本的计算就构成材料采购过程核算的主要内容。

(二) 原材料成本的确定

企业的原材料以外购为主,外购原材料的实际采购成本由以下几项内容构成:

（1）购买价款，是指供货单位的发票账单上列明的价款，但不包括税法允许抵扣的增值税税额；

（2）采购过程中发生的运杂费（包括运输费、装卸费、保险费、包装费、仓储费等，不包括上述费用中的可抵扣增值税税额）；

（3）运输途中的合理损耗；

（4）入库前的整理挑选费用；

（5）按规定应计入购入材料成本的税金，如购买材料过程中发生的关税、消费税、税法不允许抵扣的增值税税额等；

（6）其他按规定应计入原材料成本的费用。

购入材料过程中发生的采购费用，凡能够分清是某种材料直接负担的，可直接计入该材料的采购成本；分不清的，如为运输两种材料所支付的运杂费，应按一定的分配标准（如材料的重量、买价等），在有关材料之间进行分配，分别计入各种材料的采购成本，即：

$$\text{材料采购费用的分配率} = \text{共同性采购费用总额} \div \text{分配标准的总计}$$

$$\text{某材料应分配的采购费用额} = \text{该材料的分配标准} \times \text{材料采购费用分配率}$$

（三）原材料的日常收发及结存的核算方式

根据企业经营规模的大小、原材料种类的多少、原材料收发业务是否频繁等情况，原材料的日常收发及结存既可以采用实际成本法核算，也可以采用计划成本法核算。

（1）在企业经营规模较小、原材料的种类不多、原材料的收发业务也不是很频繁的情况下，企业可以按照实际成本法对原材料的日常收发及结算进行核算。

实际成本法的特点就是从材料的收发凭证到材料的明细分类账和总分类账全部按照实际成本计价。采用实际成本法核算，能够全面、完整地反映材料资金的实际占用情况，准确计算出生产经营过程中所耗材料的成本额。但是，当企业材料种类多、收发频繁时，核算的工作量比较大。

（2）在企业经营规模较大、原材料种类较多、原材料的收发业务很频繁的情况下，企业可以按照计划成本法对原材料的日常收发及结算进行核算。

计划成本法的特点就是从材料的收发凭证到材料的明细分类账和总分类账，全部按照计划成本登记材料成本，同时设置"材料成本差异"账户，用以反映实际成本和计划成本之间的差异，并在会计期末计算本期结存和发出材料应分担的差异额，以将计划成本调整为实际成本。采用计划成本法核算，当企业材料种类多、收发频繁时，不仅可以减少材料核算的工作量，而且可以反映材料计划的完成情况。

本教材主要介绍企业采用实际成本法核算的账务处理。

(四) 材料购进业务按照实际成本法计价的核算

1. 材料购进业务核算应设置的主要账户。

(1) "在途物资"账户。该账户属于资产类账户,用来核算企业采用实际成本法核算时购入的各种材料物资的买价和采购费用,据以计算材料物资的采购成本。借方登记购入材料物资的买价和采购费用,贷方登记已验收入库按实际成本转入"原材料"账户借方的数额。期末余额在借方,表示企业期末在途物资的采购成本。

该账户一般按供货单位和材料的品种设置明细分类账户,进行明细分类核算。

"在途物资"账户的结构如下:

借方	在途物资	贷方
期初余额:企业期初在途物资的采购成本 本期发生额:购入材料物资的采购成本		本期发生额:已验收入库按实际成本转入"原材料"账户借方的数额
期末余额:企业期末在途物资的采购成本		

(2) "原材料"账户。该账户属于资产类账户,用以核算和监督企业库存各种材料的收入、发出和结存情况。借方登记已验收入库的各种材料的实际成本,贷方登记发出材料的实际成本,期末余额在借方,表示期末库存材料的实际成本。

该账户一般按照材料的类别、品种及规格设置明细分类账户,进行明细分类核算。

"原材料"账户的结构如下:

借方	原材料	贷方
期初余额:企业期初库存材料的实际成本 本期发生额:已验收入库的各种材料的实际成本		本期发生额:发出材料的实际成本
期末余额:企业期末库存材料的实际成本		

(3) "应付账款"账户。该账户属于负债类账户,用以核算企业因采购材料、商品等物资和接受劳务供应等经营活动而应付供应单位款项的发生和偿还情况。它的贷方登记应付未付款项的数额,借方登记实际偿还款项的数额,期末余额在贷方,表示期末尚未偿还的应付款项。

该账户一般按债权人设置明细分类账户,进行明细分类核算。"应付账款"账户的结构如下:

借方	应付账款	贷方
本期发生额:实际偿还款项的数额		期初余额:期初尚未偿还的应付账款 本期发生额:应付未付款项的数额
		期末余额:期末尚未偿还的应付账款

(4) "预付账款"账户。该账户属于资产类账户,用以核算企业按照购货合

同预付给供应单位的货款及其结算情况。借方登记预付或补付的货款,贷方登记收到所购货物应冲抵的货款及退回多付的货款。期末余额一般在借方,表示已预付货款但尚未收到货物的金额。预付款项情况不多的企业,可以不设置"预付账款"账户,而将此业务在"应付账款"账户核算。

该账户一般按照供应单位的名称设置明细分类账户,进行明细分类核算。"预付账款"账户的结构如下:

借方	预付账款	贷方
期初余额:期初已预付货款但尚未收到货物的金额 本期发生额:预付或补付的货款		本期发生额:收到所购货物应冲抵的货款及退回多付的货款
期末余额:期末已预付货款但尚未收到货物的金额		

(5)"应付票据"账户。该账户属于负债类账户,用以核算企业采用商业汇票结算方式购买材料、商品等物资和接受劳务供应等经营活动而开出的商业汇票的增减变动及其结余情况。它的贷方登记企业开出、承兑商业汇票的增加,借方登记到期商业汇票的减少,期末余额在贷方,表示尚未到期的商业汇票的期末余额。

该账户一般按债权人设置明细分类账户,进行明细分类核算。"应付票据"账户的结构如下:

借方	应付票据	贷方
		期初余额:期初尚未到期的商业汇票的结余额
本期发生额:商业汇票的减少		本期发生额:企业开出、承兑商业汇票的增加
		期末余额:尚未到期的商业汇票的期末结余额

(6)"应交税费"账户。该账户属于负债类账户,用于核算企业按税法规定应缴纳的各种税费,包括增值税、消费税、企业所得税、资源税、土地增值税、城市维护建设税、教育费附加等。它的贷方登记按税法规定计提的应交未交的税费,借方登记实际缴纳的税费(包括支付的增值税进项税额)。期末余额如果在贷方,反映企业应交未交的税费,如果在借方,反映企业多交的税费。

该账户一般按税费品种设置明细分类账账户,进行明细分类核算。"应交税费"账户的结构如下:

借方	应交税费	贷方
本期发生额:实际缴纳的税费		期初余额:期初应交未交的税费 本期发生额:按税法规定计提的应交未交的税费
期末余额:企业多交的税费		期末余额:期末应交未交的税费

材料购进业务中,主要涉及的税种是增值税。增值税是以货物、劳务、服务、无形资产、不动产等在流转过程中产生的增值额作为计税依据而征收的一种流转税。我国有关法规规定,在中华人民共和国境内销售货物或者加工、修理修配劳务,销售服务、无形资产、不动产以及进口货物的单位和个人,应当缴纳增值税。按照纳税人的经营规模,增值税的纳税人分为一般纳税人和小规模纳税人。一般纳税人应纳增值税税额,根据当期销项税额减去当期进项税额计算确定;小规模纳税人应纳增值税税额,按照销售额和规定的征收率计算确定。

一般纳税人在"应交税费"账户下设置"应交增值税"等明细账。企业应在"应交增值税"明细账账户下设"进项税额""已交税金""销项税额"等专栏,借方登记企业因购进货物、加工修理修配劳务、服务、无形资产或不动产而支付或负担的进项税额等,贷方登记企业因销售行为应缴纳的销项税额等。

小规模纳税人企业在"应交税费"账户下设置"应交增值税"明细账,不需要设置专栏,贷方登记企业销售货物或提供应税劳务应缴纳的增值税税额,借方登记实际缴纳的增值税税额。期末余额如在贷方,反映企业应交未交的增值税;期末余额如在借方,反映企业多交的增值税。

2. 材料购进业务的核算。供应过程的主要经济业务就是采购材料。材料采购的核算主要分两个环节:一是购买材料与供应单位的货款结算以及支付采购费用;二是仓库收料,计算并结转材料实际采购成本。前者主要根据供应单位、运输部门的结算凭证办理,后者则根据仓库转来的收料凭证进行账务处理。

【例4-11】云山公司2021年12月发生以下经济业务:

① 5日,向宏达公司购入甲材料1 000千克,单价为每千克200元,总计200 000元,增值税税额26 000元,货款尚未支付,材料尚未到达企业。

该笔经济业务的发生,使甲材料的采购成本增加了200 000元,应记入"在途物资——甲材料"账户的借方;还使应交增值税进项税额增加了26 000元,应记入"应交税费——应交增值税"账户的借方;同时由于货款尚未支付,形成企业对供货单位的债务,应记入"应付账款"账户的贷方。应编制会计分录如下:

借:在途物资——甲材料　　　　　　　　　　　　　200 000
　　应交税费——应交增值税(进项税额)　　　　　 26 000
　　贷:应付账款——宏达公司　　　　　　　　　　　　226 000

② 7日,以银行存款支付上述购入的甲材料的运杂费4 360元,其中包括税法允许抵扣的增值税税额360元。

该笔经济业务的发生,使甲材料采购成本增加了4 000元,应记入"在途物资——甲材料"账户的借方;还使应交增值税进项税额增加了360元,应记入"应交税费——应交增值税"账户的借方;同时使银行存款减少了4 360元,应记入"银行存款"账户的贷方。应编制会计分录如下:

借:在途物资——甲材料　　　　　　　　　　　　　　4 000

　　　　应交税费——应交增值税（进项税额）　　　　　　360
　　　　　贷：银行存款　　　　　　　　　　　　　　　　　　4 360
　　③ 9 日，上述甲材料运达企业，并已办理完验收入库手续，结转材料的采购成本。

　　该笔经济业务表明，甲材料的采购过程已经完成，应将该材料的实际采购成本从"在途物资"账户的贷方转入"原材料"账户的借方，以反映库存原材料的实际成本增加。编制会计分录如下：

　　　　借：原材料——甲材料　　　　　　　　　　　　204 000
　　　　　贷：在途物资——甲材料　　　　　　　　　　　　　204 000
　　④ 10 日，以银行存款归还本月所欠宏达公司的材料款 226 000 元。

　　该笔经济业务的发生使企业的应付账款减少了 226 000 元，应记入"应付账款"账户的借方，同时使企业的银行存款减少了 226 000 元，应记入"银行存款"账户的贷方。编制会计分录如下：

　　　　借：应付账款——宏达公司　　　　　　　　　　226 000
　　　　　贷：银行存款　　　　　　　　　　　　　　　　　　226 000

【例 4-12】 假定云山公司 2021 年 12 月还发生以下经济业务：

　　① 11 日，向宏达公司购入乙材料 600 千克，单价为每千克 120 元；丙材料 1 200 千克，单价为每千克 150 元。价款合计 252 000 元，增值税税额为 32 760 元。货款以银行存款支付，材料尚未到达。

　　该笔经济业务的发生，使材料采购成本增加了 252 000 元，其中，乙材料的采购成本增加 72 000 元，丙材料的采购成本增加 180 000 元，应记入"在途物资"账户的借方；还使应交增值税进项税额增加了 32 760 元，应记入"应交税费——应交增值税"账户的借方；同时，材料货款以银行存款付清，使银行存款减少 284 760 元，应记入"银行存款"账户的贷方。应编制会计分录如下：

　　　　借：在途物资——乙材料　　　　　　　　　　　72 000
　　　　　　　　　　——丙材料　　　　　　　　　　　180 000
　　　　　　应交税费——应交增值税（进项税额）　　　32 760
　　　　　贷：银行存款　　　　　　　　　　　　　　　　　　284 760

　　② 11 日，以银行存款支付以上乙、丙两种材料的运杂费 19 620 元，其中包括允许抵扣的增值税税额 1 620 元。假设该运费按照各材料的重量比例进行分配。

　　需要先对乙、丙两种材料共同负担的运杂费进行分配：分配率 =（19 620 - 1 620）÷（600 + 1 200）= 10（元/千克）；乙材料应分配的运杂费 = 600 × 10 = 6 000（元）；丙材料应分配的运杂费 = 1 200 × 10 = 12 000（元）。

　　该笔经济业务的发生，使材料采购成本增加了 18 000 元，其中，乙材料的采购成本增加了 6 000 元，丙材料的采购成本增加了 12 000 元，应记入"在途物资"账户的借方；还使应交增值税进项税额增加了 1 620 元，应记入"应交税费——应交增值税"账户的借方；同时也使银行存款减少了 19 620 元，应记入"银行存款"账户的贷方。应编制会计分录如下：

借：在途物资——乙材料　　　　　　　　　　　　　6 000
　　　　　　——丙材料　　　　　　　　　　　　　12 000
　　应交税费——应交增值税（进项税额）　　　　　1 620
　　贷：银行存款　　　　　　　　　　　　　　　　　　19 620

③ 17 日，上述乙、丙两种材料运达企业并已验收入库，结转其采购成本。该笔经济业务表明，乙、丙两种材料的采购过程已经完成，应将材料的实际采购成本从"在途物资"账户的贷方转入"原材料"账户的借方，以反映库存原材料的实际成本增加。编制会计分录如下：

借：原材料——乙材料　　　　　　　　　　　　　　78 000
　　　　　——丙材料　　　　　　　　　　　　　　192 000
　　贷：在途物资——乙材料　　　　　　　　　　　　　78 000
　　　　　　　——丙材料　　　　　　　　　　　　　192 000

【例 4-13】假定云山公司 2021 年 12 月还发生以下经济业务：

① 2 日，以银行存款预付益民公司丁材料款 120 000 元。

该笔经济业务的发生，使企业的预付账款增加了 120 000 元，应记入"预付账款"账户的借方；同时使企业的银行存款减少 120 000 元，应记入"银行存款"账户的贷方。编制会计分录如下：

借：预付账款——益民公司　　　　　　　　　　　　120 000
　　贷：银行存款　　　　　　　　　　　　　　　　　　120 000

② 6 日，益民公司按合同发来丁材料 150 千克，单价为每千克 1 000 元，价款合计 150 000 元，增值税税额为 19 500 元。另外，益民公司代垫了运费 1 090 元（其中包括允许抵扣的增值税税额 90 元）。云山公司以银行存款补付余款 50 590 元。

该笔经济业务的发生，使企业的材料采购成本增加了 151 000 元（150 000 + 1 000），应记入"在途物资"账户的借方，也使应交增值税进项税额增加了 19 590元（19 500 + 90），应记入"应交税费——应交增值税"账户的借方；同时使预付账款减少了 120 000 元，应记入"预付账款"账户的贷方，还使银行存款减少了 50 590 元，应记入"银行存款"账户的贷方。编制会计分录如下：

借：在途物资　　丁材料　　　　　　　　　　　　　151 000
　　应交税费——应交增值税（进项税额）　　　　　19 590
　　贷：预付账款——益民公司　　　　　　　　　　　120 000
　　　　银行存款　　　　　　　　　　　　　　　　　50 590

③ 7 日，上述丁材料运达云山公司并验收入库，结转其实际采购成本。该笔经济业务表明，丁材料的采购过程已经完成，应将材料的实际采购成本从"在途物资"账户的贷方转入"原材料"账户的借方，以反映库存原材料的实际成本增加。编制会计分录如下：

借：原材料——丁材料　　　　　　　　　　　　　　151 000
　　贷：在途物资——丁材料　　　　　　　　　　　　　151 000

【例 4-11】至【例 4-13】中云山公司材料购进业务的账务处理可归纳为图 4-4。

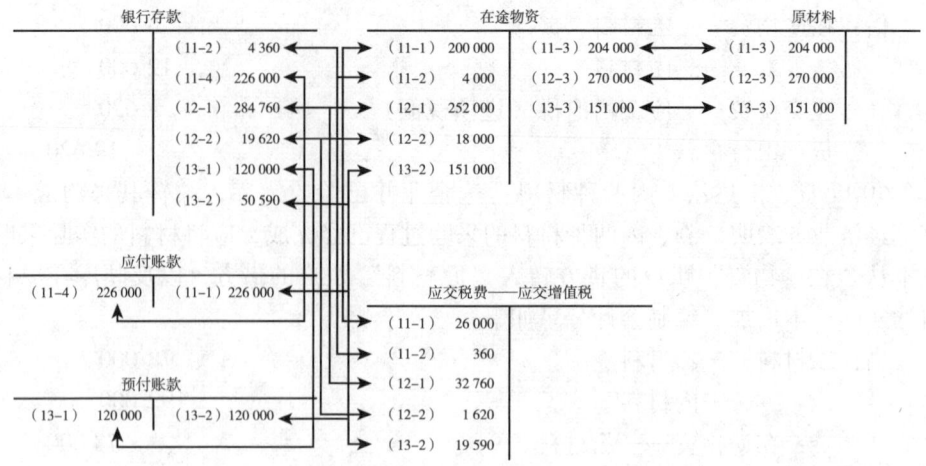

图 4-4 云山公司材料购进业务的账务处理

二、材料发出业务的核算

由于企业原材料品种繁多,收发频繁,每批购进的单价可能会因采购时间、地点的不同而存在差异,这样,在每次发出材料时,就会产生按哪一种单价计价的问题,即用什么方法在发出存货与结存存货之间分配成本。按照现行制度规定,存货发出的计价方法主要有先进先出法、加权平均法、移动平均法和个别计价法等。

(一) 先进先出法

先进先出法是以先收到的存货先发出为假定前提,并按这种假定的存货流转程序对发出存货和期末存货进行计价的方法。采用这种方法,收到存货时,应在存货明细分类账逐笔登记每一批存货的数量、单价和金额;发出存货时,按照先进先出的原则确定单价,逐笔登记存货的发出金额和结存金额。举例说明如下:

【例 4-14】云山有限责任公司 2021 年 7 月甲材料收发结存资料如表 4-1 所示。采用先进先出法计算甲材料发出金额和结存金额,如表 4-2 所示。

表 4-1　　　　　　　　　　甲材料收发结存资料

业务	收入		发出数量（千克）	结存数量（千克）
	数量（千克）	单价（元）		
7月1日存货				1 500（单价10元）
7月2日发出			800	700
7月8日购入	1 000	11.75		1 700
7月10日发出			1 200	500
7月18日购入	1 500	11.5		2 000
7月25日发出			1 000	1 000

表 4-2　　　　　　　　　　原材料明细分类账

名称及规格：甲材料

2021年		凭证字号	摘要	收入			发出			结存		
月	日			数量（千克）	单价（元）	金额（元）	数量（千克）	单价（元）	金额（元）	数量（千克）	单价（元）	金额（元）
7	1		月初结存							1 500	10	15 000
	2	略	发出				800	10	8 000	700	10	7 000
	8		购入	1 000	11.75	11 750				700	10	18 750
										1 000	11.75	
	10		发出				700	10	7 000	500	11.75	5 875
							500	11.75	5 875			
	18		购入	1 500	11.5	17 250				500	11.75	23 125
										1 500	11.5	
	25		发出				500	11.75	5 875	1 000	11.5	11 500
							500	11.5	5 750			
	31		本月合计	2 500		29 000	3 000		32 500	1 000	11.5	11 500

由表 4-2 可以得出：

本月发出原材料的成本 =（800×10）+（700×10+500×11.75）+（500×11.75+500×11.50）

= 8 000 + 7 000 + 5 875 + 5 875 + 5 750

= 32 500（元）

月末结存成本 = 15 000 + 29 000 - 32 500 = 11 500（元）

采用先进先出法，便于日常计算发出存货及结存存货的成本，但在存货收发业务频繁、单价经常变动的情况下，企业计算的工作量较大；另外，期末存货成本比较接近现行的市场价值，但当物价上涨时，用早期较低的成本与现行收入相配比，会高估企业当期利润，反之，则低估当期利润。

（二）加权平均法

加权平均法也称全月一次加权平均法，指以本月全部收货数量加月初存货数量作为权数，去除本月全部收货成本加上月初存货成本，计算出存货的加权平均单位成本，从而确定存货的发出成本和期末存货成本的一种方法。

计算公式为：

$$加权平均单位成本 = \frac{期初结存存货实际成本 + 本期收入存货实际成本}{期初结存存货数量 + 本期收入存货数量}$$

本期发出存货成本 = 本期发出存货数量 × 加权平均单位成本

期末结存存货成本 = 期末结存存货数量 × 加权平均单位成本

如果计算出的加权平均单位成本不是整数,需四舍五入的,为优先保证存货结存成本的准确性,应采用倒挤成本法计算发出存货的成本。即:

期末结存存货成本 = 期末结存存货数量 × 加权平均单位成本

发出存货成本 = 期初结存存货成本 + 本期收入存货成本 − 期末结存存货成本

【例4-15】以【例4-14】中云山公司的资料为例,采用加权平均法计算甲材料发出成本和期末结存成本。如表4-3所示。

表4-3　　　　　　　　　原材料明细分类账

名称及规格:甲材料

2021年		凭证字号	摘要	收入			发出			结存		
月	日			数量(千克)	单价(元)	金额(元)	数量(千克)	单价(元)	金额(元)	数量(千克)	单价(元)	金额(元)
7	1		月初结存							1 500	10	15 000
	2	略	发出				800			700		
	8		购入	1 000	11.75	11 750				1 700		
	10		发出				1 200			500		
	18		购入	1 500	11.5	17 250				2 000		
	25		发出				1 000			1 000		
	31		本月合计	2 500		29 000	3 000	11	33 000	1 000	11	11 000

本例资料中:

加权平均单位成本 =(15 000 + 29 000)÷(1 500 + 2 500)= 11(元/千克)

本月发出材料成本 = 3 000 × 11 = 33 000(元)

月末结存成本 = 1 000 × 11 = 11 000(元)

采用加权平均法能简化核算工作,而且在市场价格上涨或下跌时所计算出来的单位成本平均化,对存货成本的分摊较为折中。但这种方法全部计算工作集中在月末进行,平时不能从账上反映发出和结存存货的单价及金额,不利于加强对存货的管理。

(三)移动平均法

移动平均法也称移动加权平均法,是指每次收到存货以后,立即根据库存存货的数量和总成本,计算出新的平均单位成本,并对发出存货进行计价的一种方法。

计算公式为:

$$\text{移动加权平均单位成本} = \frac{\text{原有存货成本} + \text{本批收入存货实际成本}}{\text{原有存货数量} + \text{本批收入存货数量}}$$

【例4-16】仍以【例4-14】中云山公司的资料为例,采用移动平均法计算甲材料发出成本和结存成本,如表4-4所示。

表 4 – 4　　　　　　　　　　原材料明细分类账

名称及规格：甲材料

2021年		凭证字号	摘要	收入			发出			结存		
月	日			数量（千克）	单价（元）	金额（元）	数量（千克）	单价（元）	金额（元）	数量（千克）	单价（元）	金额（元）
7	1		月初结存							1 500	10	15 000
	2	略	发出				800	10	8 000	700	10	7 000
	8		购入	1 000	11.75	11 750				1 700	11.03	18 750
	10		发出				1 200	11	13 235	500	11.03	5 515
	18		购入	1 500	11.5	17 250				2 000	11.38	22 765
	25		发出				1 000	11.4	11 385	1 000	11.38	11 380
	31		本月合计	2 500		29 000	3 000		32 620	1 000	11.38	11 380

本例资料中：

第一批发出材料的成本 = 800 × 10 = 8 000（元）

发货后结存的材料成本 = 700 × 10 = 7 000（元）

第一批购入材料后的平均单位成本 =（7 000 + 11 750）÷ 1 700

≈ 11.03（元/千克）

第二批发货后结存的材料成本 = 500 × 11.03 = 5 515（元）

第二批发出材料的成本 = 18 750 – 5 515 = 13 235（元）

第二批购入材料后的平均单位成本 =（5 515 + 17 250）÷（500 + 1 500）

≈ 11.38（元/千克）

第三批发货后结存的材料成本 = 1 000 × 11.38 = 11 380（元）

第三批发出材料的成本 = 22 765 – 11 380 = 11 385（元）

本月发出材料的成本为：8 000 + 13 235 + 11 385 = 32 620（元）

月末结存成本 = 11 380（元）

（四）个别计价法

个别计价法，是以每次（批）收入存货的实际成本作为发出该次（批）存货的成本的方法。采用这种方法要求企业要按品种和批次设详细的存货记录，并在存货上附加标签或编号，以便正确辨认确定发出存货的个别实际成本。

【例 4 – 17】仍以〖例 4 – 14〗中云山公司的资料为例，假设月初只结存一批次的材料，7 月 2 日发出材料是月初结存存货；7 月 10 日发出材料 1200 千克，其中 600 千克是月初结存的存货，另 600 千克是 7 月 8 日购入的存货；7 月 25 日发出材料均是 7 月 18 日购入的存货。采用个别计价法计算甲材料的发出成本和结存成本，如表 4 – 5 所示。

表 4-5　　　　　　　　　　　原材料明细分类账

名称及规格：甲材料

2021年		凭证字号	摘要	收入			发出			结存		
月	日			数量（千克）	单价（元）	金额（元）	数量（千克）	单价（元）	金额（元）	数量（千克）	单价（元）	金额（元）
7	1		月初结存							1 500	10	15 000
	2	略	发出				800	10	8 000	700	10	7 000
	8		购入	1 000	11.75	11 750				700	10	18 750
										1 000	11.75	
	10		发出				600	10	6 000	100	10	5 700
							600	11.75	7 050	400	11.75	
	18		购入	1 500	11.5	17 250				100	10	22 950
										400	11.75	
										1 500	11.5	
	25		发出				1 000	11.5	11 500	100	10	11 450
										400	11.75	
										500	11.5	
	31		本月合计	2 500		29 000	3 000		32 550	100	10	11 450
										400	11.75	
										500	11.5	

由表 4-5 可以得出：

本月发出原材料的成本 = $(800 \times 10) + (600 \times 10 + 600 \times 11.75) + 1\,000 \times 11.50 = 32\,550$（元）

月末结存成本 = $100 \times 10 + 400 \times 11.75 + 500 \times 11.50 = 11\,450$（元）

采用这种方法，能准确计算发出存货和期末存货的成本，但需分批认定和记录存货的批次及各批的单价、数量，工作量较大；另外，容易出现企业随意选用较高或较低价格的存货以调整当期利润的现象。这种方法一般适用于容易识别、存货品种数量不多、单位成本较高的存货计价。

第四节　长期资产的核算

制造业企业在生产经营过程的准备阶段，企业需要购建厂房、购置机器设备、购买专利技术等长期资产，以满足生产的需要。这些长期资产的价值伴随着企业的生产经营而损耗，因损耗而减少的价值分期计入产品成本或费用中，并通过取得相应的收入而得到补偿。本节主要介绍固定资产和无形资产的购置与折旧（摊销）。

一、固定资产购置业务的核算

（一）固定资产的概念和特征

固定资产是指同时具有以下特征的有形资产：（1）为生产商品、提供劳务、出租或经营管理而持有的；（2）使用寿命超过一个会计年度。

从固定资产的定义可以看出，作为企业的固定资产应具备以下特征。首先，企业持有固定资产的目的是满足生产商品、提供劳务、出租或经营管理的需要，而不是像商品一样为了对外销售。其中，"出租"的固定资产是指企业以经营租赁方式出租的机器设备类固定资产，不包括以经营租赁方式出租的建筑物，后者属于投资性房地产，不属于固定资产。

其次，企业的固定资产使用寿命较长，一般超过一个会计年度。固定资产的使用寿命，是指企业使用固定资产的预计期间，或者该固定资产所能产生产品或提供劳务的数量。通常情况下，固定资产的使用寿命是指使用固定资产的预计期间，如自用房屋建筑物的使用寿命即为其预计使用年限。但对于某些机器设备或运输设备等固定资产，其使用寿命为其所能生产产品或提供劳务的数量。

最后，固定资产是有形资产。固定资产具有实物形态的这一特征将其与无形资产区别开来。

（二）固定资产的分类

固定资产按照经济用途可分为生产经营用固定资产和非生产经营用固定资产。

生产经营用固定资产，是指直接服务于企业生产、经营过程的各种固定资产，如生产经营用的房屋、建筑物、机器、设备、器具、工具等。

非生产经营用固定资产，是指不直接服务于企业生产、经营过程的各种固定资产，如职工宿舍、食堂、医务室等。

在实际工作中，大部分企业结合固定资产的经济用途和使用情况进行综合分类，将固定资产分为如下五大类。

(1) 生产经营用固定资产；
(2) 非生产经营用固定资产；
(3) 租出固定资产；
(4) 不需用固定资产；
(5) 未使用固定资产。

（三）固定资产的来源及其入账价值

企业可能通过外购、自行建造、投资者投入、非货币性资产交换、债务重组、企业合并、接受捐赠等方式取得固定资产。固定资产的取得方式不同，其成本的构成及确定方法也不同。

1. 外购固定资产。外购的固定资产包括需要安装和不需要安装两种情况。

如果购入的是不需要安装的固定资产，其成本包括购买价款、运输费、装卸费、安装费、保险费、包装费和专业人员服务费等。如果购入的是需要安装的固定资产，其成本除了上述成本外，还应加上安装调试成本。

2. 自行建造的固定资产。自行建造的固定资产，其成本由建造该项固定资产达到预定可使用状态前发生的必要支出构成，包括工程物资成本、人工成本、相关税费、应予资本化的借款费用等。

投资者投入的固定资产、通过非货币性资产交换、债务重组、企业合并等方式取得的固定资产，其成本应当按照企业会计准则的相关规定确定。

（四）固定资产购置核算需要设置的主要账户

固定资产购置业务的核算主要应设置"固定资产""在建工程""工程物资""应交税费——应交增值税（进项税额）"等账户，"固定资产""应交税费——应交增值税（进项税额）"账户已分别在本章第二节、第三节介绍，这里不再赘述。

1. "在建工程"账户。该账户属于资产类账户，用来核算企业进行建筑工程、安装工程、技术改造工程等发生的实际支出。借方登记建造、安装过程中所发生的实际支出，贷方登记结转完工工程转出的成本，期末余额在借方，表示尚未达到预定可使用状态的在建工程成本。

该账户一般按建筑工程、安装工程等设置明细账户，进行明细分类核算。"在建工程"账户的结构如下：

借方	在建工程	贷方
期初余额：期初尚未达到预定可使用状态的在建工程成本		
本期发生额：建造、安装过程中所发生的实际支出		本期发生额：结转完工工程转出的成本
期末余额：期末尚未达到预定可使用状态的在建工程成本		

2. "工程物资"账户。该账户属于资产类账户，用来核算企业为在建工程而准备的各种物资的实际成本。借方登记企业购入的工程物资的实际成本，贷方登记领用工程物资的实际成本，期末余额在借方，表示企业为在建工程准备的各种物资的成本。

该账户一般按工程物资的种类等设置明细账户，进行明细分类核算。"工程物资"账户的结构如下：

借方	工程物资	贷方
期初余额：期初各种工程物资的成本		
本期发生额：购入工程物资的实际成本		本期发生额：因工程领用而转出的工程物资实际成本
期末余额：期末各种工程物资的成本		

（五）固定资产外购业务的核算

外购的固定资产包括需要安装和不需要安装两种情况。

1. 购入不需要安装的固定资产。企业购入不需要安装的固定资产，应按实际支付的购买价款、运输费、装卸费、安装费、保险费、包装费和专业人员服务费等，作为固定资产的成本，借记"固定资产"账户，按照可抵扣的增值税进项税额，借记"应交税费——应交增值税（进项税额）"账户，按照支付的总价款，贷记"银行存款"等账户。

【例 4-18】云山公司 2021 年 12 月 1 日购入一台不需要安装即可投入使用的设备。取得的增值税专用发票上注明的设备价款为 200 000 元，增值税税额为 26 000 元，另外支付运输费合计 1 090 元（增值税专用发票上注明的价款 1 000 元，增值税进项税额为 90 元）。全部款项均以支票支付，设备已运到企业投入使用。

①计算固定资产成本：

固定资产买价	200 000
加：运输费	1 000
	201 000

②计算可抵扣增值税进项税额：

固定资产采购发票上的进项税额	26 000
加：运输费发票上的进项税额	90
	26 090

③编制购入该项固定资产的会计分录：

该笔经济业务的发生，一方面使企业的固定资产增加了 201 000 元，应记入"固定资产"账户的借方，同时使应交增值税进项税额增加了 26 090 元，应记入"应交税费——应交增值税"账户的借方；另一方面款项以支票付清，使银行存款减少了 227 090 元，应记入"银行存款"账户的贷方。应编制会计分录如下：

借：固定资产	201 000
应交税费——应交增值税（进项税额）	26 090
贷：银行存款	227 090

2. 购入需要安装的固定资产。如果购入的是需要安装的固定资产，应在购入的固定资产取得成本的基础上加上安装调试成本等，作为购入固定资产的成本，先通过"在建工程"账户核算，待安装完毕达到预定可使用状态时，再由"在建工程"账户转入"固定资产"账户。

企业购入固定资产时，应按实际支付的购买价款、运输费、装卸费等，借记"在建工程"账户，贷记"银行存款"等账户；支付安装成本时，借记"在建工程"账户，贷记"银行存款""应付职工薪酬""原材料"等账户；安装完毕达到预定可使用状态时，按其实际成本，借记"固定资产"账户，贷记"在建工程"账户。

【例4-19】承〖例4-18〗,假设云山公司2021年12月1日购入的该设备需安装后才可投入使用。在安装过程中,领用原材料15 000元,应付本企业安装工人工资12 000元,另用银行存款支付其他相关的安装费用3 000元。设备安装完毕验收合格,交付使用。假设不考虑其他相关税费。

①购入时:

该笔经济业务的发生,一方面使企业待安装的固定资产成本增加了201 000元,应记入"在建工程"账户的借方,同时使应交增值税进项税额增加了26 090元,应记入"应交税费——应交增值税"账户的借方;另一方面款项以支票付清,使银行存款减少了227 090元,应记入"银行存款"账户的贷方。应编制会计分录如下:

借:在建工程　　　　　　　　　　　　　　　　　201 000
　　应交税费——应交增值税(进项税额)　　　　 26 090
　　贷:银行存款　　　　　　　　　　　　　　　227 090

②发生安装费用时:

该笔经济业务的发生,一方面使该项设备的安装成本增加了30 000元,应记入"在建工程"账户的借方;另一方面使原材料减少15 000元,应记入"原材料"账户的贷方,同时使应付职工的工资增加了12 000元,应记入"应付职工薪酬"账户的贷方,同时银行存款减少3 000元,应记入"银行存款"账户的贷方。编制会计分录如下:

借:在建工程　　　　　　　　　　　　　　　　　 30 000
　　贷:原材料　　　　　　　　　　　　　　　　 15 000
　　　　应付职工薪酬　　　　　　　　　　　　　 12 000
　　　　银行存款　　　　　　　　　　　　　　　 3 000

③设备安装完毕,交付使用:

该笔经济业务的发生,应将"在建工程"账户归集的该设备的成本从其贷方转入"固定资产"账户的借方,以反映该项固定资产的增加。编制会计分录如下:

借:固定资产　　　　　　　　　　　　　　　　　231 000
　　贷:在建工程　　　　　　　　　　　　　　　231 000

企业基于价格等因素的考虑,可能以一笔款项购入多项没有单独标价的固定资产。如果这些资产均符合固定资产的定义,并满足固定资产的确认条件,则应将各项资产单独确认为固定资产,并按各项固定资产公允价值的比例对总成本进行分配,分别确定各项固定资产的成本。

〖例4-19〗中企业购置固定资产的账务处理可归纳为图4-5。

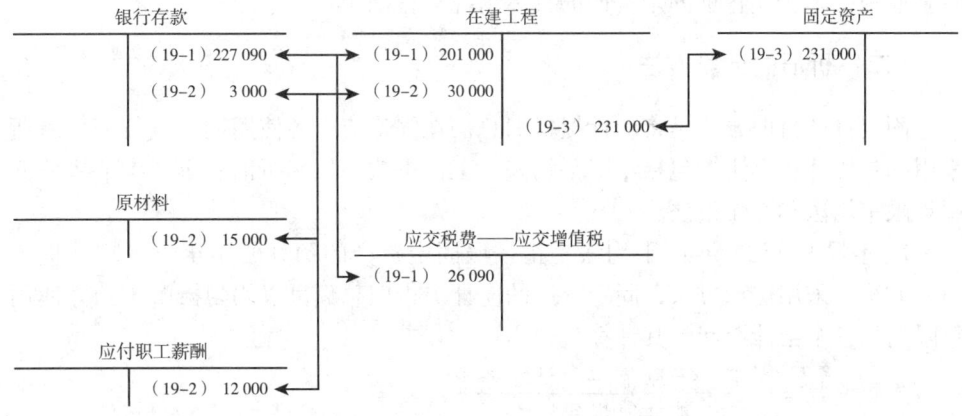

图 4-5 购置固定资产的账务处理

二、固定资产折旧的核算

(一) 固定资产折旧概述

固定资产折旧是指固定资产由于损耗而减少的价值。固定资产损耗分为有形损耗和无形损耗两种。有形损耗是指固定资产在使用过程中由于使用和自然力的影响在使用价值和价值上的损耗;无形损耗是指由于技术进步而引起的固定资产价值的损耗。固定资产在长期使用过程中,随着损耗程度,以折旧费项目分期计入产品成本或费用,通过取得相应的收入得到补偿。

企业分期计算提取折旧时,应考虑的因素有固定资产应计提折旧总额和预计使用年限或预计工作总量。

1. 固定资产应计提折旧总额。固定资产应计提折旧总额是指单项固定资产从开始使用至报废清理的全部使用年限内应计提的折旧总额。从理论上讲,某项固定资产应计提折旧总额并不等于该项固定资产原值。这是因为固定资产在报废清理时会取得残值收入,这部分残值收入不需要通过计提折旧的方式予以补偿,应在计提折旧时预先估计,从原值中扣除。此外,固定资产在报废清理时还会发生清理费用,这部分清理费用应视为使用固定资产的必要支出,在计提折旧时应予以考虑,预计清理费用一般从预计残值收入中扣除。预计残值收入减去预计清理费用后的余额,称为预计净残值。某项固定资产的原值减去预计净残值,即为该项固定资产的应计提折旧总额。预计净残值一般根据固定资产原值乘以预计净残值率计算。预计净残值率是指预计净残值与固定资产原值的比率。

2. 固定资产预计使用年限。固定资产预计使用年限是指固定资产预计的经济使用年限,应考虑固定资产的有形损耗和无形损耗。

3. 固定资产预计工作总量。固定资产预计工作总量是指固定资产从开始使用至报废清理的全部使用年限内预计完成的工作总量。固定资产预计工作总量由各企业根据本企业各项固定资产的具体情况自行确定。

(二) 折旧的计算方法

固定资产折旧方法是将应计提折旧总额在固定资产各使用期间进行分配时所采用的具体计算方法,包括年限平均法、工作量法、加速折旧法等。本节主要介绍年限平均法和工作量法。

1. 年限平均法。年限平均法是指按照固定资产的预计使用年限平均计提折旧的方法。采用这种方法,固定资产的应计提折旧总额可以均匀摊配于预计使用年限内的各个会计期间。其计算公式为:

$$年折旧额 = \frac{固定资产原值 - 预计净残值}{预计使用年限}$$

$$月折旧额 = 年折旧额 \div 12$$

在实际工作中,固定资产折旧额一般根据固定资产原值乘以折旧率计算。其计算公式为:

$$年折旧率 = \frac{1 - 预计净残值率}{预计使用年限} \times 100\%$$

$$月折旧率 = 年折旧率 \div 12$$

$$月折旧额 = 固定资产原值 \times 月折旧率$$

【例 4-20】云山公司某项固定资产原值为 800 000 元,预计净残值率为 4%,预计使用年限为 10 年,采用年限平均法计提折旧。其折旧率和月折旧额计算如下:

$$该项固定资产年折旧率 = \frac{1 - 4\%}{10} = 9.6\%$$

$$该项固定资产月折旧率 = \frac{9.6\%}{12} = 0.8\%$$

该项固定资产月折旧额 = 800 000 × 0.8% = 6 400 (元)

2. 工作量法。工作量法是指按照固定资产预计完成的工作总量平均计提折旧的方法。采用这种方法,固定资产的应计提折旧总额可以均匀摊配于预计的每一单位工作量。采用工作量法计提折旧,也应首先确定固定资产应计提折旧总额;然后根据固定资产应计提折旧总额和预计完成的工作总量,确定单位工作量折旧额;最后根据单位工作量折旧额和某月实际完成的工作量,就可以计算出该月折旧额。计算公式如下:

$$某项固定资产单位工作量折旧额 = \frac{该项固定资产应计提折旧总额}{该项固定资产预计完成的工作总量}$$

某项固定资产月折旧额 = 该项固定资产单位工作量折旧额 × 该项固定资产该月实际完成的工作量

工作量法一般适用于价值较高且各月工作量不均衡的大型精密机床以及运输设备等固定资产的折旧计算。这些固定资产的价值较高,各月的工作量不均衡,采用年限平均法计提折旧,会使各月成本费用的负担不够合理。

【例 4-21】2021 年 5 月,云山公司购入一辆运输汽车,原值为 600 000 元,预计净残值率为4%，预计行驶总里程为800 000公里。该汽车采用工作量法计提折旧。2021年6月，该汽车行驶5 000公里；2021年7月，该汽车行驶4 000公里。该汽车的单位工作量折旧额和各月折旧额计算如下：

$$单位工作量折旧额 = \frac{600\,000 \times (1 - 4\%)}{800\,000} = 0.72（元/公里）$$

2021年6月折旧额 = 0.72×5 000 = 3 600（元）
2021年7月折旧额 = 0.72×4 000 = 2 880（元）

（三）固定资产折旧核算需要设置的主要账户

固定资产折旧业务的核算主要应设置"累计折旧""管理费用""销售费用""制造费用"等账户。

1. "累计折旧"账户。"累计折旧"账户是资产类账户，它是固定资产的备抵调整账户，用来核算企业固定资产因磨损等原因而减少的累计价值。贷方登记固定资产折旧的增加数；借方登记由于出售、报废、毁损、对外投资等原因减少固定资产而应注销的已提折旧数；期末余额在贷方，表示企业现有固定资产已提折旧的累计数。

"累计折旧"账户的结构如下：

借方	累计折旧	贷方
本期发生额：由于出售、报废、毁损、对外投资等原因减少固定资产而应注销的已提折旧数		期初余额：期初固定资产已提折旧的累计数 本期发生额：固定资产折旧的增加数 期末余额：现有固定资产已提折旧的累计数

2. "管理费用"账户。"管理费用"账户是损益类账户中的费用类账户，用来核算企业为组织和管理生产经营活动而发生的各项费用，借方登记实际发生的管理费用，贷方登记期末结转到"本年利润"账户的数额，结转后期末无余额。

该账户可按管理部门设置明细账户，按费用项目设置专栏，进行明细分类核算。

"管理费用"账户的结构如下：

借方	管理费用	贷方
本期发生额：归集实际发生的管理费用 一般期末无余额		本期发生额：期末结转到"本年利润"账户的数额

3. "销售费用"账户。"销售费用"账户是损益类账户中的费用类账户，用来核算销售费用的发生和结转情况。借方登记本期发生的各种销售费用，贷方登记期末转入"本年利润"账户的销售费用，结转后该账户无余额。该账户一般

按费用项目进行明细分类核算。"销售费用"账户的结构如下:

借方	销售费用	贷方
本期发生额:归集实际发生的销售费用		本期发生额:期末结转到"本年利润"账户的数额
一般无期末余额		

4. "制造费用"账户。"制造费用"账户是成本类账户,用来核算企业的生产部门为生产产品或提供劳务而发生的各种间接费用。借方登记为产品生产所发生的各项间接生产费用,包括车间范围内发生的管理人员的薪酬、折旧费、办公费、水电费、保险费、劳动保护费、设计制图费和机物料消耗等;贷方登记期末按一定的分配方法分配记入"生产成本"账户借方的制造费用;期末该账户一般无余额。

该账户应按不同车间、部门设置明细账户,进行明细核算,并按费用项目设置专栏进行明细分类核算。

"制造费用"账户的结构如下:

借方	制造费用	贷方
本期发生额:归集各项间接费用		本期发生额:分配结转各项间接费用
一般期末无余额		

(四)计提折旧的核算

我国企业会计准则规定,当月增加的固定资产,当月不计提折旧,从下月开始计提折旧;当月减少的固定资产,当月照提折旧,从下月开始停提折旧。

企业计提的固定资产折旧,应按用途进行分配,根据直接生产产品的机器设备以及用于车间生产管理的固定资产计提的折旧额,借记"制造费用"账户;根据行政管理部门使用固定资产计提的折旧额,借记"管理费用"账户;根据销售部门使用固定资产计提的折旧额,借记"销售费用"账户;根据当月计提的折旧总额,贷记"累计折旧"账户。

【例4-22】2021年12月末,云山公司按照规定,计算本月固定资产折旧34 900元。其中,车间固定资产折旧32 700元,行政管理部门固定资产折旧2 200元。

该笔经济业务,一方面使制造费用增加了32 700元,管理费用增加了2 200元,应分别记入"制造费用"账户借方和"管理费用"账户借方;同时,使固定资产折旧增加了34 900元,应记入"累计折旧"账户的贷方。编制会计分录如下:

借:制造费用　　　　　　　　　　　　　　　　　　32 700
　　管理费用　　　　　　　　　　　　　　　　　　 2 200
　贷:累计折旧　　　　　　　　　　　　　　　　　　34 900

三、无形资产购置业务的核算

(一) 无形资产的概念

无形资产是指企业拥有或控制的没有实物形态的可辨认非货币性资产。无形资产主要包括专利权、商标权、非专利技术、著作权、土地使用权、特许权等。

(二) 无形资产的分类

无形资产按取得来源不同分类,可分为外购的无形资产、自行开发的无形资产、投资者投入的无形资产、企业合并取得的无形资产、债务重组取得的无形资产、以非货币性资产交换取得的无形资产以及政府补助取得的无形资产等。无形资产按其使用寿命是否有期限,可分为寿命有限无形资产和寿命无限无形资产。

(三) 无形资产的入账价值

无形资产的取得方式不同,其成本的构成及确定方法也不同。

外购的无形资产,应以实际支付的价款、相关税费以及直接归属于使该项资产达到预定用途所发生的其他支出的合计数作为入账价值。直接归属于使该项资产达到预定用途所发生的其他支出包括使无形资产达到预定用途所发生的专业服务费用、测试无形资产是否能够正常发挥作用的费用等,但不包括为引入新产品进行宣传发生的广告费、管理费用及其他间接费用以及无形资产已经达到预定用途以后发生的费用。

投资者投入的无形资产、企业合并取得的无形资产、债务重组取得的无形资产、以非货币性资产交换取得的无形资产以及政府补助取得的无形资产,其成本的确定应当按照企业会计准则的相关规定确定。

(四) 无形资产购置核算需要设置的主要账户

无形资产购置业务的核算主要应设置"无形资产""应交税费——应交增值税(进项税额)"等账户,两者已分别在本章第二节、第三节介绍,这里不再赘述。

(五) 无形资产外购业务的核算

企业购入无形资产,应按实际支付的购买价款、相关税费以及使无形资产达到预定可使用状态前发生的可归属于该项资产的专业服务费、测试费等,作为无形资产的成本,借记"无形资产"账户,按照可抵扣的增值税进项税额,借记"应交税费——应交增值税(进项税额)"账户,按照支付的总价款,贷记"银行存款"等账户。

【例4-23】云山公司于2021年12月1日购入一项专利权。取得的增值税专用发票上注明的不含税转让费为240 000元,增值税税额为14 400元,企业用银行存款一次性付清。

该笔经济业务的发生，一方面使企业的无形资产增加了 240 000 元，应记入"无形资产"账户的借方，同时使应交增值税进项税额增加了 14 400 元，应记入"应交税费——应交增值税"账户的借方；另一方面款项以银行存款付清，使银行存款减少了 254 400 元，应记入"银行存款"账户的贷方。应编制会计分录如下：

借：无形资产　　　　　　　　　　　　　　　　　　240 000
　　应交税费——应交增值税（进项税额）　　　　　 14 400
　　贷：银行存款　　　　　　　　　　　　　　　　 254 400

四、无形资产摊销业务的核算

（一）无形资产摊销概述

无形资产能够给企业在一定时期内带来经济利益，因此，理论上无形资产的价值应按无形资产的受益期体现在各期损益中，这在会计上称为无形资产的摊销。企业应当以使用寿命为摊销期进行无形资产价值的摊销。

使用寿命有限的无形资产，其应摊销金额应当在使用寿命内合理摊销。其摊销方法，应当反映与该无形资产有关经济利益的预期实现方式，可以采用年限平均法、产量法以及加速摊销方法等。上述计算方法与固定资产折旧的方法相同，不再赘述。无法可靠预期实现方式的，应当采用年限平均法。使用寿命不确定的无形资产不应摊销。

（二）无形资产摊销核算需要设置的主要账户

无形资产摊销业务的核算主要应设置"累计摊销""管理费用""销售费用""制造费用"等账户。"管理费用""销售费用""制造费用"账户已在固定资产折旧业务中介绍，不再赘述。

"累计摊销"账户是资产类账户，它是无形资产的备抵调整账户，用来核算企业无形资产因摊销而减少的累计价值。贷方登记无形资产摊销的增加数；借方登记由于出售、报废、对外投资等原因减少无形资产而应注销的已提折旧数；期末余额在贷方，表示企业现有无形资产已提摊销的累计数。

"累计摊销"账户的结构如下：

借方	累计摊销	贷方
	期初余额：期初无形资产已提摊销的累计数	
本期发生额：由于出售、报废、对外投资等原因减少无形资产而应注销的已提摊销数	本期发生额：无形资产摊销的增加数	
	期末余额：现有无形资产已提摊销的累计数	

(三) 计提摊销的核算

按照我国企业会计准则的规定，企业当月增加的无形资产当月开始摊销，当月减少的无形资产当月不再摊销。

企业摊销的无形资产价值，应按用途进行分配，根据直接用于产品生产的无形资产计提的摊销额，借记"制造费用"账户；根据用于行政管理的无形资产摊销额，借记"管理费用"账户；根据用于产品销售的无形资产摊销额，借记"销售费用"账户；根据当月计提的无形资产摊销额总额，贷记"累计摊销"账户。

【例4-24】承〔例4-23〕，云山公司该项专利技术用于行政管理，预计使用寿命为10年，采用年限平均法摊销，预计净残值为0。

年摊销额 = 240 000 ÷ 10 = 24 000（元）

月摊销额 = 24 000 ÷ 12 = 2 000（元）

用于行政管理的专利技术摊销额应计入管理费用，该笔经济业务使管理费用增加了2 000元，应记入"管理费用"账户借方；同时，使无形资产摊销增加了2 000元，应记入"累计摊销"账户贷方。编制会计分录如下：

借：管理费用　　　　　　　　　　　　　　　　2 000
　　贷：累计摊销　　　　　　　　　　　　　　　　　2 000

〔例4-23〕至〔例4-24〕中云山公司购置和摊销无形资产的账务处理可归纳为图4-6。

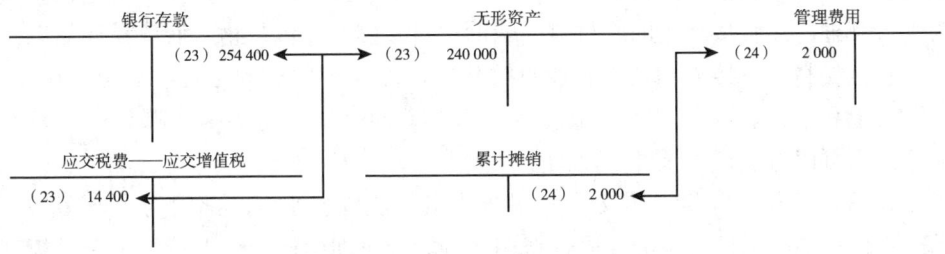

图4-6　无形资产的账务处理

第五节　生产与成本的核算

一、生产过程核算与产品生产成本概述

(一) 生产过程核算的主要内容

生产过程是制造业企业经营过程的中心环节，是从投入材料到产品完工并验收入库的全过程。在生产过程中，企业的劳动者借助于劳动资料对劳动对象进行

加工，制造成产品。因此，生产过程既是新产品的制造过程，又是物化劳动（劳动资料和劳动对象）和活劳动的消耗过程。

企业在生产过程中所发生的各种耗费，形成企业的生产经营费用，例如，耗费材料等劳动对象发生材料费用，耗费工人及管理人员的活劳动发生工资费用，使用厂房、机器设备等固定资产发生折旧费等。这些耗费称为生产费用，生产费用最终都要归集分配到各种产品，形成各种产品的成本。因此，在产品生产过程中费用的发生、归集和分配，以及产品成本的形成，就构成了制造业企业产品生产核算的主要内容。

制造业企业产品生产过程的业务一般有：（1）原材料的领用消耗，形成材料费用；（2）生产工人及管理人员的劳动消耗，形成人工费用；（3）厂房、机器设备等固定资产的消耗，形成折旧费用；（4）其他费用开支，如车间办公费、水电费、差旅费、保险费、劳保费、设计制图费等；（5）结转完工产品生产成本。

（二）产品生产成本的主要内容

企业在一定时期内发生的计入产品生产成本的各种生产经营费用，按照如何计入产品生产成本分类，可分为直接计入的生产费用（直接费用）和间接计入的生产费用（间接费用）。

1. 直接费用。直接费用是指企业为生产某一种产品或提供某一项劳务而发生的费用，一般包括直接材料、直接人工、其他直接支出等。直接材料是指企业为生产某种产品直接耗用的原材料、辅助材料、燃料、包装物、低值易耗品以及其他直接材料。直接人工是指企业直接从事产品生产人员的工资、奖金、津贴、补贴及福利费等。这些费用一般在发生时，就明确知道是为生产哪种产品发生的，因而可以直接计入该种产品的生产成本。

2. 间接费用。间接费用又称为制造费用，是指企业生产部门为生产多种产品或提供多项劳务而发生的共同性费用。例如，车间生产管理人员的工资及福利费用，车间所发生的固定资产折旧费、办公费、水电费、取暖费、保险费等。这些费用在发生时，先通过制造费用进行归集，期末再按照一定的分配标准，将其分配计入各种产品的生产成本。

直接费用和间接费用都与企业产品的生产有着直接和间接的关系，它们按照一定种类和数量的产品进行归集，就形成了产品的生产成本，即制造成本。

需要注意的是，企业发生的各项期间费用与企业产品生产没有直接关系，不计入产品成本，而应直接计入当期损益。期间费用包括管理费用、财务费用和销售费用。管理费用，是指企业为组织和管理企业生产经营活动而发生的各项费用。财务费用，是指企业为筹集资金而发生的各项费用。销售费用，是指企业在销售产品或提供劳务过程中发生的各项费用以及专设销售机构的各项经费。

二、生产过程核算应设置的主要账户

生产过程核算主要涉及"生产成本"账户和"制造费用"账户。其中,"制造费用"账户已在本章第四节介绍,这里不再赘述。

"生产成本"账户是成本类账户,用来核算企业在产品生产过程中发生的各种生产费用。借方登记本期发生的全部生产费用,包括直接材料、直接人工以及期末按一定方法分配计入产品生产成本的制造费用;贷方登记结转完工入库产品的生产成本;期末余额在借方,表示尚未完工的在产品成本。该账户可按基本生产成本和辅助生产成本进行明细核算。

基本生产成本一般按生产车间和成本核算对象(产品的品种、类别、订单、批别、生产阶段等)设置明细分类账(或成本计算单),进行明细分类核算,并按规定的成本项目设置专栏。

"生产成本"账户的结构如下:

借方	生产成本	贷方
期初余额:期初尚未完工的在产品的实际生产成本		
本期发生额:本期发生的全部生产费用,包括直接材料、直接人工以及期末按一定方法分配计入产品生产成本的制造费用	本期发生额:结转完工入库产品的生产成本	
期末余额:期末尚未完工的在产品的实际生产成本		

三、生产过程主要经济业务的核算

(一) 材料费用的归集和分配

材料采购入库后形成物资储备,而当材料从仓库中领出用于产品生产或其他方面时,其又转化为材料费用,应根据其用途分别计入有关成本费用账户。

领料时,相关人员应在"领料单"上按车间、部门和用途等登记材料的领用情况。会计在月末时,应当根据当月的"领料单",汇总编制"发出材料汇总表",并根据该表编制"材料费用分配表",按受益对象、车间、部门和用途等对本月的材料费用进行归集和分配。

对于直接用于某种产品生产、构成产品实体的材料费,应当作为"直接材料"成本项目,直接记入该产品的"生产成本"账户;对于由几种产品共同耗用、应由这些产品共同负担的材料费用,应选择适当的标准在各种产品之间进行分配后,分别计入各产品生产成本中的"直接材料"成本项目;被车间等直接生产部门领用用于组织、管理生产,不易直接分清车间各产品应负担的数额的材料费,应作为间接费用,先记入"制造费用"账户,月末再分配计入各产品成本;被行政管理部门、销售部门所消耗的材料费,不计入产品的成本,应作为期间费用,记入"管理费用""销售费用"等账户。

在确定发出材料的实际成本时,企业可以第三节介绍的采用先进先出法、加权平均法、移动加权平均法、个别计价法等方法。

【例4-25】假设云山公司有一个生产车间,该车间生产A产品和B产品两种产品。云山公司2021年12月的发出材料汇总如表4-6所示,请根据本月"发出材料汇总表"编制"材料费用分配表",并编制相应的会计分录。

表4-6　　　　　　　　　　发出材料汇总

单位名称:云山公司　　　　　　2021年12月

用途	甲材料			乙材料			丙材料			合计（元）
	数量（千克）	单价（元）	金额（元）	数量（千克）	单价（元）	金额（元）	数量（千克）	单价（元）	金额（元）	
生产A产品耗用	400	210	84 000	600	120	72 000	500	160	80 000	236 000
生产B产品耗用	—	—	—	300	120	36 000	600	160	96 000	132 000
小计	400	210	84 000	900	120	108 000	1 100	160	176 000	368 000
车间一般耗用	200	210	42 000	—	—	—	—	—	—	42 000
行政管理部门耗用	—	—	—	30	120	3 600	—	—	—	3 600
合计	600	210	126 000	930	120	111 600	1 100	160	176 000	413 600

根据本月的"发出材料汇总表",编制本月的"材料费用分配表",如表4-7所示。

该笔经济业务的发生,使企业库存材料减少413 600元,应记入"原材料"账户的贷方,同时由于耗用材料,使成本费用增加了413 600元,其中直接用于生产A产品、B产品的为368 000元,应记入"生产成本"账户的借方,车间一般耗用42 000元,应记入"制造费用"账户的借方,行政管理部门耗用3 600元,应记入"管理费用"账户的借方。编制会计分录如下:

借:生产成本——A产品(直接材料)　　　　　236 000
　　　　　　——B产品(直接材料)　　　　　132 000
　　制造费用　　　　　　　　　　　　　　　42 000
　　管理费用　　　　　　　　　　　　　　　3 600
　　贷:原材料——甲材料　　　　　　　　　126 000
　　　　　　——乙材料　　　　　　　　　111 600
　　　　　　——丙材料　　　　　　　　　176 000

表 4-7　　　　　　　　　　材料费用分配表

单位名称：云山公司　　　　　　2021 年 12 月　　　　　　　　　　单位：元

应借项目		成本项目	直接计入				分配计入	材料费用合计
			甲材料	乙材料	丙材料	小计		
生产成本	A 产品	直接材料	84 000	72 000	80 000	236 000	0	236 000
	B 产品	直接材料	0	36 000	96 000	132 000	0	132 000
	小计		84 000	108 000	176 000	368 000	0	368 000
制造费用		机物料	42 000	0	0	42 000	0	42 000
管理费用		机物料	0	3 600	0	3 600	0	3 600
合计			126 000	111 600	176 000	413 600	0	413 600

（二）职工薪酬的归集和分配

1. 职工薪酬的含义与分类。

（1）职工的范围。我国《企业会计准则》规定，职工薪酬中所指的职工包括以下三类人员：

①与企业订立正式劳动合同的所有人员，含全职、兼职和临时职工。按照《劳动法》和《劳动合同法》的规定，企业作为用人单位与劳动者应当订立劳动合同，职工包括这部分人员，即与企业订立了固定期限、无固定期限和以完成一定的工作作为期限的劳动合同的所有人员。

②虽未与企业订立正式劳动合同但由企业正式任命的人员，如公司董事会成员、监事会成员等。企业设立董事会和监事会的，对其支付的津贴、补贴等报酬从性质上属于职工薪酬。

③在企业的计划和控制下，虽未与企业订立劳动合同或未由其正式任命，但向企业所提供服务与职工所提供服务类似的人员，如通过企业与劳务中介公司签订用工合同而向企业提供服务的人员。如果企业不使用这些劳务用工人员，也需要雇佣职工订立劳动合同提供类似服务，因此，这些劳务用工人员属于职工的范畴。

（2）职工薪酬的含义。职工薪酬，是指企业为获得职工提供的服务或解除劳动关系而给予的各种形式的报酬或补偿。职工薪酬既包括职工在职期间和离职后给予的所有货币性薪酬和非货币性福利，也包括提供给职工配偶、受赡养人、已故员工遗属以及其他受益人的福利，还包括以商业保险形式提供给职工的保险待遇等。

（3）职工薪酬的分类。企业会计准则规定，职工薪酬主要分为短期薪酬、离职后福利、辞退福利和其他长期职工福利。

①短期薪酬。短期薪酬，是指企业预期在职工提供相关服务的年度报告期间结束后十二个月内将全部予以支付的职工薪酬，因解除与职工的劳动关系给予的补偿除外。因解除与职工的劳动关系给予的补偿属于辞退福利的范畴。短期薪酬的主要内容包括：

职工工资、奖金、津贴和补贴。这是指按国家有关规定构成职工工资总额的计时工资、计件工资、支付给职工的超额劳动报酬等的劳动报酬、为补偿职工特殊贡献或额外劳动消耗和因其他特殊原因而支付给职工的津贴,以及为保证职工工资水平不受物价影响而支付给职工的物价补贴等。企业的短期奖金计划属于短期薪酬,长期奖金计划属于其他长期职工福利。

职工福利费。这是指企业为职工提供的除职工工资、奖金、津贴和补贴、职工教育经费、社会保险费及住房公积金等以外的福利待遇支出,包括发给职工或为职工支付的以下各项现金补贴和非货币性福利:一是为职工卫生保健、生活等发放或支付的各项现金补贴和非货币性福利,包括职工因公外地就医费用、职工医疗费用、防暑降温费等;二是企业尚未分离的内设集体福利部门所发生的设备、设施和人员费用;三是发放给在职职工生活困难补助以及按规定发生的其他职工福利支出,如丧葬补助费、抚恤费、职工异地安家费、独生子女费等。

医疗保险费、工伤保险费和生育保险费等社会保险费。这是指企业按照国家规定的基准和比例计算并向社会保险经办机构缴纳的医疗保险费、工伤保险费和生育保险费等。

住房公积金。这是指企业按照国家规定的基准和比例计算并向住房公积金管理机构缴存的住房公积金。

工会经费和职工教育经费。这是指企业为改善职工文化生活、为职工学习先进技术和提高文化水平和业务素质,用于开展工会活动和职工教育及职业技能培训等的相关支出。

非货币性福利。这是指企业以自产产品或外购商品发放给职工作为福利、将自己拥有的资产或租赁的资产无偿提供给职工使用等。

短期带薪缺勤。这是指企业支付工资或提供补偿的职工缺勤,包括休年假、病假、短期伤残、婚假、产假、丧假、探亲假等。

短期利润分享计划。这是指因职工提供服务而与职工达成的基于利润或其他经营成果提供薪酬的协议。长期利润分享计划属于其他长期职工福利。

其他短期薪酬。这是指除上述薪酬以外的其他为获得职工提供的服务而给予的短期薪酬。

②离职后福利。离职后福利,是指企业为获得职工提供的服务而在职工退休或与企业解除劳动关系后,提供的各种形式的报酬和福利,属于短期薪酬和辞退福利的除外。

离职后福利计划,是指企业与职工就离职后福利达成的协议,或者企业为向职工提供离职后福利制定的规章或办法等。离职后福利计划按其特征可以分为设定提存计划和设定受益计划。设定提存计划,是指向独立的基金缴存固定费用后,企业不再承担进一步支付义务的离职后福利计划,如养老保险费、失业保险费等。设定受益计划,是指除设定提存计划以外的离职后福利计划。企业应当采用预期累计福利单位法和适当的精算假设,确认和计量设定收益计划所产生的义务。

③辞退福利。辞退福利,是指企业在职工劳动合同到期之前解除与职工的劳

动关系，或者为鼓励职工自愿接受裁减而给予职工的补偿。

④其他长期职工福利。其他长期职工福利，是指除短期薪酬、离职后福利、辞退福利之外所有的职工薪酬，包括长期带薪缺勤、长期残疾福利、长期利润分享计划等。

本教材主要介绍货币性短期薪酬的核算。

2. 核算职工薪酬应设置的主要账户。核算职工薪酬主要应设置"应付职工薪酬"账户。该账户是负债类账户，用来核算企业应付给职工的各种薪酬总额。贷方登记本月的应付职工薪酬总额，包括各种工资、奖金、津贴和福利费等；借方登记实际支付的职工薪酬数；余额一般在贷方，表示本月应付未付的职工薪酬。

该账户可以按照"工资""职工福利""社会保险费""住房公积金"等设置明细账户，进行明细分类核算。

"应付职工薪酬"账户的结构如下：

借方	应付职工薪酬	贷方
本期发生额：实际支付的职工薪酬数	期初余额：期初应付未付的职工薪酬 本期发生额：本月的应付职工薪酬总额，包括各种工资、奖金、津贴和福利费等	
	期末余额：期末应付未付的职工薪酬	

3. 职工薪酬的分配。企业应当在职工为其提供服务的会计期间，根据职工提供服务的受益对象，将应确认的职工薪酬全部计入相关资产成本或当期费用。应该由产品成本负担的直接人工费用，记入"生产成本"账户中的"直接人工"项目的借方；应该由产品成本负担的间接人工费用，记入"制造费用"账户的借方；应该由在建工程、无形资产负担的人工费用，记入"在建工程""固定资产""研发支出"或"无形资产"账户的借方；行政管理人员的人工费用应记入"管理费用"账户的借方；销售人员的人工费用应记入"销售费用"账户的借方等。

一般地，企业计算工资费用与实际发放工资的时间是不一致的，往往是先根据权责发生制的要求，依据考勤、产量等记录先计算本期应负担的工资费用，而实际发放的时间滞后。所以，计算出工资费用时，就形成企业对职工的负债，应同时记入"应付职工薪酬"账户的贷方。

职工薪酬的归集，必须有一定的原始记录作为依据：计时工资，以考勤记录中的工作时间记录为依据；计件工资，以产量记录中的产品数量和质量记录为依据；计时工资和计件工资以外的各种奖金、津贴、补贴等，按照国家和企业的有关规定计算。在对企业职工薪酬进行核算时，首先，根据职工所属部门、职工岗位及级别、出勤等情况按月编制"工资结算汇总表"；其次，根据"工资结算汇总表"编制"职工薪酬分配表"；最后，根据"工资结算汇总表"和"职工薪酬分配表"进行相关的账务处理。

【例4-26】承〖例4-25〗，假设云山公司2021年12月编制的"工资结算汇总表"如表4-8所示。

表4-8　　　　　　　　　　　　　工资结算汇总表

编制单位：云山公司　　　　　　　　2021年12月　　　　　　　　　　　　单位：元

部门		姓名	基本工资	奖金	津贴	应付工资	社保公积金	个人所得税	实付工资	签名
生产车间	A产品生产工人	赵刚	4 500	1 800	1 500	7 800	1 387	42.39	6 370.61	
		齐力	4 000	1 200	1 500	6 700	1 273	12.81	5 414.19	
		李伟	4 000	1 600	1 500	7 100	1 425	20.25	5 654.75	
		高宇	4 000	1 600	1 500	7 100	1 349	22.53	5 728.47	
		白云	3 500	1 800	1 000	6 300	1 197	3.09	5 099.91	
		张家栋	3 500	800	1 000	5 300	1 007	0.00	4 293.00	
		……	……	……	……	……	……	……	……	
		小计	53 000	46 000	22 000	121 000	22 990	113.85	97 896.15	
	B产品生产工人	钱思昌	4 000	1 000	1 500	6 500	1 235	7.95	2 673.00	
		吴刚强	4 000	1 200	1 500	6 700	1 273	12.81	2 511.00	
		周海涛	4 000	2 000	1 500	7 500	1 425	32.25	3 797.79	
		卢杰	4 000	1 900	1 500	7 400	1 406	29.82	3 321.00	
		刘敏	4 000	2 000	1 000	7 000	1 330	20.10	4 033.50	
		汤加业	3 500	900	1 000	5 400	1 026	0.00	2 025.00	
		……	……	……	……	……	……	……	……	
		小计	45 000	45 000	23 500	113 500	21 565	128.55	91 806.45	
	管理人员	蒋涛	4 100	3 600	1 000	8 700	1 653	61.41	3 719.22	
		小计	4 100	3 600	1 000	8 700	1 653	61.41	7 040.22	
企业行政管理部门		柳眉	6 800	1 800	1 200	9 800	1 862	88.14	4 974.80	
		李浩杰	6 000	1 800	1 200	9 000	1 710	68.70	4 033.50	
		鲁明	4 000	1 000	1 000	6 000	1 140	0.00	3 954.93	
		陈育伟	4 000	1 000	1 000	6 000	1 140	0.00	3 078.00	
		李欣然	3 600	800	500	4 900	931	0.00	2 592.00	
		林宇洋	3 600	500	500	4 600	874	0.00	2 592.00	
		……	……	……	……	……	……	……	……	
		小计	61 500	10 500	6 900	78 900	14 991	178.68	63 675.69	
合计			163 600	105 100	53 400	322 100	61 199	482.49	260 418.51	

注：这里的社保公积金包括养老保险金、医疗保险费、住房公积金等"五险一金"中需要由个人承担的部分。个人承担的这部分应由企业先从职工工资中扣除，再分别缴存至当地的社会保险中心和职工个人的住房公积金账户。在实际工作中，这几项应该在计算工资时分项计算并从工资中扣除，本教材为了简化将其合并为一项统一计算。

①根据本月的"工资结算汇总表"编制"职工薪酬分配表"。根据表 4-8 "工资结算汇总表",我们可以编出本月的"职工薪酬分配表",如表 4-9 所示。

表 4-9　　　　　　　　　　职工薪酬分配表

编制单位:云山公司　　　　　　2021 年 12 月　　　　　　　　　　单位:元

应借科目		成本项目	生产工人职工薪酬	其他人员职工薪酬	职工薪酬合计
生产成本	A 产品	直接人工	121 000		121 000
	B 产品	直接人工	113 500		113 500
	小计		234 500		234 500
制造费用		人工		8 700	8 700
管理费用		人工		78 900	78 900
合计			234 500	87 600	322 100

②作出工资费用分配的会计分录。该笔经济业务的发生,使企业应付职工的工资增加了 322 100 元,应记入"应付职工薪酬"账户的贷方;同时也使企业的成本费用增加了 322 100 元,其中,A 产品、B 产品的生产工人工资 234 500 元属于直接生产费用,应记入"生产成本"账户的借方,车间管理人员的工资 8 700元属于间接的生产费用,应记入"制造费用"账户的借方,行政管理人员的工资 78 900 元,属于期间费用,应记入"管理费用"账户的借方。编制会计分录如下:

借:生产成本——A 产品(直接人工)　　　　　　　　121 000
　　　　　　——B 产品(直接人工)　　　　　　　　113 500
　　制造费用　　　　　　　　　　　　　　　　　　　8 700
　　管理费用　　　　　　　　　　　　　　　　　　　78 900
　　贷:应付职工薪酬——短期薪酬(工资)　　　　　322 100

4. 职工薪酬的支付。绝大多数企业直接通过银行发放工资,每月通过企业网银系统集中向员工个人账户发放工资、奖金等薪酬。银行支付工资后,企业应根据银行转来的有关单据,作支付工资的账务处理。一方面,根据全部职工薪酬的应发数,借记"应付职工薪酬"账户;另一方面,根据全部职工薪酬的实发数,减少企业的银行存款,贷记"银行存款"账户,根据从职工薪酬中扣除的个人所得税的部分,贷记"应交税费——应交个人所得税"账户,根据从职工薪酬中扣除的社保金和住房公积金等部分,贷记"其他应付款"等账户。

【例 4-27】承〖例 4-25〗,银行已根据本月的"工资结算汇总表",将本月的工资发放到每一位职工的储蓄账户。

根据表 4-8,本月的应付工资总额为 322 100 元,实付工资总额为 260 418.51

元。其中,从职工工资中扣除并准备上交税务部门的个人所得税为482.49元,扣除并准备缴存到社会保险中心或职工个人的住房公积金账户的为61 199元。编制会计分录如下:

借:应付职工薪酬——短期薪酬(工资) 322 100
　　贷:银行存款 260 418.51
　　　　应交税费——应交个人所得税 482.49
　　　　其他应付款——社保公积金 61 199.00

除了支付每月的职工工资外,企业发生的职工福利费支出也属于职工薪酬的一部分。职工福利费,主要是企业内设医务室、理发室、托儿所等集体福利机构人员的工资、医务经费、职工因公负伤赴外地就医路费、职工的生活困难补助,以及按照国家规定开支的其他职工福利支出。

国家没有明确规定职工福利费的计提基础和计提比例,企业应当根据历史经验数据和实际情况,合理预计当期应付职工薪酬。当期实际发生金额大于预计金额的,应当补提应付职工薪酬;当期实际发生金额小于预计金额的,应当冲回多提的应付职工薪酬。计提职工福利费时,生产工人的福利费,记入"生产成本"账户的"直接人工"成本项目的借方;生产车间行政管理人员的福利费,记入"制造费用"账户"福利费"成本项目的借方;厂部行政管理人员的福利费,记入"管理费用"账户"福利费"成本项目的借方;销售人员的福利费,记入"销售费用"账户"福利费"成本项目的借方,贷记"应付职工薪酬——短期薪酬(职工福利费)"账户。使用职工福利费时,借记"应付职工薪酬——短期薪酬(职工福利费)"账户,贷记"银行存款""库存现金"等账户。

【例4-28】云山公司本月发生下列有关职工福利费的业务:

①预提本月职工福利费35 900元。其中,A产品生产工人福利费12 300元,B产品生产工人福利费11 600元,车间管理人员福利费4 600元,公司行政管理人员福利费7 400元。

根据职工福利的受益对象,编制会计分录如下:

借:生产成本——A产品(直接人工) 12 300
　　　　　　——B产品(直接人工) 11 600
　　制造费用——福利费 4 600
　　管理费用——福利费 7 400
　　贷:应付职工薪酬——短期薪酬(职工福利费) 35 900

②19日,以现金支付职工陈某生活困难补助1 000元。编制会计分录如下:

借:应付职工薪酬——短期薪酬(职工福利费) 1 000
　　贷:库存现金 1 000

(三)制造费用的归集和分配

1. 制造费用的含义。制造费用是企业的生产部门为组织和管理生产活动以及为生产活动服务而发生的费用,主要包括:(1)间接用于产品生产的费用,如车间的机物料消耗,车间生产用固定资产的折旧费和保险费,车间使用的运输费、照明费、取暖费、劳动保护费等。(2)车间用于组织和管理生产的费用,如车间管理人员的工资及福利费,车间管理用的水电费、办公费、差旅费等。(3)直接用于产品生产但不单独核算的项目,如设计制图费、试验费等。

2. 核算制造费用应设置的主要账户。制造费用主要通过"制造费用"账户进行归集和分配。该账户的账户结构和核算内容已经在本章第四节进行了介绍,这里不再赘述。

除此之外,企业还要设置与间接费用的发生相关的账户,如"累计折旧"等。

3. 制造费用的归集。制造费用是一种可以直接计入产品生产成本的间接费用,所以,企业每月先将上述费用归集到"制造费用"账户的借方,到月末时再将其借方发生总额按一定标准分配计入相关产品的成本。归集制造费用时,借记"制造费用"账户,贷记"原材料""应付职工薪酬""银行存款""累计折旧""库存现金"等账户。

在产品生产过程中,除了发生材料费、人工费、固定资产折旧费以外,还会发生诸如水电费、车间办公费、保险费、劳动保护费等间接费用。这些费用发生后,应先记入"制造费用"账户的借方。

【例4-29】假设云山公司在2021年12月还发生如下费用:

①12月水电费使用情况如下:车间耗用水电费1 800元,厂部办公、照明耗用水电费1 200元。公司用银行存款支付了全公司的水电费3 000元,假设不考虑相关的增值税。

该笔经济业务,使制造费用增加了1 800元,管理费用增加了1 200元,应分别记入"制造费用"账户借方和"管理费用"账户借方;同时,使银行存款减少了3 000元,应记入"银行存款"账户的贷方。编制会计分录如下:

借:制造费用　　　　　　　　　　　　　　　1 800
　　管理费用　　　　　　　　　　　　　　　1 200
　　贷:银行存款　　　　　　　　　　　　　　　3 000

②12月用银行存款支付本月的车间厂房租金5 000元。

该笔经济业务,一方面使制造费用增加了5 000元,应记入"制造费用"账户的借方;另一方面使银行存款减少了5 000元,应记入"银行存款"账户的贷方。编制会计分录如下:

借:制造费用　　　　　　　　　　　　　　　5 000
　　贷:银行存款　　　　　　　　　　　　　　　5 000

③12月用库存现金购买车间用办公用品300元。

该笔经济业务,一方面使制造费用增加了300元,应记入"制造费用"账户的借方;另一方面使库存现金减少了300元,应记入"库存现金"账户的贷方。编制会计分录如下:

借：制造费用　　　　　　　　　　　　　　　　　　　　　　300
　　贷：库存现金　　　　　　　　　　　　　　　　　　　　　　　300

4. 制造费用的分配。平时，各项间接费用在发生时，企业已将其归集到"制造费用"账户的借方；月末时，企业应将平时归集的制造费用在各受益对象之间采用适当的标准进行分配，计入各种产品的成本。

制造费用应当按车间分别进行分配，不应将各车间的制造费用汇总，在企业范围内统一分配。分配时，借记"生产成本"账户，贷记"制造费用"账户。

制造费用的分配方法很多，通常采用生产工人工时比例法、生产工人工资比例法、机器工时比例法和年度计划分配率法等方法。其计算公式如下：

制造费用分配率 = 制造费用总额 ÷ 各种产品分配标准总和

某产品应分配的制造费用 = 该产品的分配标准 × 制造费用分配率

【例 4-30】承【例 4-25】至【例 4-29】，2021 年 12 月末，云山公司将本月发生的制造费用通过分配转入生产成本。车间的制造费用按照机器工时的比例分配计入 A、B 两种产品的成本。A 产品本月机器工时 2 000 小时，B 产品本月机器工时 6 000 小时。

根据前面的【例 4-25】至【例 4-29】，当月各车间的制造费用计算如下：

车间制造费用 = 材料费 + 人工费 + 折旧费 + 水电费 + 厂房租金 + 车间办公费
　　　　　　 = 42 000 + 8 700 + 4 600 + 32 700 + 1 800 + 5 000 + 300
　　　　　　 = 95 100（元）

车间制造费用分配率 = 95 100 ÷ (2 000 + 6 000) = 11.887 5（元/工时）

A 产品应分配的制造费用 = 2 000 × 11.887 5 = 23 775（元）

B 产品应分配的制造费用 = 6 000 × 11.887 5 = 71 325（元）

根据上述计算数额和分配额，分别记入 A 产品和 B 产品的制造成本，从"制造费用"账户转入"生产成本"账户。编制会计分录如下：

借：生产成本——A 产品（制造费用）　　　　　　　　　　23 775
　　　　　　——B 产品（制造费用）　　　　　　　　　　71 325
　　贷：制造费用　　　　　　　　　　　　　　　　　　　　　95 100

（四）完工产品生产成本的计算与结转

1. 完工产品的含义。完工产品，是指已完成全部生产过程并验收入库的、符合标准规格和技术条件、可以对外销售的产品。

2. 完工产品生产成本的计算。产品完工后，应计算完工产成品的成本。每月月末，当月生产成本明细账中按照成本项目归集了本月的生产成本，但这并不是本月完工产品的成本。企业需要将月初在产品成本加上本月发生的生产成本，在本月完工产品和月末在产品之间进行分配，以计算出本月验收入库的完工产品的成本。完工产品成本和在产品成本之间的关系如下式所示：

本月完工产品成本 = 月初在产品成本 + 本月发生成本 - 月末在产品成本

企业应当根据在产品数量的多少、各月在产品数量变化的大小、各项成本比重的大小等具体条件，采用适当的分配方法将生产成本在完工产品和在产品之间进行分配。常用的分配方法有不计算在产品成本法、在产品按固定成本计价法、在产品按所耗直接材料成本计价法、约当产量比例法、定额比例法等。

3. 完工产品成本的结转。在会计核算中，主要通过设置"库存商品"账户核算完工产品的成本。该账户是资产类账户，用来核算企业库存的各种商品的实际成本。借方登记各种验收入库商品的实际成本；贷方登记发出商品的实际成本；余额在借方，表示库存商品的实际成本。该账户应按产成品的品种、规格设置明细账户，进行明细分类核算。

"库存商品"账户的结构如下：

借方	库存商品	贷方
期初余额：期初库存商品的实际成本		
本期发生额：各种验收入库商品的实际成本	本期发生额：发出商品的实际成本	
期末余额：期末库存商品的实际成本		

在会计实务中，会计往往根据"生产成本"明细分类账中各成本项目发生额，编制"产品成本计算单"，以计算完工产品的总成本和单位成本。根据计算出的完工产品成本和"产成品验收入库单"等凭证，借记"库存商品"账户，贷记"生产成本"账户。

【例4-31】承【例4-25】至【例4-30】，2021年12月，云山公司A产品和B产品本月的投产和完工情况如表4-10所示。

表4-10　　　　　　　　产成品投产和完工情况

编制单位：云山公司　　　　　2021年12月　　　　　　　单位：件

项目	A产品	B产品
月初在产品数量	150	50
本月投产数量	350	90
本月完工产品数量	500	100
月末在产品数量	0	40

A产品本月月末全部完工；B产品本月月末部分完工，部分未完工。假设云山公司期末在产品的成本按照定额成本标准计算，B在产品的定额单位成本为：直接材料800元，直接人工650元，制造费用269元。各完工产品已办理完验收入库手续。

首先，根据上述业务的会计分录，登记A产品、B产品的"生产成本"明细分类账，分别如表4-11和表4-12所示。

表4-11　　　　　　　　　　　　生产成本明细账

产品名称：A产品　　　　　　　　　　　　　　　　　　　　　　　　单位：元

年		凭证号码	摘要	借方			
月	日			直接材料	直接人工	制造费用	合计
略	略	略	期初余额	75 000	6 000	5 000	86 000
			生产领用材料	236 000			236 000
			分配生产工人工资		121 000		121 000
			分配生产工人福利费		12 300		12 300
			分配转入制造费用			23 775	23 775
			本月生产成本	236 000	133 300	23 775	393 075
			合计	311 000	139 300	28 775	479 075
			结转完工产品成本（500件）	311 000	139 300	28 775	479 075
			月末在产品成本	0	0	0	0

表4-12　　　　　　　　　　　　生产成本明细账

产品名称：B产品　　　　　　　　　　　　　　　　　　　　　　　　单位：元

年		凭证号码	摘要	借方			
月	日			直接材料	直接人工	制造费用	合计
略	略	略	期初余额	79 000	11 000	22 325	112 325
			生产领用材料	132 000			132 000
			分配生产工人工资		113 500		113 500
略	略	略	分配生产工人福利费		11 600		11 600
			分配转入制造费用			71 325	71 325
			本月生产成本	132 000	125 100	71 325	328 425
			合计	211 000	136 100	93 650	440 750
			结转完工产品成本（500件）	179 000	110 100	82 890	371 990
			月末在产品成本	32 000	26 000	10 760	68 760

其次，根据A产品和B产品的"生产成本"明细分类账，编制A产品和B产品的"完工产品成本计算单"，如表4-13所示。

表4-13　　　　　　　　完工产品制造成本计算单

2021年12月　　　　　　　　　　　　　　　单位：元

成本项目	A产品（500件）		B产品（100件）	
	总成本	单位成本	总成本	单位成本
直接材料	311 000	622.00	179 000	1 790.00
直接人工	139 300	278.60	110 100	1 101.00
制造费用	28 775	57.55	82 890	828.90
产品生产成本	479 075	958.15	371 990	3 719.90

根据表4-13，A完工产品和B完工产品的总成本与单位成本已计算确定，现根据"完工产品制造成本计算单"予以成本结转。产品完工入库，库存商品增加，应记入"库存商品"账户的借方；同时，企业生产成本减少，应记入"生产成本"账户的贷方。编制会计分录如下：

　　借：库存商品——A产品　　　　　　　　　　　　479 075
　　　　　　　　——B产品　　　　　　　　　　　　371 990
　　　贷：生产成本——A产品（直接材料）　　　　　311 000
　　　　　　　　　——A产品（直接人工）　　　　　139 300
　　　　　　　　　——A产品（制造费用）　　　　　 28 775
　　　　　　　　　——B产品（直接材料）　　　　　179 000
　　　　　　　　　——B产品（直接人工）　　　　　110 100
　　　　　　　　　——B产品（制造费用）　　　　　 82 890

结转后，A产品由于全部完工，其"生产成本"明细分类账户没有期末余额；B产品"生产成本"明细分类账户有借方余额68 760元，为月末40件在产品的成本。

〖例4-22〗和〖例4-25〗至〖例4-31〗中（不含〖例4-27〗）有关云山公司生产过程业务的账务处理可归纳为图4-7。

第六节　销售过程的核算

一、销售过程核算的主要内容

销售过程是制造业企业经营过程中的最后阶段。在销售过程中，企业将生产过程中完工的合格产品销售给购货单位，并按销售价格形成产品销售收入，按照结算制度规定办理货款结算；将已销产品的制造成本转入销售成本；按照国家税法规定交纳相关税金及附加。另外，企业在销售产品的过程中，还会发生各种费用，如包装费、运输费、装卸费、保险费、展览费、广告费以及为销售产品而专

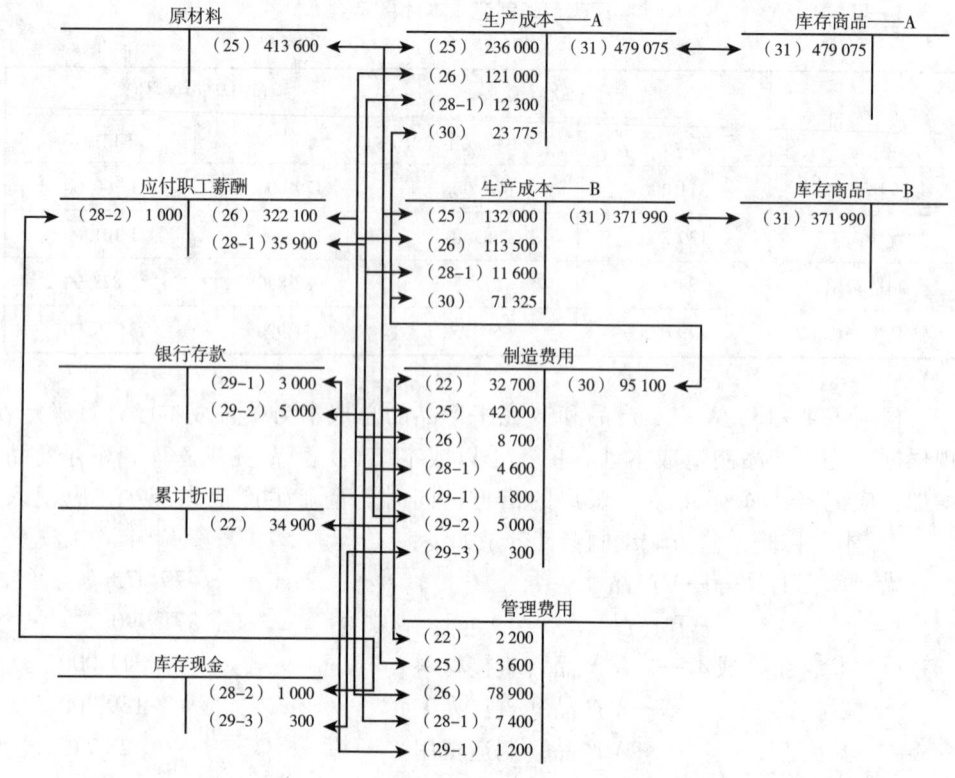

图 4-7 企业生产过程业务的账务处理

设的销售机构的职工工资、业务费等销售费用。制造业企业生产、销售产品是其主营业务，此外，企业还可能发生销售材料、出租包装物、出租固定资产、出租无形资产等其他业务。

因此，销售过程核算的主要业务内容包括：

（1）进行产品销售，确认产品销售收入，取得销货款或收取货款的权利；

（2）结转已销产品的销售成本；

（3）销售货款的结算；

（4）税金及附加的计算与交纳；

（5）广告费等销售费用的核算；

（6）其他业务的核算。

二、主营业务收支的核算

制造业企业的主营业务范围包括销售商品、自制半成品以及提供工业性劳务等。主营业务核算的主要内容包括主营业务收入的确认和计量、主营业务成本的计算与结转、销售费用的发生与归集、税金及附加的计算与缴纳、货款的结算等。在这一部分，我们主要介绍主营业务中商品销售业务的核算内容，包括商品销售收入的确认和计量、销售成本的计算与结转、税金及附加的计算与缴纳等。

(一) 商品销售收入的确认与计量

1. 收入的确认和计量。收入的确认和计量大致分为五步：第一步，识别与客户订立的合同；第二步，识别合同中的单项履约义务；第三步，确定交易价格；第四步，将交易价格分摊至各单项履约义务；第五步，履行各单项履约义务时确认收入。其中，第一步、第二步和第五步主要与收入的确认有关，第三步和第四步主要与收入的计量有关。

作为增值税一般纳税人的企业，产品销售时除了要收取商品销售价款外，还应向购货方收取增值税销项税额。期末时，以销项税额抵扣进项税额后，余额为应交纳的增值税。

2. 商品销售收入核算中应设置的主要账户。

（1）"主营业务收入"账户。该账户属于损益类账户中的收入类，用以核算企业主营业务取得的收入。制造业企业主营业务收入主要是销售产品（包括产成品、自制半成品、工业性劳务等）的收入。该账户贷方登记企业实现的主营业务收入，借方登记当期发生销货退回和销售折让等冲减的收入以及期末转入"本年利润"账户的收入额，结转后该账户无余额。

该账户一般按已销产品的类别和品种设置明细分类账户，进行明细分类核算。

"主营业务收入"账户的结构如下：

借方	主营业务收入	贷方
本期发生额：当期发生销货退回和销售折让等冲减的收入以及期末转入"本年利润"账户的收入额		本期发生额：本期实现的主营业务收入
		一般无期末余额

（2）"应收账款"账户。该账户属于资产类账户，用以核算企业因销售产品或提供劳务等应向购货单位或接受劳务单位收取的款项。借方登记发生的应收款项，贷方登记已收回的应收款项。余额一般在借方，表示企业尚未收回的应收账款。

该账户一般按购货单位设置明细分类账户，进行明细分类核算。

"应收账款"账户的结构如下：

借方	应收账款	贷方
期初余额：期初尚未收回的应收账款 本期发生额：发生的应收款项		本期发生额：已收回的应收款项
期末余额：期末尚未收回的应收账款		

（3）"应收票据"账户。该账户属于资产类账户，用以核算企业销售产品或

提供劳务等而收到的购货单位或银行承兑的商业汇票的增减变动及其结余情况。借方登记企业收到的应收票据的增加,贷方登记因到期或贴现等原因导致应收票据的减少。余额一般在借方,表示企业期末尚未到期的应收票据。

该账户一般按购货单位设置明细分类账户,进行明细分类核算。"应收票据"账户的结构如下:

借方	应收票据	贷方
期初余额:期初尚未到期的应收票据 本期发生额:本期收到的商业汇票		本期发生额:因到期或贴现等原因导致应收票据的减少
期末余额:期末尚未到期的应收票据		

(4)"预收账款"账户。该账户属于负债类账户,用以核算企业按照合同规定向购货单位预收的款项。贷方登记向购货单位预收或补收的货款,借方登记发货后冲销的预收款项和退回购货单位多付的预付账款,期末余额一般在贷方,表示已预收尚未发货的款项。预收款项情况不多的企业,可以不设置"预收账款"账户,而将此业务在"应收账款"账户核算。

该账户一般按购货单位设置明细分类账户,进行明细分类核算。"预收账款"账户的结构如下:

借方	预收账款	贷方
		期初余额:期初已预收尚未发货进行结算的款项
本期发生额:发货后冲销的预收款项和退回购货单位多付的预付账款		本期发生额:向购货单位预收的货款
		期末余额:期末已预收尚未发货的款项

3. 商品销售业务的账务处理。企业确认商品销售收入时,根据从购货方已收取或应收取的合同或协议价款和增值税销项税额的合计,借记"银行存款""应收账款"等账户;根据从购货方已收取或应收取的合同或协议价款,贷记"主营业务收入"账户;根据从购货方已收取或应收取的增值税销项税额,贷记"应交税费——应交增值税(销项税额)"账户。

【例4-32】云山公司2021年12月发生以下销售经济业务:

①12月3日,向中天公司销售A产品800件,每件售价1 060元。开出的增值税专用发票上注明售价为848 000元,增值税税额为110 240元。产品已发出,款项已收到并存入银行。

该笔经济业务的发生,一方面使产品销售收入和应交增值税销项税额分别增加了848 000元和110 240元,应分别记入"主营业务收入"和"应交税费——应交增值税"账户的贷方;另一方面使银行存款增加了958 240元,应记入"银行存款"账户的借方。编制会计分录如下:

借：银行存款　　　　　　　　　　　　　　　　　　　958 240
　　贷：主营业务收入　　　　　　　　　　　　　　　　　848 000
　　　　应交税费——应交增值税（销项税额）　　　　　110 240

②12月10日，向万达公司销售B产品180件，每件售价4 600元。开出的增值税专用发票上注明售价为828 000元，增值税税额为107 640元。另外，云山公司以银行存款代垫运杂费5 000元。发出商品后，云山公司已向银行办妥托收手续，但款项尚未收到。

该笔经济业务的发生，一方面使产品销售收入和应交增值税销项税额分别增加了828 000元和107 640元，应分别记入"主营业务收入"和"应交税费——应交增值税"账户的贷方；另一方面使银行存款减少了5 000元，应记入"银行存款"账户的贷方；同时，向购货方收取的价款、增值税销项税额和代垫运杂费的合计数940 640元应记入"应收账款"账户的借方。编制会计分录如下：

借：应收账款——万达公司　　　　　　　　　　　　　940 640
　　贷：主营业务收入　　　　　　　　　　　　　　　　　828 000
　　　　应交税费——应交增值税（销项税额）　　　　　107 640
　　　　银行存款　　　　　　　　　　　　　　　　　　　5 000

③12月13日，收到银行的收款通知，万达公司12月10日所欠货款940 640元已收到入账。

该笔经济业务的发生，一方面使银行存款增加了940 640元，应记入"银行存款"账户的借方；另一方面使应收账款减少了940 640元，应记入"应收账款"账户的贷方。编制会计分录如下：

借：银行存款　　　　　　　　　　　　　　　　　　　940 640
　　贷：应收账款——万达公司　　　　　　　　　　　　　940 640

（二）商品销售成本的确认与计量

1. 商品销售成本的确认。企业销售商品后，库存的商品减少了，这表明企业发生了一定的费用，这种费用被称为商品销售成本。当销售商品获得商品销售收入时，企业应按照配比原则，在同一会计期间将销售发出同等数量的商品成本转化为主营业务成本。

2. 商品销售成本的计量。主营业务成本的计算公式如下：

本期应结转的主营业务成本 = 本期销售商品的数量 × 单位商品的生产成本

其中，单位商品的生产成本可以采用先进先出法、加权平均法、个别计价法等方法确定。存货发出的计价方法一经确定，不得随意变更。

3. 商品销售成本结转核算中应设置的主要账户。在结转商品销售成本时，主要通过"主营业务成本"账户进行核算。该账户属于损益类账户中的费用类，用以核算企业销售产品及提供工业性劳务等主营业务收入实现时应结转的成本。该账户借方登记已销产品、提供劳务等的实际成本，贷方登记当期发生销货退回的商品成本以及期末转入"本年利润"账户的销售成本，结转后该账户无余额。

该账户一般按已销产品类别和品种设置明细分类账户,进行明细分类核算。"主营业务成本"账户的结构如下:

借方	主营业务成本	贷方
本期发生额:已销产品、提供劳务等的实际成本		本期发生额:当期发生销货退回的商品成本以及期末转入"本年利润"账户的销售成本
一般无期末余额		

4. 商品销售成本结转的账务处理。结转销售商品的成本时,按计算出的应结转成本,借记"主营业务成本"账户,贷记"库存商品"账户。

【例4-33】承〖例4-32〗,12月末,云山公司结转本月已售A产品、B产品的生产成本。A产品800件,单位成本850元,共计680 000元;B产品180件,单位成本3 500元,共计630 000元。

该笔经济业务的发生,一方面使企业的库存商品减少了1 310 000元,应记入"库存商品"账户的贷方;另一方面使企业产品销售成本增加了1 310 000元,应记入"主营业务成本"账户的借方。编制会计分录如下:

借:主营业务成本　　　　　　　　　　　　　1 310 000
　　贷:库存商品——A产品　　　　　　　　　　680 000
　　　　　　——B产品　　　　　　　　　　　　630 000

〖例4-32〗和〖例4-33〗中云山公司主营业务收支的账务处理可归纳为图4-8。

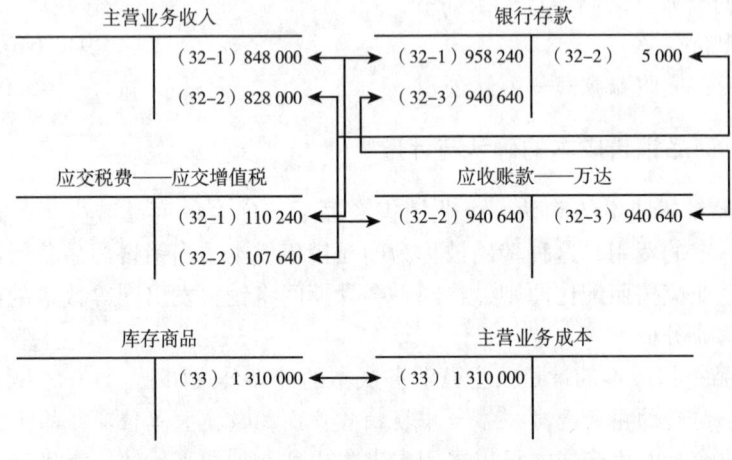

图4-8　云山公司主营业务收支业务的账务处理

三、其他业务收支的核算

(一)其他业务收支的含义

企业在经营过程中,除了主营业务之外,还可能发生一些非经常性的、属于兼营性质的其他业务。例如，对外销售不需用的原材料、随同商品对外销售单独计价的包装物、出租包装物、出租固定资产、出租无形资产等业务。

（二）核算其他业务收支应设置的主要账户

核算其他业务收支主要通过"其他业务收入""其他业务成本"等账户。

1. "其他业务收入"账户。该账户属于损益类账户中的收入类，用以核算企业主营业务以外的其他业务收入，如销售材料、出租固定资产、出租包装物等取得的收入。贷方登记取得的其他业务收入，借方登记期末转入"本年利润"账户的数额，结转后本账户无余额。

该账户应按其他业务的种类设置明细账户，进行明细分类核算。"其他业务收入"账户的结构如下：

借方	其他业务收入	贷方
本期发生额：当期发生销货退回和销售折让等冲减的收入以及期末转入"本年利润"账户的收入额	本期发生额：本期实现的其他业务收入	
	一般无期末余额	

2. "其他业务成本"账户。该账户属于损益类账户费用类，用以核算企业其他业务收入实现时应结转的成本。借方登记企业其他业务发生的各项支出，贷方登记期末转入"本年利润"账户的其他业务支出的数额，结转后本账户无余额。

该账户一般按其他业务的种类设置明细分类账户，进行明细分类核算。"其他业务成本"账户的结构如下：

借方	其他业务成本	贷方
本期发生额：其他业务发生的各项支出	本期发生额：当期发生销货退回的成本以及期末转入"本年利润"账户的其他业务成本	
一般无期末余额		

（三）其他业务收支的账务处理

企业取得的其他业务收入应记入"其他业务收入"账户；同时，按照配比原则，这些业务所发生的相关成本应记入同一会计期间的"其他业务成本"账户。

【例4-34】2021年12月18日，云山公司向东方公司销售多余的甲材料一批，开具的增值税专用发票上注明的售价为218 000元，增值税额为28 340元，款项已由银行收妥。该批材料的实际成本为150 000元。

①销售实现时：

该笔经济业务的发生，一方面使材料销售收入和应交增值税销项税额分别增加了218 000元和28 340元，应分别记入"其他业务收入"和"应交税费——应交增值税"账户的贷方;另一方面使企业的银行存款增加了 246 340 元,应记入"银行存款"账户的借方。编制会计分录为:

  借:银行存款   246 340
    贷:其他业务收入   218 000
      应交税费——应交增值税(销项税额) 28 340

②结转成本时:

该笔经济业务的发生,一方面使企业的原材料减少了 150 000 元,应记入"原材料"账户的贷方;另一方面使企业材料销售成本增加了 150 000 元,应记入"其他业务成本"账户的借方。编制会计分录如下:

  借:其他业务成本   150 000
    贷:原材料——甲材料   150 000

四、税金及附加的核算

(一) 税金及附加的含义

企业在经营活动中按规定应向国家税务机关缴纳一定比例的税金及附加,包括消费税、城市维护建设税、资源税和教育费附加等相关税费。

消费税是对生产、委托加工及进口应税消费品(主要指烟、酒、化妆品、高档次及高能耗的消费品)征收的一种税。消费税的计税方法主要有从价定率、从量定额及从价定率和从量定额复合计税三种。从价定率是根据商品销售价格和规定的税率计算应交消费税;从量定额是根据商品销售数量和规定的单位税额计算应交消费税;复合计税是两者的结合。消费税的计算公式如下:

应交消费税=应税销售额(销售量)×消费税税率(单位税额)

城市维护建设税和教育费附加是对从事生产经营活动的单位和个人,以其实际缴纳的增值税、消费税等为依据,按照纳税人所在地适用的不同税率计算征收的一种税上税。

应交城市维护建设税=(增值税+消费税)×城市维护建设税税率
应交教育费附加=(增值税+消费税)×教育费附加费率

(二) 核算税金及附加应设置的主要账户

核算企业税金及附加要设置"税金及附加"账户。该账户属于损益类账户中的费用类,用以核算企业因销售产品、提供工业性劳务等负担的税金及附加,包括消费税、资源税、城市维护建设税和教育费附加等。借方登记按规定计算的各种税金及附加,贷方登记期末转入"本年利润"账户的税金及附加。结转后该账户无余额。

"税金及附加"账户的结构如下:

借方	税金及附加	贷方
本期发生额：归集实际发生的税金及附加	本期发生额：期末结转到"本年利润"账户的数额	
一般无期末余额		

（三）税金及附加的账务处理

企业按规定计算出应交的各项税费，一方面使企业的税费支出增加，应记入"税金及附加"等账户的借方；另一方面由于该部分税费尚未上缴，使企业应交税费这项负债增加，应记入"应交税费"账户的贷方。

【例4-35】云山公司计算出2021年12月应交消费税41 400元，应交城市维护建设税5 530元，应交教育费附加费2 370元。

该笔经济业务的发生，一方面使企业的税金及附加增加了49 300元，应记入"税金及附加"账户的借方；另一方面由于税费尚未支付，使企业的应交税费增加了49 300元，应记入"应交税费"账户的贷方。编制会计分录如下：

借：税金及附加　　　　　　　　　　　　49 300
　　贷：应交税费——应交消费税　　　　　　　41 400
　　　　　　　——应交城市维护建设税　　　　 5 530
　　　　　　　——应交教育费附加　　　　　　 2 370

第七节　财务成果形成与分配的核算

财务成果，是指企业在一定时期内进行生产经营活动的最终成果，即企业实现的利润或发生的亏损。它是综合反映企业经济效益和工作质量的一个重要指标。企业在完成一个经营周期后，就要确定它的经营成果，即一定期间企业经营获得的各项收入与各项费用相抵后的差额。若收入大于费用，则差额为利润，表明企业当期的收入抵补全部费用后有盈余；若收入小于费用，则差额为亏损，表明企业当期的收入不足以抵补当期发生的费用。在实际工作中，企业通常在期末（月末、季末、半年末、年末）按照配比原则的要求，将本期内实现的收入与费用进行配比后而产生的结果确认为本期的利润或亏损。企业实现的利润，在扣除所得税费用后，应当按照国家的有关规定进行分配。

一、利润的构成

企业的利润，一般主要是通过生产经营活动而获得的，但是，也有通过投资活动而获得的，还可能包括那些与生产经营活动无直接关系的偶发事项而引起的盈亏。我国《企业会计准则》规定，企业利润总额一般包括营业利润和营业外收支净额两部分；当期利润总额扣除所得税费用后，即为当期的净利润。

（一）营业利润

营业利润是企业利润的主要来源，其计算公式为：

营业利润＝营业收入－营业成本－税金及附加－管理费用－财务费用－销售费用－资产减值损失－信用减值损失＋公允价值变动收益（－公允价值变动损失）＋投资收益（－投资损失）＋其他收益＋资产处置收益（－资产处置损失）

其中，营业收入是指企业日常经营活动所确认的收入总额，包括主营业务收入和其他业务收入。营业成本是指企业日常经营活动所发生的实际成本总额，包括主营业务成本和其他业务成本。资产减值损失是指企业计提各项资产减值准备所形成的损失。公允价值变动收益（或损失）是指企业交易性金融资产等公允价值变动形成的应计入当期损益的利得（或损失）。投资收益（或损失）是指企业以各种方式对外投资所取得的收益（或发生的损失）。

（二）利润总额

利润总额是企业在该会计期间取得的总经营成果。其计算公式如下：

利润总额＝营业利润＋营业外收入－营业外支出

其中，营业外收入是指企业发生的与其日常经营活动无直接关系的各项收入，是直接计入当期利润的利得。营业外支出是指企业发生的与其日常经营活动无直接关系的各项损失。

（三）净利润

按照税法的规定，企业获取利润后，应按一定比例交纳企业所得税，而企业交纳的企业所得税应作为一项费用计入当期损益。

净利润是指利润总额扣除企业的所得税费用后的余额。其计算公式如下：

净利润＝利润总额－所得税费用

二、营业利润形成过程的核算

营业利润的计算公式为：

营业利润＝营业收入－营业成本－税金及附加－管理费用－财务费用－销售费用－资产减值损失－信用减值损失＋公允价值变动收益（－公

允价值变动损失) +投资收益(-投资损失) +其他收益 +资产处置收益(-资产处置损失)

我们在前面已经介绍了营业收入、营业成本和税金及附加的核算,在这里主要介绍管理费用、财务费用和销售费用这三项期间费用及投资收益的核算。

(一) 期间费用的核算

1. 期间费用的含义。期间费用是指不能直接归属于某个特定产品成本,而应直接计入当期损益的各种费用。期间费用主要包括管理费用、财务费用和销售费用等。

管理费用,是指企业为组织和管理企业生产经营所发生的管理费用,包括企业的董事会和行政管理部门在企业的经营管理中发生的,或者应当由企业统一负担的公司经费(包括行政管理部门职工工资及福利费、物料消耗、低值易耗品摊销、办公费和差旅费等)、工会经费、董事会费(包括董事会成员津贴、会议费和差旅费等)、聘请中介机构费、咨询费(含顾问费)、诉讼费、业务招待费、技术转让费、矿产资源补偿费、研究费用以及企业车间(部门)和行政管理部门发生的固定资产修理费用等。

财务费用,是指企业为筹集生产经营所需资金等而发生的筹资费用,包括利息支出(减利息收入)、汇兑损益以及相关的手续费等。

销售费用,是指企业销售商品和材料、提供劳务过程中所发生的各种费用,包括运输费、包装费、装卸费、保险费、展览费、广告费、商品维修费、预计产品质量保证损失和为销售本企业产品而专设销售机构(含销售网点、售后服务网点等)的经费。

期间费用是企业日常活动中所发生的经济利益的流出。之所以不计入成本核算对象,主要是因为期间费用是为组织和管理企业整个经营活动所发生的费用,与可以确定成本核算对象的材料采购、产成品生产等支出没有直接关系,因而期间费用不计入有关核算对象,而是直接计入当期损益。

2. 核算期间费用应设置的主要账户。期间费用的核算主要应设置"管理费用""财务费用""销售费用""其他应收款"等账户,"管理费用""销售费用""财务费用"账户已分别在本章第二节、第三节介绍,这里不再赘述。

"其他应收款"账户属于资产类账户,用以核算企业除应收票据、应收账款、预付账款以外的其他各种应收、暂付款项。其主要内容包括:(1)应收的各种赔款、罚款;(2)应收的出租包装物租金;(3)应向职工收取的各种垫付款项;(4)存出保证金;(5)其他各种应收、暂付款项。

该账户借方登记发生的各种其他应收款,贷方登记因收回等原因而减少的其他应收款。余额一般在借方,表示企业期末尚未收回的其他应收款。

该账户一般按债务人设置明细分类账户,进行明细分类核算。"其他应收款"账户的结构如下:

借方	其他应收款	贷方
期初余额：期初尚未收回的其他应收款		
本期发生额：本期增加的其他应收款		本期发生额：本期减少的其他应收款
期末余额：期末尚未收回的其他应收款		

3. 期间费用的账务处理。企业发生各项期间费用时，应根据发生额，借记"管理费用""财务费用""销售费用"等账户，贷记"银行存款"等账户；期末，企业应将转账前余额结转到本年利润，借记"本年利润"账户，贷记"管理费用""财务费用""销售费用"等账户，结转后应无余额。

【例4-36】假定云山公司2021年12月发生下列经济业务：

①12月2日，行政人员鲁某因出差前来借差旅费2 000元，以现金支付。

该笔经济业务的发生，一方面使企业对鲁某的债权增加了2 000元，应记入"其他应收款"账户的借方；另一方面使企业的库存现金减少了2 000元，应记入"库存现金"账户的贷方。编制会计分录如下：

借：其他应收款——鲁某　　　　　　　　　　　　　　2 000
　　贷：库存现金　　　　　　　　　　　　　　　　　　2 000

②12月9日，鲁某出差回来报销差旅费1 600元，余款退回现金。

该笔经济业务的发生，一方面使企业的管理费用增加了1 600元，应记入"管理费用"账户的借方，库存现金增加了400元，应记入"库存现金"账户的借方；另一方面使企业对鲁某的债权减少了2 000元，应记入"其他应收款"账户的贷方。编制会计分录如下：

借：管理费用　　　　　　　　　　　　　　　　　　　1 600
　　库存现金　　　　　　　　　　　　　　　　　　　　400
　　贷：其他应收款——鲁某　　　　　　　　　　　　 2 000

③12月11日，开出支票，行政管理部门购买办公用品7 000元。

该笔经济业务的发生，一方面使企业的管理费用增加7 000元，应记入"管理费用"账户的借方；另一方面使企业的银行存款减少了7 000元，应记入"银行存款"账户的贷方。编制会计分录如下：

借：管理费用　　　　　　　　　　　　　　　　　　　7 000
　　贷：银行存款　　　　　　　　　　　　　　　　　　7 000

【例4-37】2021年12月，云山公司发生如下销售费用（假设不考虑相关税金）：

①12月1日，为宣传产品发生广告费6 000元，款项已用银行存款支付。该笔经济业务的发生，一方面使企业的销售费用增加了6 000元，应记入"销售费用"账户的借方；另一方面使企业的银行存款减少了6 000元，应记入"银行存款"账户的贷方。编制会计分录如下：

借：销售费用　　　　　　　　　　　　　　　　　　　6 000
　　贷：银行存款　　　　　　　　　　　　　　　　　　6 000

②12月3日，销售A产品的过程中发生运输费2 000元，装卸费800元，均用银行存款支付。

该笔经济业务的发生，一方面使企业的销售费用增加了2 800元，应记入"销售费用"账户的借方；另一方面使企业的银行存款减少了2 800元，应记入"银行存款"账户的贷方。编制会计分录如下：

  借：销售费用   2 800
    贷：银行存款   2 800

③12月17日，用银行存款支付产品保险费1 200元。

该笔经济业务的发生，一方面使企业的销售费用增加了1 200元，应记入"销售费用"账户的借方；另一方面使企业的银行存款减少了1 200元，应记入"银行存款"账户的贷方。编制会计分录如下：

  借：销售费用   1 200
    贷：银行存款   1 200

（二）投资收益的核算

企业除了进行正常的生产经营活动，还可以货币资金、实物资产等形式投资于债券、股票、基金或其他资产等，以获取投资收益。因对外投资而产生的收益或损失都将影响企业当期的营业利润。

为了核算企业的投资损益，需要设置"投资收益"账户。该账户属于损益类账户，用以核算企业对外投资所取得的收益或发生的损失。贷方登记对外投资取得的收益，借方登记对外投资发生的损失。期末转账前余额若在贷方，表明投资净收益，应将本账户的余额转入"本年利润"账户的贷方，结转后应无余额；期末转账前余额若在借方，表明投资净损失，应将本账户的余额转入"本年利润"账户的借方，结转后应无余额。

该账户一般按投资种类设置明细分类账户，进行明细分类核算。"投资收益"账户的结构如下：

借方	投资收益	贷方
本期发生额：对外投资发生的损失和期末结转到"本年利润"账户贷方的投资净收益		本期发生额：对外投资发生的收益和期末结转到"本年利润"账户借方的投资净损失
	一般无期末余额	

【例4-38】 假定云山公司2021年12月20日收到国债利息收入33 000元，所得款项已存入银行。

该笔经济业务的发生，一方面使企业的银行存款增加33 000元，应记入"银行存款"账户的借方；另一方面使企业获得了投资收益33 000元，应记入"投资收益"账户的贷方。编制会计分录如下：

  借：银行存款   33 000

贷：投资收益　　　　　　　　　　　　　　　　　　　　　　33 000

三、利润总额形成过程的核算

利润总额的计算公式为：

利润总额 = 营业利润 + 营业外收入 - 营业外支出

前面已学习了营业利润形成过程的核算，在这里主要介绍营业外收支的核算。

企业的营业外收支是指与企业正常的生产经营业务没有直接关系的各项收入和支出，包括营业外收入和营业外支出。

（一）营业外收入

1. 营业外收入的含义。营业外收入是指企业发生的与企业日常活动没有直接关系的各项利得，主要包括罚没利得、与企业日常活动无关的政府补助利得、捐赠利得、盘盈利得等。这些利得不是由企业经营资金耗费所产生的，一般不需要企业付出代价，因而无法与有关的费用支出相配比。

2. 核算营业外收入应设置的主要账户。企业一般设置"营业外收入"账户对营业外收入进行核算。该账户属于损益类账户，贷方登记企业发生的各项营业外收入，借方登记期末转入"本年利润"账户的数额，结转后应无余额。

该账户应按收入项目设置明细账，进行明细分类核算。"营业外收入"账户的结构如下：

借方	营业外收入	贷方
本期发生额：期末转入"本年利润"账户的数额	本期发生额：发生的各项营业外收入	
	一般无期末余额	

3. 营业外收入的账务处理。企业发生各项营业外收入时，应根据发生额，借记"银行存款""固定资产"等账户，贷记"营业外收入"账户；期末，企业应将营业外收入的贷方余额结转到本年利润，借记"营业外收入"账户，贷记"本年利润"账户。

（二）营业外支出

1. 营业外支出的含义。营业外支出是指企业发生的与企业日常活动没有直接关系的各项损失，主要包括罚款支出、公益性捐赠支出、盘亏损失、非常损失等。

2. 核算营业外支出应设置的主要账户。企业一般设置"营业外支出"账户对营业外支出进行核算。该账户属于损益类账户，借方登记企业发生的各项营业外支出，贷方登记期末转入"本年利润"账户的数额，结转后应无余额。

该账户应按支出项目设置明细分类账户,进行明细分类核算。"营业外支出"账户的结构如下:

借方	营业外支出	贷方
本期发生额:发生的各项营业外支出		本期发生额:期末转入"本年利润"账户的数额
一般无期末余额		

3. 营业外支出的账务处理。企业发生各项营业外支出时,应根据发生额,借记"营业外支出"账户,贷记"银行存款""固定资产"等账户;期末,企业应将营业外支出的借方余额结转到本年利润,借记"本年利润"账户,贷记"营业外支出"账户。

【例4-39】假定云山公司2021年12月发生下列经济业务:

①12月7日,向希望工程捐款3 000元,以银行存款支付。

该笔经济业务的发生,一方面使企业的营业外支出增加3 000元,应记入"营业外支出"账户的借方;另一方面使企业的银行存款减少3 000元,应记入"银行存款"账户的贷方。编制会计分录如下:

借:营业外支出　　　　　　　　　　　　　　　　3 000
　　贷:银行存款　　　　　　　　　　　　　　　　　　3 000

②12月12日,因供货单位违约,按合同规定收取违约金2 000元,存入银行。

该笔经济业务的发生,一方面使企业的银行存款增加2 000元,应记入"银行存款"账户的借方;另一方面使企业的营业外收入增加2 000元,应记入"营业外收入"账户的贷方。编制会计分录如下:

借:银行存款　　　　　　　　　　　　　　　　　2 000
　　贷:营业外收入　　　　　　　　　　　　　　　　　2 000

四、净利润形成过程的核算

净利润的计算公式为:

净利润 = 利润总额 – 所得税费用

利润总额的各个构成项目我们在前面已经作了全面的阐述。在利润总额的基础上,进行适当的纳税调整,依据所得税税率就可以计算所得税费用,进而确定净利润。

(一) 应交所得税和所得税费用

1. 应交所得税。按照税法规定,企业获得利润后,应按一定比例交纳企业所得税。企业所得税通常是按年计算,分期(按月或按季)预缴,年末汇算清缴，多退少补。

应交所得税，是指企业按照税法规定计算确定的针对当期发生的交易和事项，应交纳给税务部门的所得税金额，即当期应交所得税。计算公式为：

应交所得税 = 应纳税所得额 × 所得税税率

应纳税所得额 = 利润总额 + 纳税调整增加额 - 纳税调整减少额

这里需要注意的是，计算应交所得税的基础是应纳税所得额，而不是会计利润。会计利润是企业根据会计准则、会计制度等确认的收入与费用进行配比计算得出的税前会计利润，而应纳税所得额是根据税收法律、法规规定的收入和准予扣除的费用计算得出的企业纳税所得。

由于会计的目标是向信息使用者提供对其进行决策有用的信息，而税法的目的是确保税收收入的实现，两者目标的不同导致了收益确定上的差异，这一差异我们称为纳税调整项目。

2. 所得税费用。所得税费用，是指企业按规定从本期损益中扣除的所得税费用。计算本期所得税费用的基础往往是企业根据会计准则、会计制度等确认的收入与费用进行配比计算得出的税前会计利润。

当存在纳税调整事项时，当期所得税费用和应交所得税会不相等；而当不存在纳税调整事项时，当期所得税费用和应交所得税金额一致。由于纳税调整事项的核算比较复杂，在本教材中，为了简化核算，一般假设纳税调整事项为零。

（二）核算所得税费用应设置的主要账户

为了核算所得税费用，在会计上需要设置"所得税费用"账户。该账户属于损益类账户，用以核算企业按规定从本期损益中扣除的所得税费用。借方登记本期按照税法规定计算出的所得税费用额，贷方登记期末转入"本年利润"账户的所得税费用额，结转后该账户应无余额。

"所得税费用"账户的结构如下：

借方	所得税费用	贷方
本期发生额：发生的所得税费用		本期发生额：期末转入"本年利润"账户的数额
一般无期末余额		

（三）所得税费用的账务处理

企业计算出本期的所得税费用后，应借记"所得税费用"账户，贷记"应交税费——应交企业所得税"账户；期末，企业应将所得税费用的借方余额结转到本年利润，借记"本年利润"账户，贷记"所得税费用"账户。

经过这次结转，"本年利润"账户的贷方余额为税后净利润。

五、利润的计算与结转

(一) 利润的计算

按照我国会计制度的要求,企业一般应当按月核算利润,按月核算有困难的,经批准也可按季或按年核算利润。

【例 4-40】 2021 年 12 月 31 日,云山公司计算其 12 月的各项收入和费用,并计算其营业利润、利润总额和净利润。假设公司的所得税税率为 25%,无纳税调整事项,应税所得即为会计利润。

根据〖例 4-1〗至〖例 4-39〗(不含〖例 4-21〗)中云山公司 2021 年 12 月的有关业务内容,各损益类账户的登记如图 4-9(各记账金额前的序号为本章的例题编号)所示。

借方	主营业务收入		贷方
		(32-1)	848 000
		(32-2)	828 000
发生额合计		发生额合计	1 676 000

借方	主营业务成本		贷方
(33)	1 310 000		
发生额合计	1 310 000	发生额合计	

借方	其他业务收入		贷方
		(34-1)	218 000
发生额合计		发生额合计	218 000

借方	其他业务成本		贷方
(34-2)	150 000		
发生额合计	150 000	发生额合计	

借方	管理费用		贷方
(22)	2 200		
(24)	2 000		
(25)	3 600		
(26)	78 900		
(28)	7 400		
(29)	1 200		
(36-2)	1 600		
(36-3)	7 000		
发生额合计	103 900	发生额合计	

借方	销售费用		贷方
(37-1)	6 000		
(37-2)	2 800		
(37-3)	1 200		
发生额合计	10 000	发生额合计	

借方	投资收益		贷方
		(38)	33 000
发生额合计		发生额合计	33 000

借方	财务费用		贷方
(7-4)	5 000		
发生额合计	5 000	发生额合计	

借方	营业外支出		贷方
(39-1)	3 000		
发生额合计	3 000	发生额合计	

借方	营业外收入		贷方
		(39-2)	2 000
发生额合计		发生额合计	2 000

借方	税金及附加		贷方
(35)	49 300		
发生额合计	49 300	发生额合计	

图 4-9 各类损益账户登记

根据本月各项损益类账户的发生额合计，我们计算企业本月的各项利润如下：

①营业利润＝营业收入－营业成本－税金及附加－管理费用－财务费用－销售费用－资产减值损失＋公允价值变动收益（－公允价值变动损失）＋投资收益（－投资损失）＝（1 676 000＋218 000）－（1 310 000＋150 000）－49 300－103 900－5 000－10 000－0＋0＋33 000＝298 800（元）

②利润总额＝营业利润＋营业外收入－营业外支出
　　　　　＝298 800＋2 000－3 000
　　　　　＝297 800（元）

③所得税费用＝应交所得税＝应纳税所得额×所得税税率
　　　　　　＝297 800×25%
　　　　　　＝74 450（元）

④净利润＝利润总额－所得税费用
　　　　＝297 800－74 450
　　　　＝223 350（元）

（二）利润的结转

1. 结转本年利润的方法。会计期末结转本年利润的方法有表结法和账结法两种。

（1）表结法。表结法下，各损益类账户每月月末只需结计出本月发生额和月末累计余额，不结转到"本年利润"账户，只有在年末时才需编制结账分录，将各损益类账户的全年累计余额结转入"本年利润"账户。每月月末要将损益类账户的本月发生额合计数填入利润表的本月数栏，同时将本月末累计余额填入利润表的本年累计数栏，通过利润表计算反映各期的利润（或亏损）。表结法下，年中损益类账户无须结转入"本年利润"账户，从而减少了转账环节和工作量，同时并不影响利润表的编制及有关损益指标的利用。

（2）账结法。账结法下，每月月末均需编制转账凭证，将在账上结计出的各损益类账户的余额结转入"本年利润"账户。结转后"本年利润"账户的月末余额反映从年初到本月末累计实现的利润或发生的亏损。账结法在各月均可通过"本年利润"账户提供当月及本年累计的利润（或亏损）额，但增加了转账环节和工作量。

2. 核算结转本年利润应设置的主要账户。企业主要是通过"本年利润"账户核算当年实现的净利润或发生的净亏损。该账户属于所有者权益类账户，用以核算企业本年度内实现的净利润（或亏损）额。贷方登记期末从各收入账户转入的各项收入和利得，借方登记期末从各项费用损失账户转入的各项费用及损失。借贷方记录相抵后，若为贷方余额，表示年初至本月末止累计实现的净利润；若为借方余额，表示年初至本月末止累计发生的亏损。年度终了，将全年实现的净利润（或亏损）转入"利润分配"账户的贷方（或借方）。年终结转后，该账户应无余额。

"本年利润"账户的结构如下:

借方	本年利润	贷方
本期发生额:期末从各项费用损失账户转入的各项费用及损失		本期发生额:期末从各收入账户转入的各项收入和利得
结转净利润到"利润分配"账户		结转净亏损到"利润分配"账户

3. 结转本年利润的账务处理。会计期末,企业可以按照如下程序结转利润:首先,将"主营业务收入""其他业务收入""营业外收入"等收入和利得类账户的期末贷方余额按月转入(账结法)或年末一次性转入(表结法)"本年利润"账户的贷方;其次,将"主营业务成本""其他业务成本""税金及附加""管理费用""销售费用""财务费用""资产减值损失""营业外支出""所得税费用"等费用和损益类账户的期末借方余额按月转入(账结法)或年末一次性转入(表结法)"本年利润"账户的借方。另外,"公允价值变动损益"和"投资收益"账户如为净收益,则应转入"本年利润"账户的贷方;如为净损失,则应转入"本年利润"账户的借方。结转后"本年利润"账户如为贷方余额,表示为年初至本期末累计实现的利润;如为借方余额,表示为年初至本期末累计发生的亏损。

年度终了,企业还应将"本年利润"账户的本年累计余额转入"利润分配——未分配利润"账户。如结转前"本年利润"账户为贷方余额,借记"本年利润"账户,贷记"利润分配——未分配利润"账户;如结转前"本年利润"账户为借方余额,作相反的会计分录。结转后,"本年利润"账户应无余额。

【例4-41】承〖例4-40〗,12月31日,云山公司进行利润结转。假设云山公司2021年12月初"本年利润"的期初余额为贷方余额3 276 000元,为本年1~11月的累计净利润。假设公司结转利润的方法为账结法。

①将各收入类账户余额结转到"本年利润"账户的贷方。

见〖例4-40〗,结转前有关收入类账户贷方余额如下:

"主营业务收入"账户   1 676 000元
"其他业务收入"账户   218 000元
"投资收益"账户   33 000元
"营业外收入"账户   2 000元

该笔转账业务的发生,一方面使企业的主营业务收入、其他业务收入、投资收益和营业外收入因结转分别减少1 676 000元、218 000元、33 000元和2 000元,应分别记入"主营业务收入""其他业务收入""投资收益""营业外收入"账户的借方;另一方面使企业的本年利润增加1 929 000元,应记入"本年利润"账户的贷方。编制会计分录如下:

    借:主营业务收入   1 676 000

其他业务收入	218 000
投资收益	33 000
营业外收入	2 000
贷：本年利润	1 929 000

②期末，将各费用类账户余额转入"本年利润"账户。

见〖例4-40〗，结转前各费用类账户借方余额如下：

"主营业务成本"账户	1 310 000 元
"其他业务成本"账户	150 000 元
"税金及附加"账户	49 300 元
"销售费用"账户	10 000 元
"管理费用"账户	103 900 元
"财务费用"账户	5 000 元
"营业外支出"账户	3 000 元

该笔转账业务的发生，一方面使企业的利润减少1 631 200元，应记入"本年利润"账户的借方；另一方面使费用类账户因结转而减少，应分别记入有关费用类账户的贷方。编制会计分录如下：

借：本年利润	1 631 200
贷：主营业务成本	1 310 000
其他业务成本	150 000
税金及附加	49 300
销售费用	10 000
管理费用	103 900
财务费用	5 000
营业外支出	3 000

③计算本月所得税费用，所得税税率为25%。

本月利润总额 = 1 929 000 - 1 631 200 = 297 800（元）

本月应交所得税 = 297 800 × 25% = 74 450（元）

该笔经济业务一方面使企业的所得税费用增加74 450元，应记入"所得税费用"账户的借方；另一方面使应交所得税增加74 450元，应记入"应交税费——应交所得税"账户的贷方。编制会计分录如下：

借：所得税费用	74 450
贷：应交税费——应交企业所得税	74 450

④将所得税费用账户的余额74 450元转入"本年利润"账户。

该笔经济业务的发生，一方面使企业的利润减少74 450元，应记入"本年利润"账户的借方；另一方面使所得税费用减少74 450元，应记入"所得税费用"账户的贷方。编制会计分录如下：

借：本年利润	74 450
贷：所得税费用	74 450

经过上述结转,"本年利润"的账面余额为本年度的净利润。

本月净利润 = 297 800 - 74 450 = 223 350（元）

本年净利润 = 3 276 000 + 223 350 = 3 499 350（元）

⑤企业于年末将本年实现的净利润由"本年利润"账户转入"利润分配——未分配利润"账户。

该笔经济业务的发生,一方面使企业的本年利润账面减少3 499 350元,应记入"本年利润"账户的借方;另一方面使企业可供分配的利润增加3 499 350元,应记入"利润分配"账户的贷方。编制会计分录如下:

借:本年利润　　　　　　　　　　　　　　　　　3 499 350
　　贷:利润分配——未分配利润　　　　　　　　　　　　3 499 350

〖例4-41〗中云山公司结转本年利润业务的账务处理可归纳为图4-10。

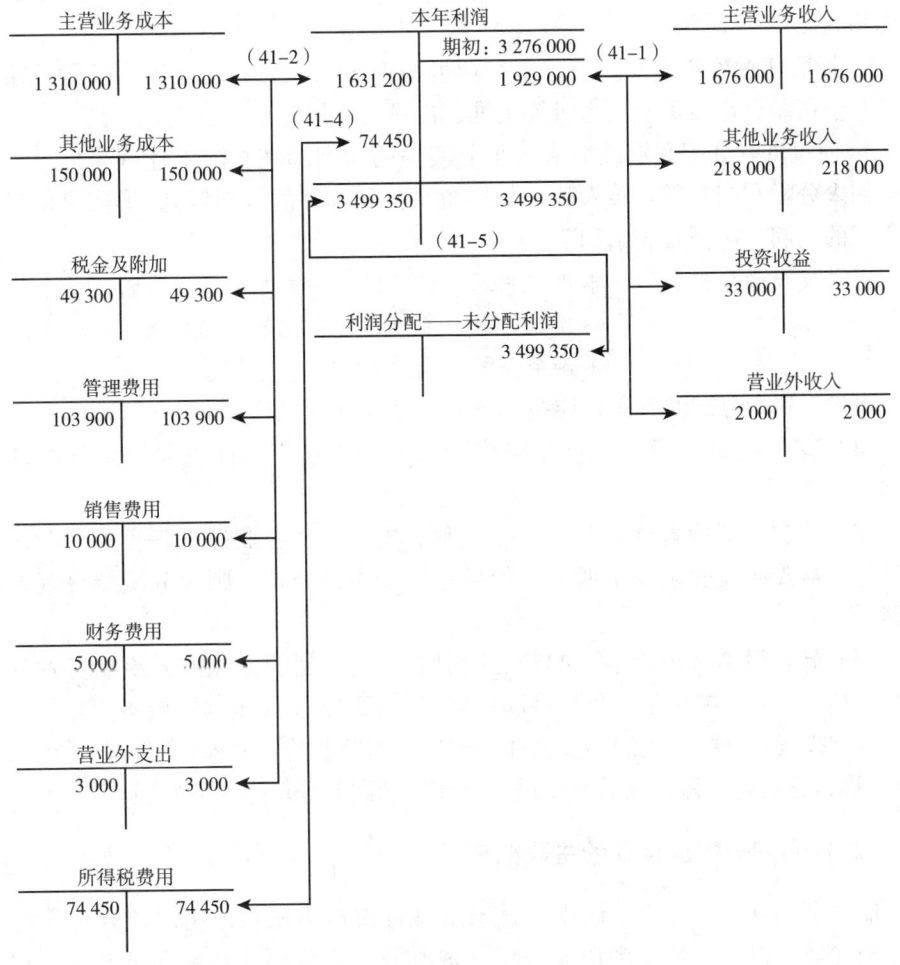

图4-10　云山公司结转本年利润业务的账务处理

六、利润的分配

(一) 利润分配概述

利润分配,是指根据企业法律、董事会或类似权力机构提请股东大会或类似权力机构批准的、对企业可供分配利润指定其特定用途和分配给投资者的行为。

企业当年实现的净利润,首先可弥补以前年度尚未弥补的亏损,其次按照下列顺序进行分配。

1. 提取法定盈余公积。公司制企业应当按照弥补以前年度亏损后净利润的 10% 提取法定盈余公积。非公司制企业可根据需要确定提取比例,但不得低于 10%。企业提取的法定盈余公积累计额超过注册资本 50% 时,可以不再提取。

2. 提取任意盈余公积。公司制企业可根据股东大会的决议提取任意盈余公积,非公司制企业经类似权力机构批准,也可提取任意盈余公积。

3. 向投资者分配利润或股利。企业实现的净利润在扣除上述项目后,再加上年初未分配利润和其他转入数(如用盈余公积弥补的亏损等),形成可供投资者分配的利润。用公式表示如下:

可供投资者分配利润 = 本年净利润 − 弥补以前年度亏损 − 提取法定盈余公积
− 提取任意盈余公积 + 年初未分配利润
+ 盈余公积转入数

可供投资者分配的利润,应按照下列顺序进行分配:

(1) 支付优先股股利。企业应按照约定的股利率给优先股股东分配现金股利。

(2) 支付普通股现金股利。按照股利分配方案,企业根据各自持有股份的比例分配给普通股股东现金股利。如果是非股份制企业,则为分配给投资者的利润。

(3) 转作股本(或资本)的普通股股利。按照利润分配方案给投资者分派股票股利,一方面减少了未分配利润;另一方面增加了股本(或资本)。

可供投资者分配的利润经过上述分配后,为企业的年末未分配利润(或未弥补亏损),它是企业留待以后年度进行分配的利润或等待弥补的亏损。

(二) 利润分配应设置的主要账户

1. "利润分配"账户。该账户属于所有者权益类账户,用以核算企业利润的分配(或亏损的弥补)和历年分配(或弥补)后的结余数额。借方登记利润分配额以及年终从"本年利润"账户转入的全年亏损数,贷方登记亏损的弥补额以及年终由"本年利润"账户转入的全年净利润数。其贷方余额表示历年积存的未分配利润,借方余额表示历年积存的未弥补亏损。

该账户应按利润分配项目设置明细分类账户，一般应设置"提取法定盈余公积""提取任意盈余公积""应付现金股利或利润""转作股本的股利""盈余公积补亏""未分配利润"等明细账户，进行明细分类核算。

"利润分配"账户的结构如下：

借方	利润分配	贷方
期初余额：期初历年积存的未弥补亏损 本期发生额：利润分配额以及年终从"本年利润"账户转入的全年亏损数		期初余额：期初历年积存的未分配利润 本期发生额：亏损的弥补额以及年终由"本年利润"账户转入的全年净利润数
期末余额：期末历年积存的未弥补亏损		期末余额：期末历年积存的未分配利润

2. "盈余公积"账户。该账户属于所有者权益类账户，用以核算企业从税后净利润中提取的盈余公积。贷方登记企业提取的盈余公积，借方登记弥补亏损或转增资本等而减少的盈余公积，期末余额在贷方，表示盈余公积的结余数。

该账户应按盈余公积的种类设置明细分类账户，进行明细分类核算。"盈余公积"账户的结构如下：

借方	盈余公积	贷方
本期发生额：弥补亏损或转增资本等而减少的盈余公积		期初余额：期初盈余公积的结余数 本期发生额：企业提取的盈余公积
		期末余额：期末盈余公积的结余数

3. "应付股利"账户。该账户属于负债类账户，用以核算企业经股东大会或类似机构决议确定分配的现金股利或利润。贷方登记应付给投资者的股利或利润数，借方登记支付投资者的股利或利润数。期末余额在贷方，表示尚未支付的股利或利润数。

该账户应按照股东或投资者的名称设置明细分类账户，进行明细分类核算。"应付股利"账户的结构如下：

借方	应付股利	贷方
本期发生额：实际支付投资者的股利或利润数		期初余额：期初尚未支付的股利或利润数 本期发生额：应付给投资者的股利或利润数
		期末余额：期末尚未支付的股利或利润数

（三）利润分配的账务处理

企业通过利润结转过程的核算，形成了一定时期内的财务成果，即本年净利润。本年净利润加上年初未分配利润（或减去年初未弥补亏损），形成了本年度可供分配利润。企业应该按照国家的有关规定对可供分配利润进行合理分配。

【例4-42】承【例4-41】，云山公司"利润分配——未分配利润"账户在2021年1月1日的期初余额为借方余额99 350元，为以往年度累计的未弥补亏损，已超过用税前利润弥补的期限。公司2021年度的利润分配方案如下：

①用今年的税后净利弥补以前年度亏损；
②按照弥补完亏损后净利润的10%提取法定盈余公积金；
③分配给股东现金股利2 500 000元。

账务处理如下：

①补亏。由于"利润分配——未分配利润"账户存在99 350元的借方余额，此为以前年度亏损。当将本年的净利润3 499 350元从"本年利润"账户转入"利润分配——未分配利润"账户的贷方后，"利润分配——未分配利润"账户的余额为3 400 000元（3 499 350 - 99 350），这实际上就是弥补完亏损后的净利润。用丁字形账户表示如下：

借	利润分配——未分配利润	贷
期初余额　　　　　99 350		
	（33-5）	3 499 350
	余额	3 400 000

可见，用以后年度的利润弥补亏损时，不需要做专门的弥补亏损的账务处理，在将"本年利润"账户的余额结转到"利润分配——未分配利润"账户的过程中就自动弥补了。

②提取法定盈余公积金。

应提取的法定盈余公积 = 3 400 000 × 10% = 340 000（元）

该笔经济业务的发生，一方面使企业的利润分配数额增加340 000元，应记入"利润分配"账户的借方；另一方面使企业的盈余公积金增加340 000元，应记入"盈余公积"账户的贷方。编制会计分录如下：

借：利润分配——提取法定盈余公积　　　　　　　340 000
　　贷：盈余公积——法定盈余公积　　　　　　　　　　340 000

③向股东分配现金股利。这笔经济业务的发生，一方面使企业的利润分配数额增加2 500 000元，应记入"利润分配"账户的借方；另一方面使企业的应付股利增加2 500 000元，应记入"应付股利"账户的贷方。编制会计分录如下：

借：利润分配——应付现金股利　　　　　　　　　2 500 000
　　贷：应付股利　　　　　　　　　　　　　　　　　　2 500 000

④结清利润分配所属各明细账户。年终决算时，将"利润分配"账户其他各明细分类账户的余额转入"利润分配——未分配利润"明细分类账户。编制

会计分录如下:
　　借:利润分配——未分配利润　　　　　　　　　　2 840 000
　　　　贷:利润分配——提取法定盈余公积　　　　　　340 000
　　　　　　　　——应付现金股利　　　　　　　　2 500 000

年终结转后,"本年利润"账户及"利润分配"账户的其他明细账户均无余额,只有"利润分配——未分配利润"账户有余额,反映的是历年累计的未分配利润(贷方余额)或未弥补亏损(借方余额)。本例题中,"利润分配——未分配利润"账户的期末余额为贷方余额560 000元(3 400 000 - 2 840 000)。

〖例4-42〗中云山公司利润分配业务(以本年形成利润为例)的账务处理可归纳为图4-11。

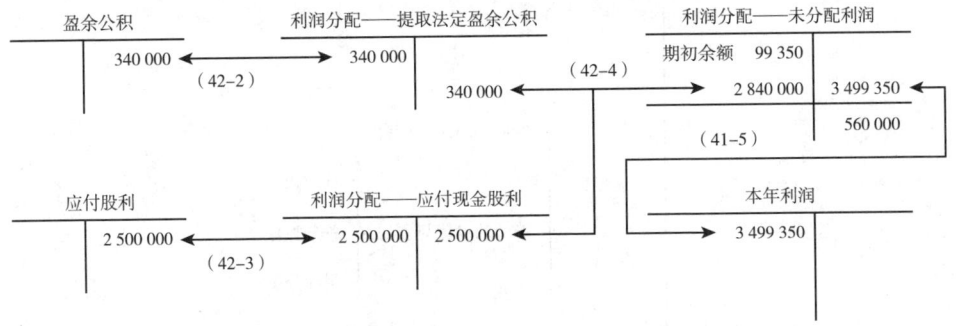

图4-11　云山公司利润分配业务的账务处理

复习思考题

1. 制造业企业主要的经济业务内容有哪些?
2. 所有者直接投入资本主要有哪些方式?
3. 短期借款和长期借款利息处理有什么不同?
4. 材料采购成本由哪些项目构成?
5. 试述先进先出法和加权平均法各自的优缺点。
6. 固定资产折旧的方法有哪些?
7. 无形资产主要包括哪些项目?
8. 产品生产成本由哪些项目构成?
9. 试述职工薪酬的含义和分类。
10. 商品销售收入是如何确认的?
11. 如何计算企业的营业利润、利润总额和净利润?
12. 试述利润分配的顺序。

第五章　会计凭证和会计账簿

【本章知识结构图】

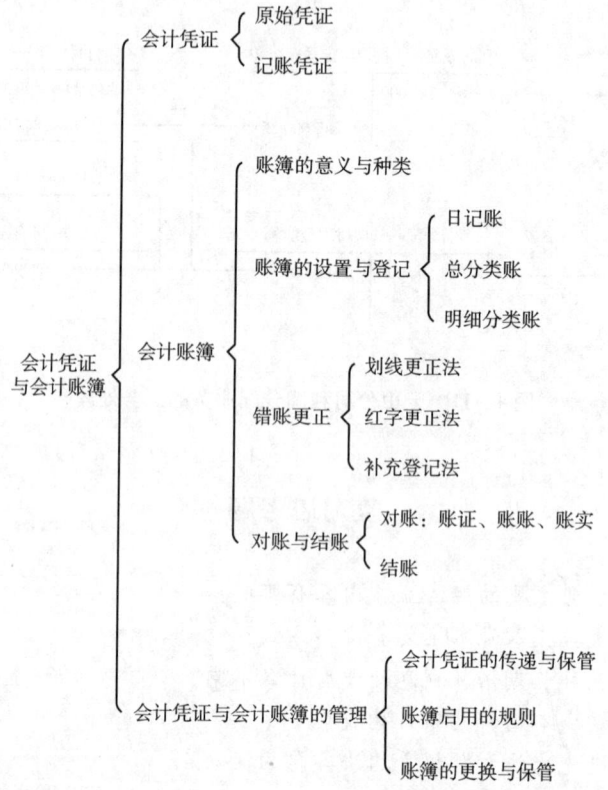

【学习目的与要求】

　　会计凭证和会计账簿是对经济信息进行加工整理的专门方法，是会计核算工作的重要环节。通过本章学习，应当掌握会计凭证和会计账簿的概念；了解会计凭证和会计账簿的分类及格式；掌握会计凭证的内容和填制方法；掌握会计账簿的设置和登记方法；掌握错账的更正方法；掌握期末对账、结账的基本要求；了解会计凭证的传递和保管的基本要求，了解账簿的启用、更换与保管。

第一节 会计凭证

一、会计凭证

(一) 会计凭证

会计凭证，是记录经济业务、明确经济责任、据以登记账簿的书面证明。会计凭证是会计信息的载体之一。企业每发生一笔经济业务，有关人员都必须取得或填制会计凭证，记录该项经济业务发生的内容，并在会计凭证上签名或盖章，以明确经济责任。例如，购买原材料要取得由供货方开出的发票，支出款项要取得由收款方开出的收款收据，材料、商品入库要填制入库单，发出材料要填制领料单等，这些发票、收据、入库单、领料单等都是会计凭证。一切会计凭证都要经过有关人员严格的审核，只有审核无误的会计凭证才能作为登记账簿的依据。

填制和审核会计凭证，是会计核算的一项重要内容，对于如实反映经济业务发生的时间和内容，明确责任人，保证会计记录真实、合法，加强会计监督，完善企业内部控制具有重要的作用。

(二) 会计凭证的作用

填制和审核会计凭证，是会计核算的一项重要内容，对于如实反映经济业务，保证会计记录真实、合法，加强会计监督，完善企业内部控制具有重要的作用。

(1) 反映经济业务的发生。每一笔经济业务发生都要取得或填制会计凭证，在会计凭证上记录经济业务发生的时间和内容，如实反映经济业务发生情况。

(2) 提供登记账簿的依据。会计人员对审核无误的原始凭证填制记账凭证，将经济业务发生情况转化为会计语言，按一定的方法对会计凭证进行分类、整理、汇总，为登记账簿提供依据。

(3) 明确经济责任，加强内部监督、控制。经济业务发生后，需要取得或填制会计凭证，证明经济业务已经发生或完成，有关部门和经办人员要在凭证上签字、盖章，明确业务责任人，保证经济业务的真实性、合法性和有效性。通过会计凭证填制和审核，有关责任人在其职权范围内各司其职、各负其责、相互牵制，可以进一步完善经济责任制，防止舞弊行为，加强内部监督、控制。

(三) 会计凭证的分类

会计凭证按其用途和填制程序分类，分为原始凭证和记账凭证两类。原始凭证记录的是经济业务，它是进行会计核算的基础，而记账凭证是把经济业务内容转化为会计语言，为登记账簿提供依据，保障记账工作的质量。

对原始凭证和记账凭证，又可以根据不同的标志划分为若干种类，其具体情况如图 5-1 所示。

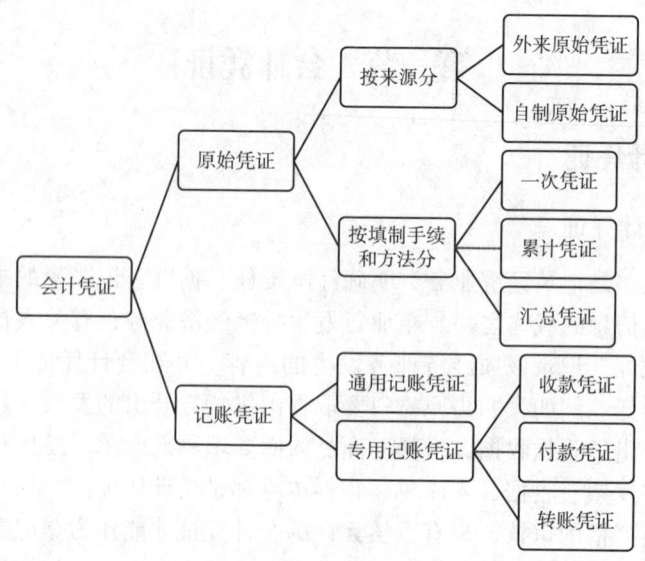

图 5-1 会计凭证分类

二、原始凭证

原始凭证是在经济业务发生时取得或填制的、记录经济业务发生或完成情况、明确经济责任的书面证明。原始凭证是填制记账凭证的依据，是会计核算的重要原始资料。常用的原始凭证主要有发票、支票、收据、差旅费报销单、领料单、材料入库单等。

（一）原始凭证的内容

办理会计事项，必须取得或者填制原始凭证，并及时送交会计机构，才能保证会计核算工作得以顺利进行。因经济业务的多样化，原始凭证种类繁多，格式各异，但原始凭证作为记录经济业务、明确经济责任的原始证据，必须具备一些基本内容。根据《会计基础工作规范》的规定，原始凭证的内容必须具备以下七个方面：

（1）原始凭证的名称；
（2）填制原始凭证的日期；
（3）填制单位名称及公章或填制人姓名；
（4）经办人员的签名或盖章；
（5）接受凭证单位名称；
（6）经济业务内容；
（7）数量、单价和金额。

有些原始凭证为了满足特殊业务的需要，除了具备上述基本内容外，还要补充一些内容，如币种、汇率等。

（二）原始凭证的种类

原始凭证按来源不同，可分为外来原始凭证和自制原始凭证两种。

（1）外来原始凭证，是指经济业务发生时，从其他单位或个人直接取得的原始凭证，如发票（见图5－2）、支票（见图5－3）、货物运单、车船票、银行收付款通知单等。根据《会计基础工作规范》的规定，从外单位取得的原始凭证，必须盖有填制单位的公章；从个人取得的原始凭证，必须有填制人员的签名或者盖章。

广东增值税电子普通发票

机器编号：661814561059

发票代码：044002000211
发票号码：53988339
开票日期：2020年10月09日
校验码：49674 27147 23235 03406

购买方　名称：广东外语外贸大学
纳税人识别号：12440000455859532W
地址、电话：
开户行及账号：

密码区：>3>-011/>-+3<><29+0255-+-/0 45+>05185+>50+>*119*<<4/81+ >37+/74*77>*08+<<-64/-02119 ++/4778>015/48>15>/*/1-+74*

货物或应税劳务、服务名称	规格型号	单位	数量	单价	金额	税率	税额
*印刷品*图书			1	202.60	202.60	免税	***
*印刷品*图书					-112.27	免税	***
合计					¥90.33		***

价税合计（大写）⊗玖拾圆零叁角叁分　（小写）¥90.33

销售方　名称：广州晶东贸易有限公司
纳税人识别号：91440101664041243T
地址、电话：广州市黄埔区九龙镇九龙工业园凤凰三横路89号1号库房301020- 22165500-1602/1699
开户行及账号：招商银行股份有限公司北京青年路支行 120906065810403

备注：订单号:132809454627

收款人：王陆　复核：李思　开票人：王梅　销售方：（章）

图5－2　增值税普通发票

中国农业银行支票存根
（粤）
××DEY5244961
附加信息：
出票日期：
20×8年7月18日
收款人：万隆公司
金　额：¥30 500.00
用　途：购设备
单位主管　会计

本支票付款期限十天

中国农业银行　支票　（粤）　××DEY5244961
出票日期（大写）贰零×捌年零柒月壹拾捌日　付款行名称：农业银行××市南山支行
收款人：万隆公司　出票人账号：2203050678910346
人民币（大写）叁万零伍佰元整　¥30500000
用途　购设备
上列款项请从我账户内支付
出票人签章　云山有限责任财务专用章　吴莉　方宏　复核　记账

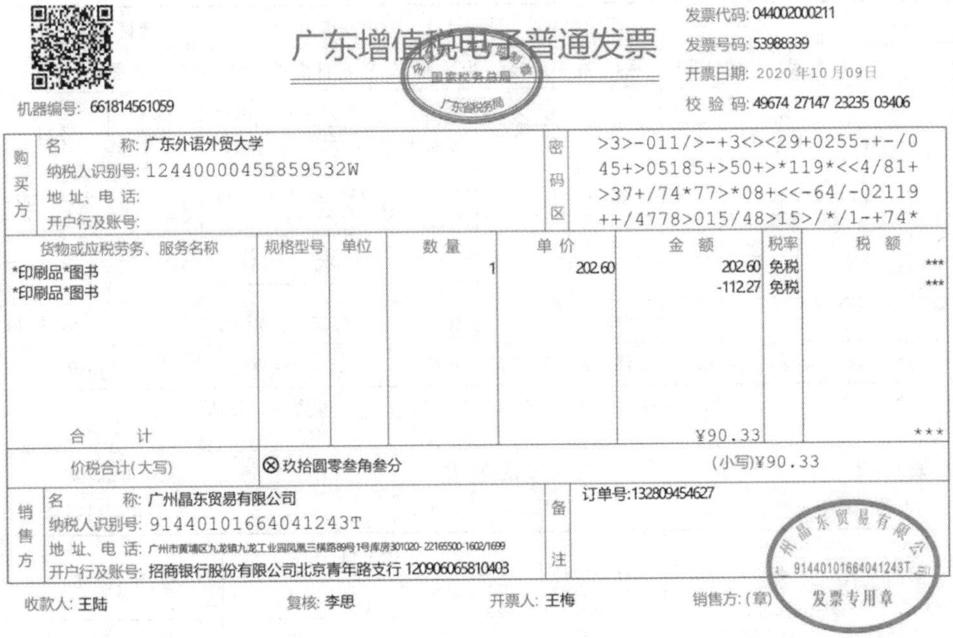

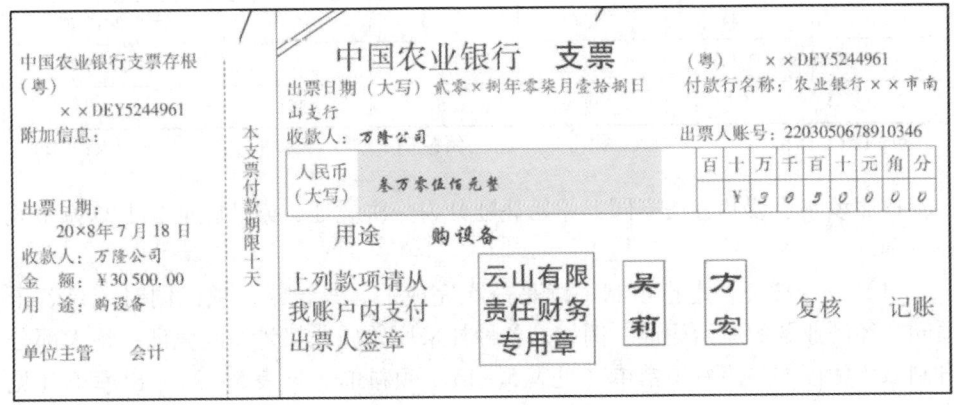

图5－3　现金支票

(2) 自制原始凭证，是指在经济业务发生或完成时，由本单位内部经办部门和人员填制的凭证，如借款单、差旅费报销单、收料单、领料单、产品入库单、产品出库单等。根据《会计基础工作规范》的规定，自制原始凭证必须有经办单位领导人或者其指定的人员签名或者盖章。对外开出的原始凭证，必须加盖本单位公章。部分自制原始凭证格式如表 5-1、表 5-2、表 5-3、表 5-4 和表 5-5 所示。

表 5-1   差旅费报销单

报销部门：采购科   填报日期：2021 年 12 月 10 日

姓名		杜强		职别		采购员	出差事由		采购材料	
出差起止日期自 2021 年 12 月 4 日起至 2021 年 12 月 8 日止共 5 天　附单据 5 张										
日期		起讫地点	天数	机票费	车船费	市内交通费	住宿费	出差补助	其他	小计
月	日									
12	4	广州~上海	5	1 000.00		168.00	730.00	250.00		2 148.00
							现金付讫			
		合计		1 000.00		168.00	730.00	250.00		￥2 148.00

总计金额（大写）人民币⊗万贰仟壹佰肆拾捌元零角零分　预支￥2 000.00 元　补付　￥148.00 元

会计：刘爽　　　审核：顾力　　　部门主管：王一凡　　　出差人：杜强

表 5-2   领料单   No. 0488449

领料部门 基本生产车间   2021 年 12 月 1 日   发料仓库 材料仓库

材料类别	名称及规格	计量单位	数量		用　途
			请领	实领	
主要材料	铜材	吨	7	7	锌合金 212 锁
	铜材	吨	7.5	7.5	不锈钢 219 锁
	铜材	吨	9	9	钢 222 锁
	铜材	吨	6.5	6.5	汽车 2013 锁
	铜材	吨	5	5	铁 271 锁
合　计		吨	35	35	

仓库主管：徐礼　　　发料人：徐礼　　　领料部门主管：李永树　　　领料人：周冉

按照填制手续和方法不同，原始凭证分为一次凭证、累计凭证、汇总原始凭证三种。

(1) 一次凭证，是指填制手续是一次完成的，只记录一项或同时记录若干项同类经济业务的原始凭证。例如，各种外来原始凭证都是一次凭证；绝大部分自制原始凭证如差旅费报销单（见表 5-1）、领料单（见表 5-2）、出库单（见表 5-3）、入库单等都是一次凭证。

(2) 累计凭证，是指在一定时期内（一般以一月为限）连续记录同类经济业务的自制原始凭证，其填制手续是随着经济业务的发生而分次进行的，如本单位填制的限额领料单（见表5-4）。

表5-3　　　　　　　　　　　　　产品出库单　　　　　　　　　　　　No 0012373
用途：销售　　　　　　　　　　　2021年12月2日　　　　　　　　　产品仓库：一号库

产品名称	单位	数量	单价	金额	备注
甲产品	套	50			
丙产品	件	70			

批准人：　　　会计：　　　保管：李小文　　　发货：张宏　　　制单：

表5-4　　　　　　　　　　　　　限额领料单　　　　　　　　　　　　No. 1564796
领料部门加工车间　　　　　　　　2021年12月　　　　　　　　　发料仓库材料仓库

材料类别	名称	规格	计量单位	领料限额	实际领用	单价	金额
原材料	冷轧板	8mm	千克	900	850	60	51 000.00
日期	领用			退料			限额结余数量
	数量	领料人	发料人	数量	退料人	收料人	
1	140	赵翔	王迪				760
4	220	赵翔	王迪				540
16	250	赵翔	王迪				290
23	240	赵翔	王迪				50

生产计划部门负责人：张宇　　　　　　　　　　　　　　　　　　　　仓库：陈璐

（3）汇总原始凭证，又称原始凭证汇总表，是指根据一定时期内若干张相同经济业务的原始凭证，汇总编制而成的自制原始凭证，以总括反映某项经济业务发生情况，既简化核算工作，又便于业务的分析比较。例如，收货汇总表、销货汇总表、工资结算汇总表（见表5-5）、发出材料汇总表等。

表5-5　　　　　　　　　　　　　工资结算汇总表
　　　　　　　　　　　　　　　　2021年12月

姓名	应发							扣款						实发工资
	岗位工资	绩效工资	住房津贴	外勤津贴	值班津贴	加班工资	应扣事假工资	应发合计	个人所得税	养老保险	失业保险	医疗保险	住房公积金	扣款合计	

(三) 原始凭证的填制

根据《会计基础工作规范》的规定，原始凭证的填制应当符合下列要求：

（1）凡填有大写和小写金额的原始凭证，大写与小写金额必须相符。原始凭证不得涂改、挖补。发现原始凭证有错误的，应当由开出单位重开或者更正，更正处应当加盖开出单位的公章。

（2）一式几联的原始凭证，应当注明各联的用途，只能以一联作为报销凭证。一式几联的发票和收据，必须用双面复写纸（发票和收据本身具备复写纸功能的除外）套写，并连续编号。作废时应当加盖"作废"戳记，连同存根一起保存，不得撕毁。

（3）发生销货退回的，除填制退货发票外，还必须有退货验收证明；退款时，必须取得对方的收款收据或者汇款银行的凭证，不得以退货发票代替收据。

（4）职工公出借款凭据，必须附在记账凭证之后。收回借款时，应当另开收据或者退还借据副本，不得退还原借款收据。

（5）书写格式要规范。阿拉伯数字应当逐个写，不得连笔写。阿拉伯金额数字前面应当书写货币币种符号如￥、HK$、US$等，或者书写货币名称简写和币种符号。币种符号与阿拉伯金额数字之间不得留有空白。凡阿拉伯数字前写有币种符号的，数字后面不再写货币单位如"元"字。所有以元为单位（其他货币种类为货币基本单位，下同）的阿拉伯数字，除表示单价等情况外，一律填写到角分；无角分的，角位和分位可写"00"，或者符号"—"；有角无分的，分位应当写"0"，不得用符号"—"代替。例如，人民币￥709.00可写成￥709.—，但人民币￥709.30却不可以写成￥709.3-。

汉字大写数字金额如零、壹、贰、叁、肆、伍、陆、柒、捌、玖、拾、佰、仟、万、亿等，一律用正楷或者行书体书写，不得用0、一、二、三、四、五、六、七、八、九、十等简化字代替，不得任意自造简化字。大写金额数字到元或者角为止的，在"元"或者"角"字之后应当写"整"字或者"正"字；大写金额数字有分的，分字后面不写"整"或者"正"字。大写金额数字前未印有货币名称的，应当加填货币名称，货币名称与金额数字之间不得留有空白。阿拉伯金额数字中间有"0"时，汉字大写金额要写"零"字。例如，￥20 004.00，大写为"人民币贰万零肆元整"；￥205 000.63，大写为"人民币贰拾万零伍仟元陆角叁分"。

(四) 原始凭证的审核

原始凭证的审核既是会计核算的一个重要方面，也是实行会计监督的一个重要手段。为了保证原始凭证真实、合法、完整，各种原始凭证除由经办业务的有关部门审核以外，还要交由会计部门进行审核，经审核的原始凭证才能作为填制记账凭证、登记入账依据。原始凭证的审核内容主要包括三个方面。

（1）真实性审核。真实性是会计信息质量要求之一，原始凭证是会计信息的重要来源，所以原始凭证的真实性对保证会计信息质量非常重要。真实性的审核包括：业务内容是否真实，不能虚构业务；凭证本身是否真实，如不能使用假发票；凭证要素是否真实，如时间、金额等。

（2）合法性、合理性审核。审核原始凭证和经济业务是否符合国家有关政策、法规、制度、计划、预算、合同的规定，包括本单位制定的内部规章制度。在实际工作中，原始凭证合法性审核要注意以下情况：原始凭证虽是真实的，但制度规定不允许公款报销；虽能报销，但制度对报销的比例或金额有明显限制的，不能超标报销。

（3）完整性审核。审核原始凭证的内容是否齐全，包括审批手续是否完备、凭证项目填写是否完整、经办人及主管人员签章是否齐全、文字数字书写是否清晰规范、凭证联次是否齐全、有无刮擦及涂改和挖补现象等。

根据《会计法》第十四条的规定，会计机构、会计人员必须按照国家统一的会计制度的规定对原始凭证进行审核，对不真实、不合法的原始凭证有权不予接受，并向单位负责人报告；对记载不准确、不完整的原始凭证予以退回，并要求按照国家统一的会计制度的规定更正、补充。原始凭证记载的各项内容均不得涂改；原始凭证有错误的，应当由出具单位重开或者更正，更正处应当加盖出具单位印章。原始凭证金额有错误的，应当由出具单位重开，不得在原始凭证上更正。

三、记账凭证

记账凭证是会计人员根据审核后的原始凭证，按照经济业务的内容加以归类，据以确定经济业务应记入的账户名称以及应借、应贷的金额等所填制的凭证。填制记账凭证所依据的原始凭证则作为记账凭证的附件，附在记账凭证后面。

（一）记账凭证的内容

会计人员根据审核无误的原始凭证填制记账凭证，填制时必须具备以下基本内容：

（1）记账凭证名称；
（2）填制凭证的日期；
（3）凭证编号；
（4）经济业务摘要；
（5）会计科目、记账方向、记账金额；
（6）所附原始凭证张数；
（7）填制凭证人员、审核人员、记账人员、会计主管人员签名或者盖章。收款和付款记账凭证还应当由出纳人员签名或者盖章。

(二) 记账凭证的种类

记账凭证按适用范围不同分为通用记账凭证和专用记账凭证。

（1）通用记账凭证。通用记账凭证是用来记录各种经济业务的记账凭证（见表5-6）。

表5-6　　　　　　　　　　　　　记账凭证
　　　　　　　　　　　　　　　年　　月　　日　　　　　　　　　　　记字第　号

摘要	总账科目	明细科目	借方金额	贷方金额	
					附件　张
合计					

部门主管：　　　　记账：　　　　审核：　　　　出纳：　　　　制单：

（2）专用记账凭证。专用记账凭证是用来专门记录某一类经济业务的记账凭证。专用记账凭证按所记录的经济业务是否与现金和银行存款的收付有关，分为收款凭证（见表5-7）、付款凭证（见表5-8）和转账凭证（见表5-9）三种。在现金和银行存款收付业务量较多的单位中，往往填制专用记账凭证。

收款凭证用于记录现金和银行存款收款业务，具体可以分为现金收款凭证、银行存款收款凭证。付款凭证用于记录现金和银行存款付款业务。转账凭证用于记录不涉及现金和银行存款业务的会计凭证。

对于现金和银行存款之间相互划转的业务，为了避免重复记账，一般只填制付款凭证，不再填制收款凭证。例如，从银行提取现金备用，只填制银行付款凭证，而不填制现金收款凭证；将现金存入银行，只填制现金付款凭证，不填制银行收款凭证。

表5-7　　　　　　　　　　　　　收款凭证
借方科目：　　　　　　　　　　年　　月　　日　　　　　　　　　收字第　号

摘要	总账科目	明细科目	贷方金额	
				附件　张
合计				

部门主管：　　　　记账：　　　　审核：　　　　出纳：　　　　制单：

表 5-8　　　　　　　　　　　付款凭证

贷方科目：　　　　　　　　　年　月　日　　　　　　　　付字第　号

摘要	总账科目	明细科目	借方金额	
				附件　　张
合计				

部门主管：　　　记账：　　　审核：　　　出纳：　　　制单：

表 5-9　　　　　　　　　　　转账凭证

　　　　　　　　　　　　　　　年　月　日　　　　　　　　转字第　号

摘要	总账科目	明细科目	借方金额	贷方金额	
					附件　　张
合计					

部门主管：　　　记账：　　　审核：　　　出纳：　　　制单：

（三）记账凭证的填制要求

填制记账凭证的过程，是将原始凭证中的经济信息转化为会计语言的过程，是对经济业务进行会计确认与计量的过程，直接影响到会计账簿和会计报告信息的质量，因此，为了保证会计信息质量的真实、正确、及时，记账凭证必须按要求填制。

（1）填制凭证的日期。既有可能与原始凭证的填制日期相同，也可能不同，但要及时填制。

（2）记账凭证编号。通用记账凭证可以全部凭证按月顺序编号，如"记字第 3 号"，专用记账凭证可以按收款、付款、转账业务三类分别编号。例如，"收字第 1 号""转字第 8 号"等。如果一笔经济业务需要填制两张或两张以上记账凭证，可采用分数编号法。例如，本月第 6 笔转账业务需要填制 3 张记账凭证，这 3 张记账凭证应分别编号为"转字第 $6\frac{1}{3}$ 号""转字第 $6\frac{2}{3}$ 号""转字第 $6\frac{3}{3}$ 号"。

(3) 经济业务摘要。应简明扼要地概括经济业务的内容。

(4) 会计科目、记账方向、记账金额。应先填借方科目，后填贷方科目。金额合计前必须填写人民币符号￥。记账凭证填制完后，如有空行，应当自金额栏最后一笔金额数字下的空行处至合计数上的空行处划线注销。

(5) 记账标记。根据记账凭证及其原始凭证登记库存现金、银行存款日记账或其他分类明细账后，要在记账凭证记账标记处打"√"，避免漏登或重登。

(6) 所附原始凭证张数。记账凭证可以根据每一张原始凭证填制，或者根据若干张同类原始凭证汇总填制，也可以根据原始凭证汇总表填制，但不得将不同内容和类别的原始凭证汇总填制在一张记账凭证上。除结账和更正错误的记账凭证可以不附原始凭证外，其他记账凭证必须附有原始凭证。如果一张原始凭证涉及几张记账凭证，可以把原始凭证附在一张主要的记账凭证后面，并在其他记账凭证上注明附有该原始凭证的记账凭证的编号或者附原始凭证复印件，如注明"附件见×字×号凭证"。

(7) 填制凭证人员、稽核人员、记账人员、会计机构负责人、会计主管人员签名或者盖章。收款和付款凭证还应当由出纳人员签名或者盖章。出纳在办理收款或付款业务后，应在记账凭证上签名或者盖章，并在原始凭证上分别加盖现金、银行存款收付讫戳记，以避免重复收付。

如果在填制记账凭证时发生错误，应当重新填制，不得用刮擦、涂改或用褪色药水等方法更改字迹。对于已经登记入账的记账凭证，在当年内发现填写错误时，可以用红字填写一张与原内容相同的记账凭证，在摘要栏注明"注销某月某日某号凭证"字样，同时再用蓝字重新填制一张正确的记账凭证，注明"订正某月某日某号凭证"字样。如果会计科目没有错误，只是金额错误，也可以将正确数字与错误数字之间的差额，另编一张调整的记账凭证，调增金额用蓝字，调减金额用红字，注明"订正某月某日第几号凭证"。

实行会计电算化的单位，对于机制记账凭证，要认真审核，做到会计科目使用正确，数字准确无误。打印出的机制记账凭证要加盖制单人员、审核人员、记账人员及会计机构负责人、会计主管人员印章或者签字。

(四) 记账凭证的填制方法

(1) 收款凭证的填制。收款凭证，是根据有关现金和银行存款业务的原始凭证填制的。收款凭证的借方科目相对固定，即"库存现金"或"银行存款"，所以收款凭证按借方科目来设置，以便汇总业务。"借方科目"按收款的性质填写"库存现金"或"银行存款"；日期填写的是填制记账凭证的日期；右上角填写按月填制收款凭证的顺序号，可按"收字第××号"或"现收字第××号"或"银收字第××号"的顺序编号；"摘要"填写对所记录的经济业务的简要说明；"贷方科目"填写与收入现金或银行存款相对应的会计科目；"金额"是指经济业务的发生额；"附件　张"是指本记账凭证所附原始凭证的张数；"出纳""制证"等有关人员签章，以明确经济责任；"记账"是凭证已登记账簿的标记，以免重记或漏记。

【例 5-1】岭南有限责任公司于 2021 年 8 月 5 日从银行借入 800 000 元，期限为 3 年，年利率为 8%。

由于这项经济业务引起银行存款增加，所以，出纳员需要根据审核无误的原始凭证，填制收款凭证，其内容与格式如表 5-10 所示。

表 5-10　　　　　　　　　　　收款凭证
借方科目：银行存款　　　　　　2021 年 8 月 5 日　　　　　　收字第 12 号

摘要	总账科目	明细科目	贷方金额	附件2张
借入银行借款	长期借款		800 000.00	
	合计		￥800 000.00	

部门主管：　　　记账：　　　审核：　　　出纳：吴莉　　　制单：杨柳

（2）付款凭证的填制。付款凭证是根据有关现金和银行存款业务的原始凭证填制的。付款凭证的填制方法与收款凭证基本相同。不同的是，付款凭证按贷方科目设置，贷方科目填在左上方，凭证中的"借方科目"是与支付现金和银行存款相对应的会计科目，凭证按付款业务顺序编号。

【例 5-2】2021 年 9 月 3 日，岭南有限责任公司以银行存款购置机器设备，价款 200 000 元，增值税税额 26 000 元。

由于这项经济业务引起库存现金减少，所以，出纳员需要根据审核无误的原始凭证填制付款凭证或库存现金付款凭证，其内容与格式如表 5-11 所示。

表 5-11　　　　　　　　　　　付款凭证
借方科目：银行存款　　　　　　2021 年 9 月 3 日　　　　　　收字第 7 号

摘要	总账科目	明细科目	贷方金额	附件2张
购买机器设备	固定资产	机器设备	200 000.00	
	应交税费	应交增值税（进项税额）	26 000.00	
	合计		￥226 000.00	

部门主管：　　　记账：　　　审核：　　　出纳：吴莉　　　制单：杨柳

(3)转账凭证的填制。转账凭证是根据转账业务的原始凭证填制的。转账凭证将经济业务中所涉及全部会计科目,按照先借后贷的顺序记入"会计科目"栏中的"总账科目"和"明细科目",并按应借、应贷方向分别记入"借方金额"或"贷方金额"栏。其他项目的填列与收、付款凭证相同。借、贷金额合计数应该相等。

【例 5-3】2021 年 10 月 31 日,岭南有限责任公司结转 10 月完工并验收入库 A 产品 110 台,总成本为 1 456 890 元。

由于这项经济业务属于不涉及现金和银行存款的转账业务,所以,会计人员需要根据审核无误的原始凭证填制转账凭证,其内容与格式如表 5-12 所示。

表 5-12　　　　　　　　　　转账凭证

2021 年 10 月 31 日　　　　　　　　　　转字第 25 号

摘要	总账科目	明细科目	借方金额	贷方金额	
A 产品完工	库存商品	A 产品	1 456 890.00		附件2张
	生产成本	A 产品		1 456 890.00	
	合计		¥1 456 890.00	¥1 456 890.00	

部门主管:　　　记账:　　　审核:　　　出纳:　　　制单:杨柳

(4)通用记账凭证的填制。通用记账凭证的填制与转账凭证的要求相同,只是涉及收款或付款业务时,出纳员应签章。

【例 5-4】上述〖例 5-1〗、〖例 5-2〗、〖例 5-3〗三笔经济业务,如果是填制通用记账凭证,则如表 5-13、表 5-14、表 5-15 所示。

表 5-13　　　　　　　　　　记账凭证

2021 年 8 月 5 日　　　　　　　　　　记字第 28 号

摘　要	总账科目	明细科目	借方金额	贷方金额	
借入银行借款	银行存款		800 000.00		附件2张
	长期借款			800 000.00	
	合计		¥800 000.00	¥800 000.00	

部门主管:　　　记账:　　　审核:　　　出纳:吴莉　　　制单:杨柳

表 5-14   记账凭证

2021 年 9 月 3 日   记字第 19 号

摘 要	总账科目	明细科目	借方金额	贷方金额
购买机器设备	固定资产	机器设备	200 000.00	
	应交税费	应交增值税（进项税额）	26 000.00	
	银行存款			226 000.00
合 计			¥226 000.00	¥226 000.00

附件 2 张

部门主管：   记账：   审核：   出纳：吴莉   制单：杨柳

表 5-15   记账凭证

2021 年 10 月 31 日   记字第 56 号

摘 要	总账科目	明细科目	借方金额	贷方金额
A 产品完工	库存商品	A 产品	1 456 890.00	
	生产成本	A 产品		1 456 890.00
合 计			¥1 456 890.00	¥1 456 890.00

附件 2 张

部门主管：   记账：   审核：   出纳：   制单：杨柳

（五）记账凭证的审核

记账凭证是登记账簿的直接根据，为了保证账簿记录的正确性，必须在记账之前由有关人员对记账凭证进行严格审核。记账凭证的审核，主要包括以下四个方面。

（1）内容真实。审核记账凭证是否有原始凭证为依据，所附原始凭证的内容是否与记账凭证一致。

（2）项目完备。审核记账凭证各项目填写是否齐全，如日期、凭证编号、摘要、会计科目、金额、附件张数，以及有关人员的签章。

（3）科目正确。审核记账凭证上应借、应贷会计科目是否正确，是否符合相关会计准则的规定。

（4）书写规范。审核记账凭证书写是否工整清晰，有无涂改、挖补现象。

第二节 会计账簿

一、账簿的意义与种类

(一) 账簿及其意义

会计凭证只能零散地反映企事业单位个别经济业务的内容,不能连续、系统地反映某类经济业务的变化情况。为了给经济管理提供系统的核算资料,就需要运用登记账簿的方法,把分散在会计凭证上的大量核算资料,加以集中和归类整理登记到账簿中去。

账簿,是指以会计凭证为依据,用来连续、全面、系统、分类地记录和反映企事业单位经济业务的会计簿籍,由一定格式且相互联系的账页所组成,是记录会计信息的载体。账簿和账户既有区别,又有密切联系。账簿是若干账页的集合,账簿中的记录是对经济活动的系统全面反映,所以账簿是企业积累、贮存经济活动情况的数据库。账户则是在账簿中按规定的会计科目开设的户头,用来反映某一个会计科目所要核算的内容,按照账户归类反映各项经济业务,可以提供总括和明细的核算指标。

设置和登记账簿,是对经济信息加工整理并进行会计核算的一种专门方法,对加强企业经济管理有十分重要的作用。

(1) 账簿可以为企业的经济管理提供系统、完整的会计信息。通过设置和登记账簿,可以对经济业务进行序时或分类的核算,将分散的、孤立的凭证核算资料加以系统化,全面、准确地提供企业有关财务状况、成本费用和经营成果的总括和明细的核算资料,进而反映企业经济活动的轨迹。为企业加强经济核算、提高经营管理水平,提供系统、完整的核算资料。

(2) 账簿是考核企业经营成果、分析企业经济活动情况的重要依据。账簿记录了企业一定时期经济活动的完整运行状况,可以全面、系统地反映企业财务状况和经营成果。结合有关资料,进行经济活动分析,评价企业的经营情况,可以监督和促进企业遵纪守法,提高经济效益。

(3) 账簿是企业定期编制会计报表的资料来源。企业定期编制的会计报表中的各项数据都来自账簿的记录。通过账簿分门别类地对经济业务进行登记,积累了一定时期的会计资料,通过计算、整理就成为编制会计报表的资料来源。从某种意义上说,企业账簿设置和登记是否准确、真实、完整,将直接影响到财务报告信息披露质量。

(二) 账簿的分类

企业账簿多种多样,不同账簿的用途、格式、内容和登记方法都各不相同。

要正确地了解和使用账簿就有必要进行账簿的分类。

1. 账簿按用途分类。账簿按其用途分为序时账簿、分类账簿和备查账簿三大类。

(1) 序时账簿，也称日记账，是按照经济业务完成的时间先后顺序，逐日逐笔登记经济业务的账簿。库存现金日记账和银行存款日记账必须采用订本式账簿，其账页格式如表5-16所示。

表5-16　　　　　　　　　　　库存现金日记账

年		凭证号	对方科目	摘　要	收入（借方）金额	支出（贷方）金额	结存金额
月	日						

(2) 分类账簿。分类账簿是指对全部经济业务按照总分类账户和明细分类账户进行分类登记的账簿。按照总分类账户分类登记的账簿叫总分类账簿，按照明细分类账户分类登记的账簿叫明细分类账簿。

(3) 备查账簿，又称辅助账簿。备查账簿是指对某些在序时账簿和分类账簿中未能记载或记载不全的经济业务进行补充登记的账簿，如应收、应付票据备查簿（见表5-17）。

表5-17　　　　　　　　　　　应收票据备查簿

序号	票据种类	票据号码	出票日	到期日	票面金额	交易合同号	付款人	承兑人	备注

2. 账簿按外表形式分类。账簿按其外表形式不同可分为订本式账簿、活页式账簿和卡片式账簿。

(1) 订本式账簿，是指把具有一定格式的许多账页装订成固定本册的账簿。这种账簿账页固定，既可防止账页散失，也可防止抽换账页。企业带有统驭性和比较重要的账簿，如库存现金日记账、银行存款日记账以及总分类账必须采用订本账。

（2）活页式账簿，是指账页不固定、装置在账夹中可随时增加账页的账簿。企业明细账一般采用活页式账簿。由于这种账页容易散乱丢失，使用时应在卡片上连续编号，使用完毕不再登记时，应将其装订成册，以便保管。

（3）卡片式账簿，是将一定数量的卡片式账页存放于专设的卡片箱中，可以根据需要随时增添账页的账簿。企业一般只对固定资产的核算采用卡片式账簿。卡片式账簿使用时也应连续编号，使用完毕时则将卡片穿孔固定保管。

3. 账簿按账页格式分类。账簿按账页格式不同可分为三栏式账簿、多栏式账簿和数量金额式账簿等。

（1）三栏式账簿，是设有借方、贷方和余额三个基本栏目的账簿，如总账、债权债务明细账等，其账页格式如表 5-18 所示。

表 5-18　　　　　　　　　总分类账

年		凭证号	对方科目	摘要	借方金额	贷方金额		余额
月	日							

（2）多栏式账簿，是在账簿的两个基本栏目借方和贷方按需要分设若干专栏的账簿，如"生产成本"明细账、"制造费用"明细账、"管理费用"明细账、"财务费用"明细账、"主营业务收入"明细账（见表 5-19）、"营业外收入"明细账、"营业外支出"明细账、"应交税费——应交增值税"明细账等。

表 5-19　　　　　　　　　主营业务收入明细账

年		凭证号	对方科目	摘　要	贷方				合计
月	日				A产品	B产品	C产品	……	

（3）数量金额式账簿，是指账簿的借方、贷方和余额三个栏目内，都分设数量、单价和金额三小栏，借以反映财产物资的实物数量和价值量，如"原材料""库存商品"等明细账，其账页格式与内容如表 5-20 所示。

表 5-20　　　　　　　　　　原材料明细账

会计科目：　　　　　　　　　　　计量单位：
材料名称：　　　　　　　　　　　最高储备：
材料规格：　　　　　　　　　　　最低储备：

年		凭证号	对方科目	摘要	借方金额			贷方金额			余额		
月	日				数量	单价	金额	数量	单价	金额	数量	单价	金额

会计账簿的分类如图 5-4 所示。

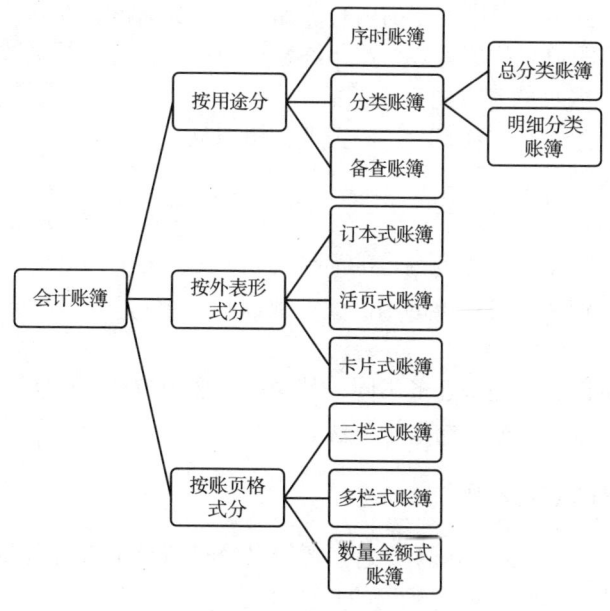

图 5-4　会计账簿分类

二、账簿的设置与登记

（一）账簿的设置要求

企业应根据本单位经济业务的特点和经营管理的需要，设置一定种类和数量的账簿。一般说来，设置账簿应当符合以下要求：

（1）账簿的设置要能保证全面、系统地反映和监督企业的经济活动情况，为经营管理提供系统、分类的核算资料。

（2）账簿的设置要保证组织严密，各账簿之间既要有明确的分工，又要有密切的联系，要在满足实际需要的前提下，考虑人力和物力的节约，力求避免重复或遗漏。

（3）账簿的格式应简便适用，要按照所记录经济业务的内容和需要提供的核算指标进行设计，便于登记、查找和保管，避免烦琐重复。

（二）账簿的基本内容

由于各种企业业务与经营管理的要求不同，所设置的账簿和账簿格式可以多种多样，各种账簿所记录的经济业务不同。但账簿应具备下列基本内容：

（1）封面。写明账簿名称和记账单位名称。

（2）扉页。填列账簿启用的日期和截止日期，页数、册次；经营账簿人员一览表和签章；会计主管人员签章；账户目录等。

账户目录是由记账人员在账簿中开设账户后，按顺序将每个账户的名称和页数登记的，便于查阅账簿中登记的内容。如果是活页账簿，在账簿启用时无法确定页数，可先将账户名称填写好，待年终装订归档时，再填写页数。

（3）账页。账页的基本内容应包括：

①账户的名称（总账科目、二级或明细科目）；

②登账日期栏；

③凭证种类和号数栏；

④摘要栏（记录经济业务内容的简要说明）；

⑤金额栏（记录经济业务的增减变动数额和余额）；

⑥总页次和分户页次。

由于账簿所记录的经济业务不同，其结构和登记方法也各异，下面介绍有关序时账簿和分类账簿的格式与登记方法。

（三）账簿的登记规则

根据《会计法》，会计账簿登记，必须以经过审核的会计凭证为依据。《会计基础工作规范》给出了账簿登记的具体规定：

（1）登记会计账簿时，应当将会计凭证日期、编号、业务内容摘要、金额和其他有关资料逐项记入账内，做到数字准确、摘要清楚、登记及时、字迹工整。登记完毕后，要在记账凭证上签名或者盖章，并注明已经登账的符号，表示已经记账。账簿中书写的文字和数字上面要留有适当空格，不要写满格；一般应占格距的1/2。

（2）登记账簿要用蓝黑墨水或者碳素墨水书写，不得使用圆珠笔（银行的复写账簿除外）或者铅笔书写。下列情况，可以用红色墨水记账：①按照红字冲账的记账凭证，冲销错误记录；②在不设借贷等栏的多栏式账页中，登记减少数；③在三栏式账户的余额栏前，如未印明余额方向的，在余额栏内登记负数余额;④根据国家统一会计制度的规定可以用红字登记的其他会计记录。

(3) 各种账簿按页次顺序连续登记,不得跳行、隔页。如果发生跳行、隔页,应当将空行、空页划线注销,或者注明"此行空白""此页空白"字样,并由记账人员签名或者盖章。凡需要结出余额的账户,结出余额后,应当在"借或贷"等栏内写明"借"或者"贷"等字样。没有余额的账户,应当在"借或贷"等栏内写"平"字,并在余额栏内用"0"表示。库存现金日记账和银行存款日记账必须逐日结出余额。

(4) 每一账页登记完毕结转下页时,应当结出本页合计数及余额,写在本页最后一行和下页第一行有关栏内,并在摘要栏内注明"过次页"和"承前页"字样;也可以将本页合计数及金额只写在下页第一行有关栏内,并在摘要栏内注明"承前页"字样。对需要结计本月发生额的账户,结计"过次页"的本页合计数应当为自本月初起至本页末止的发生额合计数;对需要结计本年累计发生额的账户,结计"过次页"的本页合计数应当为自年初起至本页末止的累计数;对既不需要结计本月发生额也不需要结计本年累计发生额的账户,可以只将每页末的余额结转次页。

(四) 日记账的格式与登记

1. 库存现金日记账。库存现金日记账是顺序登记企业库存现金收付业务的日记账,是企业出纳人员根据现金收款凭证、现金付款凭证和银行付款凭证(记录从银行提取现金业务),按经济业务发生的先后顺序、逐日逐笔进行登记的,其格式与内容如表5-21所示。

表5-21　　　　　　　　　　库存现金日记账

2021年		凭证号	对方科目	摘要	收入(借方)金额	支出(贷方)金额		结存金额
月	日							
6	1			月初余额			借	8 000.00
	8	记12	银行存款	提现	18 000.00		借	26 000.00
	10	记19	管理费用	购买办公用品		4 000.00	借	22 000.00
	15	记32	银行存款	现金送存银行		10 000.00	借	12 000.00
				(略)				

库存现金日记账的登记方法如下:

(1) 日期栏:指记账凭证的日期,应与现金实际收付日期一致。

(2) 凭证字号栏:指登记入账的收付款凭证的种类和编号,如"记5""现收3""银付6"等,以便于查账和核对。

(3) 摘要栏:说明登记入账的经济业务的内容。文字要简练,但要能清晰说明问题。

(4) 对方科目栏：指现金收入的来源科目或支出的用途科目。例如，从银行提取现金，其来源科目（即对方科目）为"银行存款"。其作用在于了解经济业务的来龙去脉。

(5) 收入、支出栏：系指现金实际收付的金额。

(6) 每日终了，应分别计算现金收入和支出的合计数，结出余额，同时将余额与库存现金核对，即通常说的"日清"。如账款不符应查明原因，并记录备案。月终同样要计算现金收、支和结存的合计数，通常称为"月结"。

2. 银行存款日记账。银行存款日记账是用来序时反映企业银行存款增加、减少和结存金额的账户，是由出纳人员根据银行存款收款凭证、银行存款付款凭证和现金付款凭证（记录将现金存入银行业务）按经济业务发生时间的先后顺序，逐日逐笔进行登记的账簿。银行存款日记账的登记方法与库存现金日记账一致，其格式与内容如表5-22所示。

表5-22　　　　　　　　　　银行存款日记账

2021年		凭证号	对方科目	摘　要	收入（借方）金额	支出（贷方）金额		结存金额
月	日							
6	1			月初余额			借	18 000.00
	4	记6	应收账款	收回货款	20 000.00		借	38 000.00
	8	记12	银行存款	提现		18 000.00	借	20 000.00
	10	记17	其他应付款	收包装物押金	4 000.00		借	24 000.00
	15	记32	银行存款	现金送存银行	10 000.00		借	14 000.00
				（略）				

3. 普通日记账的格式与登记。普通日记账，也称通用日记账。一般仅设置借方和贷方两个金额栏，用来登记各单位所有经济业务的日记账。在账中，按照每日经济业务发生的先后顺序，逐项编制会计分录进行登记，因而这种日记账也称分录日记账。其格式如表5-23所示。

表5-23　　　　　　　　　　普通日记账

2021年		凭证号	摘要	对应账户	借方金额	贷方金额	记账
月	日						
9	3	记字1号	购买机器设备	固定资产	200 000.00		√
				应交税费	26 000.00		√
				银行存款		226 000.00	√
	5	记字2号	A产品完工	库存商品	18 000.00		√
				生产成本		18 000.00	√
				（略）			

（五）总分类账簿的格式与登记

分类账簿分为总分类账和明细分类账。总分类账是按照一级会计科目设置，登记全部经济业务总括资料的账簿。在总分类账中，应按照会计科目的编码顺序分别开设账户，由于总分类账一般都采用订本式账簿，所以事先应为每个账户预留若干账页。由于总分类账能够全面、总括地反映经济活动情况，并为编制会计报表提供资料，因而任何单位都要设置总分类账。

总分类账最常用的格式是三栏式。即在账页中设有借方、贷方和余额三个金额栏，其格式和内容如表5-24所示。

表5-24　　　　　　　　　　原材料总账

2021年		凭证号	对方科目	摘　　要	借方金额	贷方金额		余额
月	日							
6	1			月初余额			借	80 000.00
	5	记8	银行存款	购入	40 000.00		借	120 000.00
	12	记20	生产成本	生产领用		10 000.00	借	110 000.00
				……				
	30			本月合计	120 000.00	130 000.00	借	70 000.00

总分类账既可以直接根据各种记账凭证逐笔进行登记，也可以将一定时期的各种记账凭证先汇总编制科目汇总表或汇总记账凭证，再据以登记总账。总分类账的登记方法，取决于所采用的账务处理程序，这一内容将在第八章中作具体介绍。企业每月应将当月已完成的经济业务全部登记入账，并于月终结出总分类账簿中各账户的本期发生额和期末余额，与明细账余额核对相符后，作为编制会计报表的主要依据。

（六）明细分类账簿的格式与登记

明细分类账是用来分类登记经济业务的账簿，明细分类账一般采用活页式账簿。各种明细分类账是根据实际需要，分别按照明细分类科目开设账户，用来分类、连续地记录有关资产、负债和所有者权益及收入、费用和利润（或亏损）的详细资料。明细分类账所提供的有关经济活动的详细资料，也是编制会计报表的依据。因此，各个经济单位在设置总分类账的基础上，还应按照总分类科目设置所属的若干必要的明细分类账。这样既能根据总分类账了解某一科目的总括情况，又能根据明细分类账进一步了解该科目的具体和详细情况。根据经营管理的需要，各个单位，除现金、银行存款等账户外，应为各种材料物资、应收应付款项、费用、成本、收入、利润等总分类账户设置明细分类账，进行明细分类核算。

根据经济管理的要求和各明细分类账记录的内容不同,明细分类账分别采用三栏式、数量金额式和多栏式三种格式。

1. 三栏式明细分类账。三栏式明细分类账,设有借方、贷方和余额三个金额栏,不设数量栏。它适用于只需要反映金额的经济业务,如"应收账款""应付账款"等不需要进行数量核算的债权、债务结算账户。三栏式明细分类账页的格式和内容如表5-25所示。

表 5-25　　　　　　　　　　其他应收款明细账

明细科目:李凡

2021年		凭证号	对方科目	摘要	借方金额	贷方金额		余额
月	日							
6	1			月初余额			借	6 000.00
	5	记7	银行存款	报销差旅费		6 000.00	借	120 000.00
	30			本月合计	0	6 000.00	平	0

三栏式明细分类账由会计人员根据审核无误的记账凭证或原始凭证,按经济业务发生的时间先后顺序逐笔进行登记。

2. 数量金额式明细分类账。数量金额式明细分类账,在"收入""发出""结存"三栏内,再分别设置"数量""单价""金额",这种格式适用于既要进行金额核算,又要进行实物数量核算的各种财产物资账户,如"原材料""库存商品"等账户的明细分类核算。数量金额式明细分类账页的格式如表5-26所示。

表 5-26　　　　　　　　　　原材料明细账

会计科目:原材料　　　　　　　　　　　　　　　　　　计量单位:元/千克
材料名称:甲材料　　　　　　　　　　　　　　　　　　最高储备:8 000 千克
材料规格:7cm　　　　　　　　　　　　　　　　　　　　最低储备:1 000 千克

2021年		凭证号	对方科目	摘要	借方金额			贷方金额			余额		
月	日				数量	单价	金额	数量	单价	金额	数量	单价	金额
6	1			月初余额							2 000	80	160 000
	8	记15	应付账款	购进材料	500	80	40 000				2 500	80	200 000
	27	记34	生产成本	生产领用				1 500	80	120 000	1 000	80	80 000
	30			本月合计	500	80	40 000	1 500	80	120 000	1 000	80	80 000

数量金额式明细账是由会计人员根据审核无误的记账凭证和原始凭证,按经济业务发生的时间先后顺序逐笔进行登记的。

3. 多栏式明细分类账。多栏式明细分类账，是根据经济业务的特点和经营管理的需要，先在一张账页内按有关明细科目或明细项目分设若干专栏，再在同一张账页上集中反映各有关明细科目或明细项目的核算资料。按明细分类账登记的经济业务不同，多栏式明细分类账页又分为借方多栏、贷方多栏和借贷方均多栏三种格式。

（1）借方多栏式明细分类账的设置。借方多栏式明细分类账的账页格式适用于借方需要设多个明细科目或明细项目的账户，如"生产成本""制造费用""管理费用""财务费用""营业外支出"等账户的明细分类核算。借方多栏式明细分类账页的格式与内容如表 5-27 所示，方框表示红字，下同。

表 5-27　　　　　　　　　　　　制造费用明细账

2021 年		凭证号	对方科目	摘要	借方				合计
月	日				工资	折旧费	办公费	……	
6	7	记 11	应付职工薪酬	分配工资	20 000.00				20 000.00
	15	记 18	库存现金	买办公品			800.00		800.00
	30	记 33	累计折旧	提取折旧		30 000.00			30 000.00
	30	记 34	生产成本	结转	20 000.00	30 000.00	800.00		50 800.00

（2）贷方多栏式明细分类账的设置。贷方多栏式明细分类账，适用于贷方需要设多个明细科目或明细项目的账户，如"主营业务收入"和"营业外收入"等账户的明细分类核算。其特点是：只提供货币量信息；减少数用红字登记。贷方多栏式明细分类账页的格式与内容如表 5-28 所示。

表 5-28　　　　　　　　　　　　主营业务收入明细账

2021 年		凭证号	对方科目	摘要	贷方				合计
月	日				A 产品	B 产品	C 产品	……	
7	5	记 8	应收账款	销售 A 产品	20 000.00				20 000.00
	13	记 20	银行存款	销售 B 产品		30 000.00			50 000.00
	26	记 30	应收账款	销售 C 产品			8 000.00		8 000.00
	31	记 37	本年利润	结转	20 000.00	30 000.00	8 000.00		78 000.00

这种账页可不设借方栏，按明细账户核算的具体内容设置多个专栏，平时增加发生额按设置的专栏登记，月末结转收入时（减少数）用红字登记。

（3）借方贷方多栏式明细分类账的设置。借方贷方多栏式明细分类账的账页格式适用于借方贷方均需要设多个明细科目或明细项目的账户，如"应交税金——应交增值税"科目的明细分类核算。其特点是：只提供货币量信息。借方贷方均设多栏式明细分类账页的格式与内容如表 5-29 所示。

表 5-29　　　　　　　应交税费——应交增值税明细账

年		凭证号	摘要	借方				贷方					借或贷	余额
月	日			进项税额	已交税额	出口抵内销产品应纳税额	转出未交增值税	合计	销项税额	出口退税	进项税额转出	转出多交增值税	合计		

（4）多栏式明细分类账的登记。多栏式明细分类账是由会计人员根据审核无误的记账凭证和原始凭证逐笔登记的。对于借方多栏式明细账，由于只在借方设多栏登记费用、成本的发生额，贷方登记月末将借方发生额一次转出的数额，所以应该用红数字在借方多栏中登记。贷方多栏式明细账，只在贷方设多栏，如"主营业务收入"账户，平时贷方登记收入的发生额，借方登记退货金额和月末将贷方发生额一次转入"本年利润"账户的数额。

三、错账更正

企业会计人员依据填制的会计凭证登记账簿，必须严肃认真，一丝不苟，尽最大努力把账算对记好，防止差错，保证质量。在登账过程中，如果账簿记录发生错误，不得任意用刮擦、挖补、涂改或用褪色药水等方法去更改字迹，而应根据错误的具体情况，采用正确的方法予以更正。更正错账的方法一般有以下几种。

（一）划线更正法

划线更正法适用于在结账前，发现账簿记录文字或数字上有错误，而编制的记账凭证无错误，即纯属登账过程中产生的错误，应采用划线更正法更正。具体做法是：先将错误文字或数字全部划一条红线予以注销，但不允许只划线更正其中个别数字；对已划销的数字，应保持原有字迹仍可辨认，以备查核。然后将正确的数字用蓝字写在划线上面，并由记账员在更正处盖章，以明确责任。例如，把 2 310.00 误记为 2 130.00 时，应将错误数字全部用红线注销，写上正确的数字，即 2 310.00，而不能只删改一个"13"字。

（二）红字更正法

红字更正法，适用于企业登账后，发现记账凭证中会计科目或金额产生错误时的错账更正。一般适用于下列两种错账的更正：

（1）更正记账凭证会计科目用错并已入账而引发的错账。更正时应先用红字填制一张与原错误记账凭证借贷方向、科目和金额都相同的记账凭证，在摘要栏注明"更正第某张凭证的错误"，并据以用红字金额登记入账，冲销原先的错误记录；然后重新填制一份正确蓝字记账凭证（摘要上注明"订正某月某日第几号凭证"），并据以登账。

【例5-5】 岭南有限责任公司用银行存款 4 800 元支付销售产品广告费。公司会计人员已经进行了会计处理，且已经登记入账。其会计分录为：

借：管理费用　　　　　　　　　　　　　　　　　　4 800
　　贷：银行存款　　　　　　　　　　　　　　　　　4 800

该业务的借方科目用错了，应为"销售费用"。当发现记错账时，先填制一张相同的红字记账凭证冲销原会计分录（方框表示红字），其会计分录为：

借：管理费用　　　　　　　　　　　　　　　　　　|4 800|
　　贷：银行存款　　　　　　　　　　　　　　　　|4 800|

同时再用蓝字填制一张正确的记账凭证，其会计分录为：

借：销售费用　　　　　　　　　　　　　　　　　　4 800
　　贷：银行存款　　　　　　　　　　　　　　　　　4 800

更正时应注意对登记没有错误的账户也要重新登记，不能只登记原来错账的账户。

（2）更正记账凭证上会计科目正确、金额多计并已入账而引发的错账。在记账以后，如发现记账凭证和账簿记录应借、应贷会计科目并无错误，只是金额错误且所记金额大于应记金额。这时可采用红字更正法，更正时，将多记的金额（即正确数与错误数之间的差数）用红字填写一张与原记账凭证应借、应贷会计科目完全相同的记账凭证（摘要栏注明"订正某月某日第几号凭证"），以冲销多记的金额，并据以登记账户。现举例如下：

【例5-6】 岭南有限责任公司用银行存款 2 000 元支付办公用品费。公司会计人员已经进行了会计处理，且已经登记入账。其会计分录为：

借：管理费用　　　　　　　　　　　　　　　　　　20 000
　　贷：银行存款　　　　　　　　　　　　　　　　　20 000

该会计分录中的金额多记了。发现错账后，应将多记的金额用红字填制一张记账凭证，作会计分录为：

借：管理费用　　　　　　　　　　　　　　　　　　|18 000|
　　贷：银行存款　　　　　　　　　　　　　　　　|18 000|

红字更正法不仅能保持账户间的对应关系,而且还能保持账户中的正确发生额,不至于因改正错账而使数字虚增或虚减。

(三) 补充登记法

补充登记法适用于企业登账后,发现记账凭证上应借、应贷的会计科目并无错误,只是金额错误且所记金额小于应记金额。这时可采用补充登记法更正,即将少记的金额用蓝字再填一张记账凭证,在摘要栏注明"补记第某张凭证少记数",并据以将其补登记入账。

【例5-7】岭南有限责任公司完工验收入库产品一批,共计30 000元,金额误记为3 000元,即记账凭证少记27 000元。原编制的会计分录为:

借:库存商品　　　　　　　　　　　　　　　　　3 000
　　贷:生产成本　　　　　　　　　　　　　　　　　　3 000

当发现上述错账时,可将少记的27 000元再填制一张记账凭证,其会计分录为:

借:库存商品　　　　　　　　　　　　　　　　　27 000
　　贷:生产成本　　　　　　　　　　　　　　　　　　27 000

四、对账与结账

为了总结某一会计期间(月份、季度、年度)的经营活动情况,考核经营成果,必须使各种账簿的记录保持完整和正确,以便于编制会计报表。为此,必须定期进行对账和结账工作。

(一) 对账

对账,简单地说就是对账簿记录进行核对。根据《会计基础工作规范》的规定,各单位应当定期对会计账簿记录的有关数字与库存实物、货币资金、有价证券、往来单位或者个人等进行相互核对,保证账证相符、账账相符、账实相符。对账工作每年至少进行一次。

(1) 账证核对。账证核对,核对会计账簿记录与原始凭证、记账凭证的时间、凭证字号、内容、金额是否一致,记账方向是否相符。这种核对除在日常制证、记账过程中进行以外,每月终了,也应进行账簿与会计凭证的检查核对,以确保账证相符。

(2) 账账核对。账账核对,核对不同会计账簿之间的账簿记录是否相符,包括总账有关账户的余额核对,总账与明细账核对,总账与日记账核对,会计部门的财产物资明细账与财产物资保管和使用部门的有关明细账核对等。账账核对应当按月或定期相互核对,保证相符。

(3) 账实核对。账实核对,核对会计账簿记录与财产等实有数额是否相符,包括库存现金日记账账面余额与现金实际库存数额相核对;银行存款日记账账面余额定期与银行对账单相核对;各种财物明细账账面余额与财物实存数额相核对;各种应收、应付款明细账账面余额与有关债务、债权单位或者个人核对等。在实际会计核算工作中,账实核对一般是通过财产清查进行的。财产清查是会计核算的一种专门方法,在第六章有专门介绍。

(二) 结账

结账,是在把一定时期内发生的全部经济业务登记入账的基础上,计算并记录本期发生额和期末余额,并将余额结转下期或新的账簿的过程。结账工作主要包括以下内容:

(1) 检查本期内日常发生的经济业务是否已全部登记入账,若发现漏账、错账,应及时补记、更正。

(2) 按照权责发生制的要求,进行账项调整的账务处理,合理确定本期的收入和费用。

(3) 将损益类账户转入"本年利润"账户,结平所有损益类账户。

(4) 结算出所有账户的期末余额。

(5) 划红线确认并结转余额至下期。对于需要结出当月(季、年)发生额的账户,如库存现金日记账、银行存款日记账和各项收入、费用明细账等,应单列一行登记发生额,在摘要栏内注明"本月(季)合计"或"本年累计"。对于不需要结出当月(季、年)发生额的账户,如各项应收、应付款明细账和各项财产物资明细账等,只需要在最后一笔经济业务事项记录之下通栏划红线。划线时,月结、季结用单红线,年结划双红线。

现以"库存现金"总账为例加以说明,如表5-30所示。

表5-30　　　　　　　　库存现金总账

2021年		凭证号	对方科目	摘要	借方金额	贷方金额		余额
月	日							
11				……				
				本月合计	(略)	(略)	借	8 000.00
12	1			月初余额			借	8 000.00
	8	记12	银行存款	提现	18 000.00		借	26 000.00
	10	记19	管理费用	购买办公用品		6 000.00	借	20 000.00
	16	记30	其他应收款	员工出差借款	2 000.00		借	22 000.00
	25	记42	银行存款	现金送存银行		10 000.00	借	12 000.00
				本月合计	20 000.00	16 000.00	借	12 000.00
				本年合计	(略)	(略)	借	12 000.00
				结转下年			借	12 000.00

年终结账后,总账和日记账应当更换新账,明细账一般也应更换。但有些明细账,如固定资产明细账等可以连续使用,不必每年更换。有余额的账户,要将其余额结转到下一会计年度,并在摘要栏内注明"结转下年"字样;在下一会计年度新建有关会计账簿的第一行余额栏内填写上年结转的余额,并在摘要栏内注明"上年结转"字样。

第三节 会计凭证与会计账簿的管理

一、会计凭证的传递与保管

(一)会计凭证的传递

会计凭证的传递,是指会计凭证从取得或填制时起,经过审核、记账、装订,到归档时止,在单位内部有关部门和人员之间按规定的时间、路线办理业务手续和进行会计处理的传送过程。

正确、合理地组织会计凭证的传递,对于及时进行会计核算、协调单位内部各部门及各环节的工作、加强岗位责任制和进行会计监督都有重要的意义,而且还有利于发挥会计监督的作用。

会计凭证应当及时传递,不得积压。会计凭证的传递主要包括凭证的传递路线、传递时间、传递手续三个方面。

1. 传递路线。要根据业务流程及企业内部的部门、岗位和人员分工,以及经济管理需要,具体规定各种凭证传递路线。既要尽量节约传递时间,减少传递的环节,提高传递效率;又要满足内部牵制制度要求,在处理各项经济业务时,应由多人负责,共同完成,相互牵制,建立复核查对制度。

2. 传递时间。明确规定各种凭证在各经办部门、环节上停留的最长时间,不得拖延和积压会计凭证,以保证会计核算的及时性。

3. 传递手续。凭证的收发、交接都应按一定的手续制度办理,做到既完备严密,又简便易行,以保证会计凭证的安全和完整。

(二)会计凭证的保管

会计机构、会计人员要妥善保管会计凭证。会计凭证登记完毕后,应当按照分类和编号顺序保管,不得散乱丢失。

1. 会计凭证装订归档。记账凭证应当连同所附的原始凭证或者原始凭证汇总表,按照编号顺序,折叠整齐,按期装订成册,并加具封面,注明单位名称、年度、月份和起讫日期、凭证种类、起讫号码,由装订人在装订线封签外签名或者盖章。会计凭证封面格式如表 5-31 所示。

表 5－31　　　　　　　　记账凭证封面
年　　月　　日

单位名称	
凭证名称	
册　　数	第　　册　共　　册
起讫编号	自第　　号至第　　号
起讫日期	自　年　月　日至　　年　月　日

会计主管：　　　　　　　保管：　　　　　　　装订：

对于数量过多的原始凭证，可以单独装订保管，在封面上注明记账凭证日期、编号、种类，同时在记账凭证上注明"附件另订"和原始凭证名称及编号。

各种经济合同、存出保证金收据以及涉外文件等重要原始凭证，应当另编目录，单独登记保管，并在有关的记账凭证和原始凭证上相互注明日期和编号。

2. 会计凭证的借阅。原始凭证不得外借，其他单位如因特殊原因需要使用原始凭证时，经本单位会计机构负责人、会计主管人员批准，可以复制。向外单位提供的原始凭证复制件，应当在专设的登记簿上登记，并由提供人员和收取人员共同签名或者盖章。

3. 会计凭证遗失的处理。从外单位取得的原始凭证如有遗失，应当取得原开出单位盖有公章的证明，并注明原来凭证的号码、金额和内容等，由经办单位会计机构负责人、会计主管人员和单位领导人批准后，才能代作原始凭证。如果确实无法取得证明的，如火车、轮船、飞机票等凭证，由当事人写出详细情况，由经办单位会计机构负责人、会计主管人员和单位领导人批准后，代作原始凭证。

4. 会计凭证保管期限和销毁手续，必须严格遵守《会计档案管理办法》的规定。有关会计凭证保管要求详见第九章第四节会计档案。

二、账簿启用的规则

账簿是储存数据资料的重要会计档案，登记账簿要有专人负责。为了保证账簿记录的严肃性和合法性，明确记账责任，保证资料完整，在账簿启用时应遵循以下规则。

1. 设置账簿的封面和封底。除订本账不另设封面外，各种活页账都应设置封面和封底，登记企业名称、账簿名称和会计年度。

2. 填写账簿启用和经管人员一览表。在新账簿启用时应填写在扉页印制的"账簿启用和经管人员一览表"（格式见表 5－32）详细载明：单位名称、账簿名称、账簿编号、账簿共计页数、起止日期、经管人员（包括企业负责人、主管会计、复核和记账人员）均应载明姓名并加盖印章，并加盖单位公章。

记账人员调动工作或因故离职时，应办理交接手续，在交接记录栏内填写交接日期和交接人员姓名（签章）。

表 5-32　　　　　　　　　　账簿启用和经管人员一览表

单位名称									单位公章
账簿名称			总账　　　　（第　册）						
账簿编号									
账簿页数			本账簿共计　　页（检点人盖章）						
启用日期			年　月　日						
经管人员	负责人		主办会计		复核		记账		
	姓名	盖章	姓名	盖章	姓名	盖章	姓名	盖章	
交接记录	经管人员		接管		交出				
	职别	姓名	日期	盖章	日期	盖章			
备注									

3. 填写账户目录。总账应按照会计科目的编号顺序填写科目名称和启用页码，在启用活页式明细分类账时，应按照所属会计科目填写科目名称和页码，年度结账时要撤去空白账页后填写使用页码（格式见表 5-33）。

表 5-33　　　　　　　　　　账簿目录

编号	账户名称	页码	编号	账户名称	页码	编号	账户名称	页码

（4）粘贴印花税税票。印花税票应粘在账簿的右上角，并在印花税票中间划两条平行的出头红直线，以示注销。

三、账簿的更换与保管

账簿更换是指在会计年度终了时，将上年度的账簿更换为次年度新账簿的工作。年终结账后，总账和日记账应当更换新账簿，明细账一般也应更换。但有些明细账，如固定资产明细账（卡）等可以连续使用，不必每年更换。账簿更换时应将旧账簿的年末余额，抄入新年度账簿。旧账簿中各账户结转年末余额的摘要栏内加盖"结转下年"戳记。同时，在新账簿中相关账户的第一行摘要栏内加盖"上年结转"的戳记，并在余额栏记入上年年末余额。

会计账簿的保管，既要做到安全完整，又要保证在需要的时候能从账簿中迅速查到所需要的资料。为此，会计人员必须在年度结束后，将各种活页账簿连同"账簿和经管人员一览表"装订成册，加上封面，统一编号，与各种订本式账簿一起归档保管。

各种账簿同会计凭证及会计报表一样，都是重要的经济档案，必须按照制度统一规定的保存年限妥善保管，不得丢失和任意销毁。有关会计账簿保管要求详见第九章第四节会计档案。

复习思考题

1. 什么是会计凭证？会计凭证有哪些分类？
2. 为什么要取得或填制原始凭证？原始凭证可以分为哪几类？
3. 原始凭证的填制应符合哪些要求？
4. 为什么要编制记账凭证？记账凭证可以分为哪几类？
5. 怎样审核记账凭证？
6. 什么是会计账簿，会计账簿是如何分类的？
7. 账簿登记应注意哪些规则？
8. 错账的更正方法有哪几种？分别适用于什么情况？
9. 什么是对账？对账的具体内容有哪些？
10. 什么是结账？如何进行结账？
11. 如何进行会计凭证的传递？
12. 账簿的更换和保管应注意哪些问题？

第六章　财产清查

【本章知识结构图】

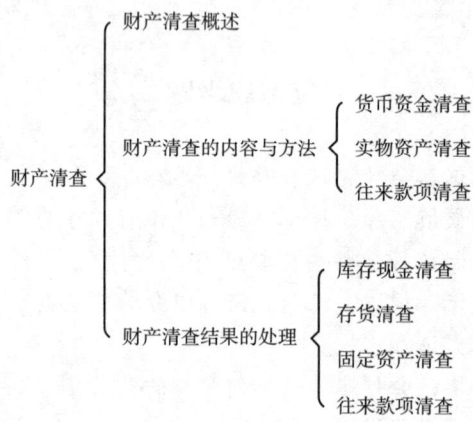

【学习目的与要求】

　　财产清查是会计核算的一种专门方法。通过本章学习，认识财产清查的意义和种类；了解财产清查的一般方法；掌握存货的盘存制度及各种财产物资的清查方法；掌握财产清查结果的账务处理方法。

第一节　财产清查概述

一、财产清查的意义

　　企业的财产包括货币资金、实物资产以及各项债权。各项财产物资的增减变动和结存情况都是通过账簿记录加以反映，为了保证账簿记录的真实性、正确性，在会计实务中，通常进行账证核对、账账核对、账实核对，其中的账实核对就是财产清查的主要内容。

　　财产清查，是指对企业的财产物资进行盘点或核对，查明各项财产的实有数与账面结存数是否相符的一种会计核算专门方法。

　　每一个单位在发生了日常的经济业务之后，都需要通过填制和审核会计凭证、登记账簿、编制会计报表等一系列严密的会计处理方法，为会计信息的使用者提供决策有用的会计信息。但是，在实际工作中，由于人为的或自然的因素，即使在账证相符、账账相符的情况下，也可能出现其账面数和实存数不一致。造成账实不一致的主要原因有：

（1）未达账项。由于结算凭证在企业和银行之间传递在时间上的差异，形成未达账项。

（2）自然原因。在财产物资保管过程中，由于气候等自然因素，财产物资会发生自然损溢；或由于自然灾害造成财产物资的非常损失。

（3）收发计量差错。在财产物资收发过程中，由于计量、检验不准确而造成品种、数量上的差错。

（4）管理不善。由于管理不善或工作人员失职，造成财产物资的短缺、变质或毁损；或财产物资被盗窃、贪污、挪用等造成的损失。

（5）账簿记录差错。在会计凭证填制、账簿登记过程中，出现漏记、重记和错记或计算上的错误。

上述原因都可能使财产物资出现账实不符的情况，因此，必须及时、有效地开展财产清查工作，对各项财产物资进行定期或不定期的盘点或核对，在账实相符的基础上编制会计报表。财产清查的意义主要体现在以下两个方面：

（1）保证账实相符，提高会计信息质量。财产清查可以确定各项财产物资的实际结存数，实际结存数与账面结存数进行核对，可以揭示各项财产物资的溢缺情况，进而查明发生盘盈、盘亏的原因和责任，并及时调整账面记录，做到账实相符，保证账簿记录真实、可靠。

（2）确保财产物资的安全完整及有效使用，完善内部控制制度。财产清查是一种重要的会计核算方法和内部控制制度。通过财产清查，可以发现各项财产物资是否安全完整，有无短缺、毁损、变质，有无贪污、挪用、盗窃等不法情况行为；还可以查明各项财产物资的储备是否合理，是否存在储备不足或积压闲置等现象。对发现的情况，应找出原因，及时进行处理，并进一步完善财产内部控制制度，改进管理工作，从而在制度上、管理上切实保证财产物资的安全完整及有效使用，使内部控制制度得以充分实施。

二、财产清查的种类

财产清查可按不同的标准进行分类，了解和把握财产清查的分类，有利于财产清查工作及时、顺利地进行。

（一）全面清查与局部清查

按财产清查的范围分为全面清查和局部清查。

1. 全面清查。全面清查是指对全部财产进行的清查。全面清查的范围广、时间长，需要参与的部门和人员很多，费时费力，因此，企业并不经常进行全面清查。一般在下述情形下，才需要进行全面清查。

（1）年终决算之前，需要进行全面清查，以明确经济责任，确保年终决算会计信息的真实、准确和可靠。

（2）企业关停并转、改变隶属关系或中外合资、国内联营之前，需要进行全面清查，以摸清家底，明确各方的经济责任，防止资产的流失。

（3）开展资产评估、清产核资时，需要进行全面清查，以摸清企业资产的真实数量和现时价值，检查账实相符的程度，加强对企业资产的监督管理。

（4）单位主要负责人调离工作岗位时，需要进行全面清查，作为离任审计的重要依据，以评价和明确离任负责人的业绩和责任。

2. 局部清查。局部清查是指根据需要对单位的一部分财产物资进行的清查。局部清查的范围较小、专业性和针对性较强，通常用于对一些流动性强且比较重要物资的清查。具体包括：

（1）对于库存现金，应由出纳员在每日业务终了时清点核对。

（2）对于银行存款和银行借款，每月应与银行至少核对一次。

（3）对于流动性较大或容易发生短缺和损耗的物资，如原材料、在产品、产成品和库存商品等，除年度全面清查外，应根据具体情况，有计划地每月重点抽查，特别是对于各种贵重的财产物资，每月应至少盘点一次。

（4）对于债权，每年至少与对方核对一至二次。

（二）定期清查与不定期清查

按财产清查的时间分为定期清查和不定期清查。

1. 定期清查。定期清查是指按预先计划安排的时间对财产进行的清查。其清查的时间一般是在年末、季末、月末、每日结账时进行。如每日结账时，要将"库存现金"日记账与实存现金进行核对；每月结账时，要将"银行存款"日记账与银行对账单进行核对。根据实际需要，定期清查的对象和范围，可以是全面清查，如单位年终决算以前对财产物资进行的全面盘点和核对；也可以是局部清查，如季末、月末对贵重物资、库存现金和银行存款等进行的局部盘点和核对。

2. 不定期清查。不定期清查是指根据实际需要所进行的临时清查。根据情况需要，不定期清查可以是全面清查，也可以是局部清查。如更换仓库保管员时，应对其所保管的财产物资进行清查；更换出纳员时，应对库存现金、银行存款进行清查，以分清经济责任；发生非常损失时，应对受损的财产进行清查，以查明损失情况；企业撤销、合并或改变隶属关系时，应对财产物资、货币资金、债权债务进行清查，以摸清家底。

（三）内部清查与外部清查

按财产清查的人员分为内部清查和外部清查。

1. 内部清查。内部清查是指由企业内部有关人员对本企业的财产所进行的清查。大多数财产清查属于内部清查。内部清查，可以是全面清查也可以是局部清查；可以是定期清查也可以是不定期清查，应根据具体要求和实际情况确定。

2. 外部清查。外部清查是指由本企业外部的上级主管部门、财税机关、审计机关、银行以及有执业资格的中介机构（如会计师事务所）等，根据国家的有关规定对本企业所进行的财产清查。外部清查必须有内部清查人员参加。企业的清产核资、企业重组过程中的资产评估，有些就属于外部清查。外部清查一般是全面清查，它可以是定期清查也可以是不定期清查。

三、财产清查的一般程序

财产清查是一项非常复杂、细致的工作，涉及范围很广、工作量大、政策性强、所需人力物力多。为了使财产清查工作能够有组织、有步骤和有秩序地顺利进行，最终达到预期的目的，各企业必须按照规定的程序，科学合理地组织清查工作。

（一）准备阶段

1. 组织准备。成立财产清查领导小组。该领导小组应由企业的负责人，以及会计、业务、保管等有关部门的人员组成。其主要任务是：（1）制订财产清查计划，确定财产清查的范围和进度，调配工作人员，确定清查方法；（2）在清查过程中，做好具体组织和监督工作，制定好对清查工作的检查和督促措施；（3）研究解决清查过程中出现的问题，提出清查结果的处理意见，出具财产清查报告。

2. 业务准备。业务准备是进行财产清查的前提条件，为了做好财产清查工作，各有关部门应做好以下准备工作：

（1）会计部门应在财产清查前，将全部有关业务登记入账，结出余额，并将总分类账与有关明细分类账的余额进行核对，保证账簿记录完整、准确，为财产清查提供可靠的依据。

（2）财产物资保管和使用部门应将全部业务办理好凭证手续，登记好各种财产物资明细账，结出余额，并与会计部门的有关总分类账核对相符。财产物资保管人员应将其所保管的各种财产物资分类整理清楚，排列整齐，标明品种、规格和结存数量，以便进行实物盘点核对。

（3）财产清查小组应组织有关部门准备好各种必要的度量衡器具，印制好各种清查使用的登记表册，如"盘存单""账存实存对比表"等，取得银行存款、银行借款及往来款项的对账单、债权债务的函证材料等。

（二）实施阶段

财产清查准备工作就绪后，清查人员根据清查对象的特点分别采取相应的方法对其数量与质量予以清查。在盘点财产物资时，财产物资的保管人员必须在场；在盘点现金时，出纳人员必须在场。盘点时，由盘点人员做好盘点记录，填制"盘存单"，并由盘点人员、财产物资的保管人员签章；同时，根据有关账簿记录和"盘存单"资料填制"实存账存对比表",据以检查账实是否相符,将对比结果填入该表。"实存账存对比表"既是记录财产清查结果的原始凭证,也是调整账簿记录、分析差异原因的重要依据。

(三) 分析及处理阶段

财产清查的结果不外乎以下三种情况:(1) 实存数等于账存数,即账实相符;(2) 实存数大于账存数,即盘盈;(3) 实存数小于账存数,即盘亏。后两种为账实不符,应分析与查明账实不符的性质与原因,明确责任,按规定程序报请有关部门及领导处理,并针对清查中发现资产管理方面的问题,总结经验,提出改进措施健全和完善有关资产管理的各种规章制度。对清查中发现的盘盈、盘亏资产,以"实存账存对比表"为原始凭证,及时调整账簿记录。

四、财产清查的方法

财产清查的方法很多,不同的财产物资有不同的清查方法,比较常见的有以下四种方法:

(1) 实地盘点法。这种方法是通过逐一清点、度量或过磅来确定实物的实存数量。企业单位的多数财产物资的清查,都可以采用这种方法,如现金、机器设备、原材料、产成品等。

(2) 技术推算法。这种方法是通过量方、计尺、数学等技术来推算财产物资的结存数量。对于那些散装、成堆存放、难以逐一清点的财产物资,盘点时可先计算出单位体积重量,然后用单位体积重量乘以总体积,求得全部结存数量。如大量成堆的煤炭、矿石、食盐、饲料等。

(3) 抽样盘点法。这种方法是指对于价值小、数量多、重量和体积都比较均匀的财产物资,不便于逐一进行实地盘点,采取抽取一部分财产物资来进行盘点,确定全部财产物资实有数。

(4) 函证核对法。这种方法是利用银行对账单、信函、传真等手段与对方单位进行核对,以确定财产物资的实有数。这种方法适用于银行存款、债权债务、委托(受托)加工物资或保管的物资、出租出借的物资以及在途物资。

五、存货的盘存制度

财产清查的重要内容是盘点财产物资,确定其实存数量。企业要顺利地进行财产清查,就必须建立科学、合理的存货盘存制度。存货盘存制度是确定存货期末结存数量的方法。实际工作中,存货盘存制度有永续盘存制和实地盘存制两种。

(一) 永续盘存制

1. 永续盘存制的概念。永续盘存制,又称账面盘存制,它是通过设置存货明细分类账，逐笔连续地登记存货的收入、发出数，并能随时结出账面结存数的一种盘存制度。采用这种盘存制度，存货的明细账要按存货的品种规格设置。在明细账中，平时要登记收、发、结存的数量和收入的金额，至于发出和结存的金额是否需要在平时登记，则取决于销售成本的结转为随时结转还是定期结转。确定期末账面存货数量的计算公式如下：

期末存货数量＝期初存货数量＋本期收入存货数量－本期发出存货数量

2. 永续盘存制的优点、缺点。

（1）永续盘存制的优点是便于存货的管理和控制。在永续盘存制下，存货的增减变化都要逐笔进行登记，并随时结出账面结存数，手续比较严密，便于加强会计监督。同时，及时掌握存货收发、结存的动态情况，便于加强存货的管理，保证存货的安全、完整。

（2）永续盘存制的缺点在于登记存货明细账的工作量较大，需要较多的人力和物力。但同实地盘存制相比，它对存货起着有效的管理和控制作用，所以永续盘存制在实际中运用非常广泛。

值得注意的是，企业采用永续盘存制，也需要对各项存货进行实地盘点，至少每年实地盘点一次，以检查账实是否相符。若账实不符，要查明原因，并根据财产清查结果调整账目，保证账实一致。

（二）实地盘存制

1. 实地盘存制的概念。实地盘存制，又称以存计销制、以存计耗制，它是通过设置存货明细账，在明细账中，平时只登记存货收入的数量和金额，不登记存货发出数量，期末通过实地盘点，来确定存货期末结存数量，然后倒挤出本期存货发出数量的一种盘存制度。采用实地盘存制，本期减少数的计算公式为：

本期发出数量＝期初结存数量＋本期收入数量－期末结存（盘点）数量

2. 实地盘存制的优点、缺点。实地盘存制的优点是，减少了存货明细账的登记工作。实地盘存制的缺点是，平时只登记各项存货增加的数量和金额，不登记减少的数量和金额，不能通过账簿随时掌握存货的收、发、结存的动态情况。对于存货的减少，手续不严密，不便于施行会计监督，容易掩盖存货管理中存在的问题（如偷盗、毁损、短缺等），不利于存货的日常管理。因此，这种盘存制度只有小型企业、经营鲜活商品的零售企业采用，一般企业均应采用永续盘存制。

第二节　财产清查的内容与方法

为了保证财产清查的工作质量，提高工作效率，达到预期的目标，财产清查应根据各种财产物资的特点来进行。

一、货币资金的清查

货币资金的清查一般包括库存现金和银行存款的清查。因为货币资金的收支业务十分频繁,容易出现差错,所以要定期或不定期地进行清查。

(一) 库存现金的清查

库存现金的清查采用实地盘点法,由出纳人员每日终了进行,确定其库存现金实存数,然后与库存现金日记账的账面余额进行核对,以查明余缺情况。库存现金的盘点,应由清查人员会同出纳人员共同负责。其清查内容和方法如下:

(1) 在盘点前,出纳人员应先将现金收、付凭证全部登记入账,并结出余额。

(2) 在盘点时,出纳人员必须在场,现金应逐张清点,如发现现金长款、短款,必须会同出纳人员核实清楚。盘点时,除查明账实是否相符外,还要查明有无违反现金管理制度的行为,如有无"白条"抵充现金、现金库存是否超过银行规定限额、有无坐支现金等。

(3) 在盘点结束时,应根据盘点结果,及时填制"库存现金盘点报告表",并由盘点人员和出纳人员共同签章。此表具有双重性质,它既是盘存单,又是账存实存对比表;既是反映库存现金实有数、用以调整账簿记录的重要原始凭证,也是分析账实发生差异原因、明确经济责任的依据。"库存现金盘点报告表"格式如表6-1所示。

表6-1　　　　　　　　库存现金盘点报告表
单位:　　　　　　　　2021年10月26日　　　　　　　　单位:元

币种	实存金额	账存金额	对比结果		备注
			盘盈	盘亏	
人民币	2 180.20	2 183.20	0	3.00	

盘点人:方岩　　　　　　　　　　　　　　　　出纳员:吴莉

(二) 银行存款的清查

银行存款的清查采用函证核对法,即将银行对账单与银行存款日记账逐笔进行核对,以查明账实是否相符,至少每月要核对一次。

每月末,出纳员将本单位银行存款的收、付业务全部登记入账,结出余额,然后与银行对账单逐笔核对。

企业的银行存款日记账的余额应与银行对账单的余额相等。在实际工作中,往往会发现两者不一致。这除了企业与银行一方或双方记账有错误外,另一个重要原因就是未达账项。所谓未达账项,是指企业与银行之间,由于结算凭证传递的时间不同,导致双方记账时间不一致,即一方已接到有关结算凭证并已登记入账,而另一方由于尚未收到有关凭证而未登记入账的账项。

概括来讲,未达账项有两大类型:一是企业已经入账而银行尚未入账的款项;二是银行已经入账而企业尚未入账的款项。具体有以下四种情况:

(1) 企业已收款入账,银行未收款入账;
(2) 企业已付款入账,银行未付款入账;
(3) 银行已收款入账,企业未收款入账;
(4) 银行已付款入账,企业未付款入账。

上述任何一种情况发生,都会使企业银行存款日记账的余额与银行对账单的余额不一致。当发生第一、第四两种情况时,会使企业银行存款日记账的余额大于银行对账单的余额;当发生第二、第三种情况时,会使企业银行存款日记账的余额小于银行对账单的余额。因此,在核对双方账目时,应查明有无未达账项。在具体核对时,要对双方的账目记录进行逐笔核对,对于双方账目上都有的记录,可打上"√"的标记,核对完毕,无标记款项则可能是未达账项。为了消除未达账项对双方余额的影响,掌握企业银行存款的实际可动用数额,企业需要编制"银行存款余额调节表"。

"银行存款余额调节表"的编制,是以企业银行存款日记账和银行对账单双方账面余额为基础,各自分别加上对方已收款入账而本方尚未入账的数额,减去对方已付款入账而本方尚未入账的数额,若双方记账均无错误,经过调节后的余额应该相等。现举例说明"银行存款余额调节表"的编制方法。

【例6-1】岭南有限责任公司2021年4月30日银行存款日记账的账面余额为790 000元,银行对账单的账面余额为851 000元。经逐笔查实,发现有以下未达账项:

4月29日,银行代企业收回货款68 000元,企业因尚未收到收款通知而尚未入账;

4月29日,银行代企业支付本月水电费共9 500元,企业因尚未收到付款通知而尚未入账;

4月30日,企业存入银行的转账支票一张计11 000元,银行尚未入账;

4月30日,企业开出转账支票一张计13 500元,银行尚未入账。

根据上述资料编制的银行存款余额调节表如表6-2所示。

表6-2 **银行存款余额调节表**

2021年4月30日 单位:元

项目	金额	项目	金额
企业银行存款日记账余额	790 000	银行对账单余额	851 000
加:银行已记增加、企业未记增加的款项	68 000	加:企业已记增加、银行未记增加的款项	11 000
减:银行已记减少、企业未记减少的款项	9 500	减:企业已记减少、银行未记减少的款项	13 500
调节后余额	848 500	调节后余额	848 500

经调节后的银行存款余额才是企业可动用的银行存款实有数额。应当指出的是，由于未达账项不是错账、漏账，因此，不能依据银行存款余额调节表登记账簿。对于银行已经入账而企业尚未入账的未达账项，应在有关结算凭证到达企业后，才据以记账；对于长期存在的未达账项，应及时查明原因，予以解决。

二、实物资产的清查

实物资产是指具有实物形态的各种财产，它主要包括存货和固定资产两部分内容。

（一）存货的清查

存货主要指原材料、在产品、库存商品、周转材料等。按其在生产经营过程中起的作用可以分为三类：一是为生产过程耗用而储备的各种材料及周转材料；二是正在加工中的在产品；三是准备销售的产成品。

存货种类繁多，形态各异，而且体积、重量、堆放方式不尽相同，因而所采用的清查方法也不尽相同。存货清查的方法通常采用实地盘点法、技术推算法和抽样盘点法。

存货清查的程序应按下列步骤进行：

首先，要由清查人员协同存货保管人员在现场对存货采用上述相应的清查方法进行盘点，确定其实有数。

其次，对盘点结果要如实登记在"盘存表"上，并由盘点人员和实物保管人员签章。"盘存表"内的编号、规格、名称、计量单位、单价各栏所填写的内容，应与对应账簿上记载的相同，以便核对，其一般格式如表6-3所示。"盘存表"既是记录实物资产盘点结果的书面证明，也是反映实物资产实有数额的原始凭证。

表6-3　　　　　　　　　　　　　盘存表

单位名称：　　　　　　　　盘点时间：　　　　　　　　编号：
财产类别：　　　　　　　　存放地点：

序号	名称	规格型号	计量单位	实存数量	单价	金额	备注

盘点人：　　　　　　　　　实物保管人：

最后，应根据"盘存表"和有关账簿记录编制"账存实存对比表"，其一般格式如表6-4所示。"账存实存对比表"既是调整有关账簿记录的原始凭证，也是确定经济责任的重要依据。

表 6-4　　　　　　　　　　　账存实存对比表

单位名称：　　　　　　　　　　年　月　日　　　　　　　　　　编号：

名称及规格	计量单位	单价	账存		实存		盘盈		盘亏		备注
			数量	金额	数量	金额	数量	金额	数量	金额	
合计											

盘点人：　　　　　　　　　　　会计：

在实际工作中，"账存实存对比表"通常只在账实不符时才填列，而对于账实相符的实物则不填列，这样有利于减少编表工作量。由于"账存实存对比表"反映的是各种实物资产的盘盈、盘亏情况，所以也称"盘盈盘亏报告表"。

对于流动性较大的存货，如材料、库存商品等，年内应轮流盘点或重点抽查；对于各种贵重物资，每月至少应清查盘点一次；对于流动性较小的存货如周转材料、委托加工材料等，清查间隔期可以适当长一些。

无论采用哪一种清查方法，都应按计划有步骤地进行，以免重复或遗漏。在盘点时应先根据"财产目录"的规定，复核财产物资的品名、规格，然后再盘点数量；此外，还应对实物的质量进行核查，按照不同财产物资特点可以采用物理的或化学的方法进行质量检测。在清查过程中，还应了解财产物资的利用和储备情况，以及在收、发、保管等方面所存在的问题。为了明确经济责任，在进行清查时，实物保管人员必须在场，但保管人员不宜担任清查任务，这有利于清查工作的客观、公正。

（二）固定资产的清查

固定资产是指各类设备、机器及房屋建筑物等。固定资产是企业开展经营活动的物质基础，在企业的资产总额中占有很大的比重，其清查每年至少应进行一次。固定资产清查主要是：查明账实是否相符及不符原因；固定资产在保管、维护保养及核算上是否存在问题；清查固定资产的使用情况，是否存在长期闲置的资产等。对于固定资产清查过程中发现的问题，应反映给有关方面，及时处理，保证固定资产完整、合理、有效使用。

固定资产的清查通常采用实地盘点法，将固定资产明细账上的记录情况与固定资产实物逐一核对，包括明细账上所列固定资产的类别、名称、编号等。如清查中发现固定资产盘亏或损毁情况，还要查明该项固定资产的原值、已提折旧额等。

根据《企业会计准则第28号——会计政策、会计估计变更和差错更正》的规定，企业在财产清查中盘盈的固定资产，作为重要的前期差错，企业应当采用追溯重述法予以更正。

三、往来款项的清查

往来款项的清查,包括应收账款、预付账款、其他应收款、应付账款、预收账款和其他应付款的清查。

往来款项的清查采用函证核对法。往来款项的清查一般包括以下程序:

(1) 检查核对账簿记录。应将本单位往来账目全部登记入账,以保证账簿记录的完整性。

(2) 编制"往来款项对账单"(见表6-5)。根据有关明细账的记录,按客户编制对账单,寄发给对方单位进行核对。对账单一般一式两联,其中一联作为回单。对方单位接到对账单核对无误后,在回单联上注明"核对相符"字样,并加盖公章退回给寄发单位;如发现数额不符,应将不符情况在回单上注明之后退回,作为进一步核对的依据;若存在未达账项,应进行余额调整,以确认往来款项余额,核对是否相符。

表6-5　　　　　　　　　往来款项对账单

××公司:

本公司与贵单位的业务往来有下列各项目,为了核对账目,特函请查证是否相符,请核对后将回单联寄回。

单位:　　　　　　　　地址:　　　　　　　　编号:

会计科目名称	截止日期	经济业务事项摘要	账面余额

核查单位:(盖章)
2021年12月11日

沿此虚线裁开,将以下回单寄回1

清查单位:

你单位寄来的"往来款项对账单"已经收到,经核对相符无误。

××单位:(盖章)
2021年12月25日

(3) 填制"往来款项清查表"。在往来款项的清查中,还应注意查明双方有无争议的款项,有无没有收回希望的款项,以便采取措施,减少坏账损失。

本单位在收到对方回单后,在检查、核对并确认了往来款项余额后,清查人员应根据清查中发现的问题和情况,及时填制"往来款项清查表",其格式如表6-6所示。

表 6-6　　　　　　　　　往来款项清查表

总分类账户名称：　　　　　　　　年　月　日

明细分类账户		清查结果		核对不符原因分析			备注
名称	账面余额	核对相符金额	核对不符金额	未达账项金额	有争议款项金额	其他	

在往来款项的清查中，不仅要查明往来款项的余额，还要查明形成的原因，以便加强管理。

第三节　财产清查结果的处理

对于财产清查结果的账务处理，应当分两个步骤：第一步，根据"账存实存对比表"查明的财产物资的盘盈、盘亏和毁损的数字编制记账凭证，并据以登记有关账簿，使账实相符；第二步，根据差异产生的原因和有关部门批复的意见，编制记账凭证，并登记入账。

为了核算企业在财产清查中发现的各种财产物资的盘盈、盘亏和毁损及其经批准后的处理情况，应设置"待处理财产损溢"账户。"待处理财产损溢"是资产类账户，核算企业在清查财产过程中查明的各种财产物资的盘盈、盘亏和毁损，盘盈时贷记本账户，盘亏和毁损时借记本账户。本账户下设置"待处理流动资产损溢"和"待处理固定资产损溢"两个明细账户，其账户结构如下：

借方	待处理财产损溢	贷方
财产物资盘亏和毁损的发生数额 财产物资盘盈的处理数额		财产物资盘盈的发生数额 财产物资盘亏和毁损的处理数额
期末无余额		

企业清查的各项财产损溢，应于期末前查清原因，并根据企业管理权限，经股东大会或董事会或经理（厂长）会议或类似机构批准后，在期末结账前处理完毕。如清查的各项财产的损溢，在期末结账前尚未经批准的，在对外提供财务会计报告时应按有关规定进行处理，并在会计报表附注中做出说明，所以该账户期末通常无余额；如果其后批准处理的金额与已处理的金额不一致的，应调整会计报表相关项目的年初数。

一、库存现金清查结果的会计处理

库存现金清查中发现现金短款（盘亏）或长款（盘盈）时，应及时根据"库存现金盘点表"进行账务处理：属于现金短款，应按实际短缺的金额，借记"待处理财产损溢——待处理流动资产损溢"账户，贷记"库存现金"账户；属于现金长款，按实际溢余的金额，借记"库存现金"账户，贷记"待处理财产损溢——待处理流动资产损溢"账户，使账实相符。

待查明原因，按照责任权限和有关部门批准后，分别以下情况处理，并冲销"待处理财产损溢——待处理流动资产损溢"账户。

（1）如为现金短款，属于应由责任人赔偿的部分，借记"其他应收款——××"或"库存现金"账户；属于应由保险公司赔偿的部分，借记"其他应收款——应收保险赔款"账户；属于无法查明原因的，根据管理权限，经批准后处理，借记"管理费用"账户，同时贷记"待处理财产损溢——待处理流动资产损溢"账户。

（2）如为现金长款，应借记"待处理财产损溢——待处理流动资产损溢"账户，属于应支付给有关人员或单位的，贷记"其他应付款"账户；属于无法查明原因的，经批准后，贷记"营业外收入"账户。

【例6-2】岭南有限责任公司在清查中发现现金短缺1 702元。应编制如下会计分录：

借：待处理财产损溢——待处理流动资产损溢　　　　1 702
　　贷：库存现金　　　　　　　　　　　　　　　　　　1 702

经查，上述短款为出纳人员工作疏忽造成的，应由其负责赔偿，在赔偿款尚未收到之前，应编制如下会计分录：

借：其他应收款——××出纳　　　　　　　　　　　1 702
　　贷：待处理财产损溢——待处理流动资产损溢　　　　1 702

如属于应由保险公司赔偿的现金短款，则应编制如下会计分录：

借：其他应收款——××保险公司　　　　　　　　　1 702
　　贷：待处理财产损溢——待处理流动资产损溢　　　　1 702

如属于无法查明的其他原因造成的现金短款，经批准则应编制如下会计分录：

借：管理费用　　　　　　　　　　　　　　　　　　1 702
　　贷：待处理财产损溢——待处理流动资产损溢　　　　1 702

【例6-3】岭南有限责任公司在清查中发现现金溢余911元。应编制如下会计分录：

借：库存现金　　　　　　　　　　　　　　　　　　911
　　贷：待处理财产损溢——待处理流动资产损溢　　　　911

经反复核查，未查明上述现金溢余的原因，经批准作营业外收入处理。应编制如下会计分录：

借:待处理财产损溢——待处理流动资产损溢   911
　　贷:营业外收入   911

二、存货清查结果的会计处理

存货清查中发现盘亏或盘盈时,应及时根据"实存账存对比表"进行账务处理。

1. 存货盘亏的会计处理。存货盘亏或毁损时,应按其实际成本,借记"待处理财产损溢——待处理流动资产损溢"账户,贷记"原材料""库存商品"等账户。

待查明原因经批准后,分别以下情况处理:按能收回的残料价值,借记"原材料""库存商品"等账户;按可以收回的保险赔偿和过失人赔偿,借记"其他应收款"等;属于责任人造成的损失,借记"其他应收款"账户;盘亏或毁损总额扣除以上几项的剩余净损失,若属于非常损失,借记"营业外支出"账户;若属于定额内损耗、自然损耗、管理不善等造成的损失,借记"管理费用"账户;同时按盘亏或毁损总额贷记"待处理财产损溢——待处理流动资产损溢"账户。

2. 存货盘盈的会计处理。盘盈的存货,应按其价值,借记"原材料""库存商品"等账户,贷记"待处理财产损溢——待处理流动资产损溢"账户。

若经批准作费用处理,冲减管理费用,借记"待处理财产损溢——待处理流动资产损溢"账户,贷记"管理费用"账户。

【例6-4】岭南有限责任公司仓库因遭受火灾造成原材料毁损215 000元,假设不考虑增值税的处理。应编制如下会计分录:

借:待处理财产损溢——待处理流动资产损溢   215 000
　　贷:原材料   215 000

上述自然灾害损失应由企业投保的保险公司赔付145 000元,余额经批准列作企业的营业外支出。应编制如下会计分录:

借:其他应收款——应收××保险公司赔款   145 000
　　营业外支出   70 000
　　贷:待处理财产损溢——待处理流动资产损溢   215 000

【例6-5】岭南有限责任公司2×21年12月对原材料进行清查,发现有三种材料盘亏:

①甲材料短缺25千克,单位成本40元,经查属于材料定额内损耗;

②乙材料短缺60千克,单位成本80元,经查系保管人员责任心不强造成的损失,责令其赔偿,赔款尚未收到;

③丙材料毁损1 400千克,单位成本28元,是由于暴风雨袭击仓库所致,保险公司负责赔偿9 500元,另残料收入500元。

假设不考虑增值税的处理。应编制如下会计分录:

发现盘亏时:

借:待处理财产损溢——待处理流动资产损溢	45 000
贷:原材料——甲材料	1 000
——乙材料	4 800
——丙材料	39 200

报经批准后:

借:管理费用	1 000
其他应收款——保管员	4 800
原材料	500
其他应收款——保险公司	9 500
营业外支出	29 200
贷:待处理财产损溢——待处理流动资产损溢	45 000

【例6-6】岭南有限责任公司在财产清查中甲材料盘盈48千克,价值1 100元。应编制如下会计分录:

借:原材料——甲材料	1 100
贷:待处理财产损溢——待处理流动资产损溢	1 100

经查,盘盈系因计量器具不准确造成的,经批准冲减本月的管理费用。应编制如下会计分录:

借:待处理财产损溢——待处理流动资产损溢	1 100
贷:管理费用	1 100

三、固定资产清查结果的账务处理

在财产清查中发现盘亏的固定资产,应查明原因,填制"固定资产盘亏报告表",报经企业主管领导批准后才能计入营业外支出。

对于盘亏的固定资产,按净值借记"待处理财产损溢——待处理固定资产损溢"账户,按已提折旧额借记"累计折旧"账户,按已计提的减值准备借记"固定资产减值准备"账户,按原值贷记"固定资产"账户。按规定程序批准处理后,按盘亏的固定资产的净值,减去过失人、保险公司赔款等之后,借记"营业外支出",并从其贷方转销"待处理财产损溢——待处理固定资产损溢"。

【例6-7】岭南有限责任公司在财产清查中盘亏设备一台,该设备账面原值为70 000元,已提折旧30 000元。应编制如下会计分录:

借:待处理财产损溢——待处理固定资产损溢	40 000
累计折旧	30 000
贷:固定资产	70 000

经批准,上述固定资产盘亏损失转作企业的营业外支出。应编制如下会计分录:

借:营业外支出	40 000

贷：待处理财产损溢——待处理固定资产损溢　　　　　　40 000

根据《企业会计准则第 28 号——会计政策、会计估计变更和差错更正》的规定，企业在财产清查中盘盈的固定资产，作为重要的前期差错，企业应当采用追溯重述法予以更正。

四、往来款项清查结果的账务处理

在清查中发现无法收回的应收款项即坏账损失，以及确实无法支付的应付款项，根据"往来款项清查表"进行账务处理，均不需要通过"待处理财产损溢"账户。对无法收回的应收款项，企业通常采用备抵法进行会计处理，冲减"坏账准备"，并冲销应收款项，该具体内容将在《财务会计》课程中介绍，此处不论述。对无法支付的应付款项经批准后，直接记入"营业外收入"账户，并冲销应付款项。

【例 6-8】岭南有限责任公司一笔长期无法收回的应收账款（甲公司）1 200 元，经批准做坏账处理，应编制如下会计分录：

　　借：坏账准备　　　　　　　　　　　　　　　　　　1 200
　　　贷：应收账款——甲公司　　　　　　　　　　　　　　　1 200

【例 6-9】岭南有限责任公司一笔长期无法支付的应付账款（乙公司）1 700 元，经查实对方单位已解散，经批准作销账处理，应编制如下会计分录：

　　借：应付账款——乙公司　　　　　　　　　　　　　1 700
　　　贷：营业外收入　　　　　　　　　　　　　　　　　　1 700

对于长期没结清的债权债务以及发生争议的有关结算款项，应确定专门清理人员，查明原因，限期清理。

复习思考题

1. 什么是财产清查？为什么要进行财产清查？
2. 全面清查应在哪几种情况下进行？
3. 发现未达账项如何处理？如何编制"银行存款余额调节表"？
4. 如何进行财产清查？财产清查的一般程序是什么？
5. 造成账实不符的原因主要有哪些？
6. 永续盘存制和实地盘存制有什么不同？它们各自的优缺点是什么？
7. 财产清查时应填制哪些原始凭证？它们有什么作用？
8. 财产清查结果的核算应设置什么账户？如何进行账务处理？

第七章 财务报告

【本章知识结构图】

财务报告
- 财务报告概述
- 资产负债表：资产=负债+所有者权益
- 利润表：收入-费用=利润
- 现金流量表：现金净流量=现金流入-现金流出
- 所有者权益变动表
- 财务报表附注
- 常见财务报表分析指标：盈利能力、偿债能力、营运能力

【学习目的与要求】

财务报告是企业会计核算的最终产品。它是企业对外提供的反映企业某一特定日期的财务状况和某一会计期间的经营成果、现金流量等会计信息的文件。通过本章学习要求了解资产负债表、利润表、现金流量表、所有者权益（或股东权益）变动表的结构和内容；掌握资产负债表、利润表的编制方法。

第一节 案例引入

小李在奶茶店打工三年后，决定自己开一家奶茶店，她注册成立了悦茶有限责任公司。不考虑相关税费。

（1）2021年2月1日，她将自己的积蓄60 000元转入悦茶公司的银行账户作为注册资金。

悦茶公司的会计处理为：

借：银行存款　　　　　　　　　　　　　　　60 000
　　贷：实收资本　　　　　　　　　　　　　　　　60 000
记账后，会计恒等式为：

	资产	=	负债	+	所有者权益
(1)	60 000				60 000

(2) 2021年2月1日，租下门店一间，当日转账支付押金 12 000 元和首月租金 4 000 元。

悦茶公司的会计处理为：
借：其他应收款　　　　　　　　　　　　　　12 000
　　主营业务成本　　　　　　　　　　　　　　4 000
　　贷：银行存款　　　　　　　　　　　　　　　　16 000
记账后，会计恒等式变为：

	资产	=	负债	+	所有者权益
(1)	60 000				60 000
(2)	+12 000 −16 000				−4 000
	56 000		0		56 000

(3) 2021年2月2日，购入操作台、制冰机、冰柜、封口机、搅拌机等设备 30 000 元，款项于当日支付。这些设备预计可以使用 5 年，不考虑残值。

悦茶公司的会计处理为：
借：固定资产　　　　　　　　　　　　　　　30 000
　　贷：银行存款　　　　　　　　　　　　　　　　30 000
记账后，会计恒等式变为：

	资产	=	负债	+	所有者权益
(1)	60 000				60 000
(2)	+12 000 −16 000				−4 000
(3)	+30 000 −30 000				
	56 000		0		56 000

(4) 2021年2月3日，购入茶叶、糖浆、奶制品等材料 14 000 元，购入茶杯、吸管等材料 4 000 元，款项于当日支付。

悦茶公司的会计处理为：
借：原材料　　　　　　　　　　　　　　　　18 000
　　贷：银行存款　　　　　　　　　　　　　　　　18 000

记账后，会计恒等式变为：

	资产	=	负债	+	所有者权益
(1)	60 000				60 000
(2)	+12 000 –16 000				–4 000
(3)	+30 000 –30 000				
(4)	+18 000 –18 000				
	56 000		0		56 000

（5）2021 年 2 月 28 日，支付当月水电费 1 000 元。

悦茶公司的会计处理为：

借：主营业务成本　　　　　　　　　　　　1 000
　　贷：银行存款　　　　　　　　　　　　　　　1 000

记账后，会计恒等式变为：

	资产	=	负债	+	所有者权益
(1)	60 000				60 000
(2)	+12 000 –16 000				–4 000
(3)	+30 000 –30 000				
(4)	+18 000 –18 000				
(5)	–1 000				–1 000
	55 000		0		55 000

（6）2021 年 2 月 28 日，确认应付给两位店员的工资费用 10 000 元，小李自己的工资费用 6 000 元，这些工资将于下月 6 号发放。

悦茶公司的会计处理为：

借：主营业务成本　　　　　　　　　　　　10 000
　　管理费用　　　　　　　　　　　　　　　6 000
　　贷：应付职工薪酬　　　　　　　　　　　　　16 000

记账后，会计恒等式变为：

	资产	=	负债	+	所有者权益
(1)	+60 000				+60 000
(2)	+12 000 –16 000				–4 000
(3)	+30 000 –30 000				
(4)	+18 000 –18 000				
(5)	–1 000				–1 000
(6)			+16 000		–10 000 –6 000
	55 000		16 000		39 000

(7) 2021年2月一共取得销售收入40 000元,款项已经收到。

悦茶公司的会计处理为:

借:银行存款　　　　　　　　　　　　　　　40 000

　　贷:主营业务收入　　　　　　　　　　　　　　　　40 000

记账后,会计恒等式变为:

	资产	=	负债	+	所有者权益
(1)	+60 000				+60 000
(2)	+12 000 −16 000				−4 000
(3)	+30 000 −30 000				
(4)	+18 000 −18 000				
(5)	−1 000				−1 000
(6)			+16 000		−10 000 −6 000
(7)	+40 000				+40 000
	95 000		16 000		79 000

(8) 2021年2月一共耗用材料13 000元。

悦茶公司的会计处理为:

借:主营业务成本　　　　　　　　　　　　　　13 000

　　贷:原材料　　　　　　　　　　　　　　　　　　13 000

记账后,会计恒等式变为:

	资产	=	负债	+	所有者权益
(1)	+60 000				+60 000
(2)	+12 000 −16 000				−4 000
(3)	+30 000 −30 000				
(4)	+18 000 −18 000				
(5)	−1 000				−1 000
(6)			+16 000		−10 000 −6 000
(7)	+40 000				+40 000
(8)	−13 000				−13 000
	82 000		16 000		66 000

(9) 2021年2月,确认应计提的设备折旧费用 = 30 000÷5÷12 = 500(元)。

悦茶公司的会计处理为:

借:主营业务成本　　　　　　　　　　　　　　500

　　贷:累计折旧　　　　　　　　　　　　　　　　　500

记账后，会计恒等式变为：

	资产	=	负债	+	所有者权益
(1)	+60 000				+60 000
(2)	+12 000 −16 000				−4 000
(3)	+30 000 −30 000				
(4)	+18 000 −18 000				
(5)	−1 000				−1 000
(6)			+16 000		−10 000 −6 000
(7)	+40 000				+40 000
(8)	−13 000				−13 000
(9)	−500				−500
	81 500		16 000		65 500

（10）计算悦茶公司在 2021 年 2 月取得的利润，编制利润表，如表 7 − 1 所示。

主营业务收入 = 40 000（元）

主营业务成本 = 4 000 + 1 000 + 10 000 + 13 000 + 500 = 28 500（元）

管理费用 = 6 000（元）

利润 = 40 000 − 13 500 − 15 000 − 6 000 = 5 500（元）

表 7 − 1　　　　　　　悦茶公司 2021 年 2 月利润表　　　　　　　单位：元

项目	金额
营业收入	40 000
减：营业成本	28 500
管理费用	6 000
利润	5 500

（11）计算悦茶公司各类资产、负债、所有者权益在 2021 年 2 月底的余额，编制资产负债表，如表 7 − 2 所示。

悦茶公司在 2021 年 2 月底的资产包括银行存款、其他应收款、固定资产和原材料 4 项：

银行存款 = 60 000 − 16 000 − 30 000 − 18 000 − 1 000 + 40 000 = 35 000（元）

其他应收款 = 12 000（元）

原材料 = 18 000 − 13 000 = 5000（元）

固定资产 = 30 000 − 500 = 29 500（元）（注：扣除累计折旧）

悦茶公司在 2021 年 2 月底的负债只有应付职工薪酬 16 000 元。

悦茶公司在2021年2月底的所有者权益包括实收资本60 000元和2月利润5 500元。

表7-2　　　　　　　悦茶公司2021年2月28日资产负债表　　　　　　单位：元

项目	金额	项目	金额
银行存款	35 000	应付职工薪酬	16 000
其他应收款	12 000	负债合计	16 000
原材料	5 000	实收资本	60 000
固定资产	29 500	利润	5 500
		所有者权益合计	65 500
资产合计	81 500	负债和所有者权益合计	81 500

（12）分析悦茶公司在2021年2月的现金净流量变化情况，编制现金流量表，如表7-3所示。

收到小李投入的现金=60 000（元）
因房租和押金而支付的现金=16 000（元）
因购买设备而支付的现金=30 000（元）
因购买材料而支付的现金=18 000（元）
因水电费而支付的现金=1 000（元）
因销售奶茶收到的现金=40 000（元）

表7-3　　　　　　　悦茶公司2021年2月现金流量表　　　　　　　单位：元

项目	金额
经营活动产生的现金流量：	
因销售奶茶收到的现金	40 000
减：因购买材料而支付的现金	18 000
因水电费而支付的现金	1 000
因房租和押金而支付的现金	16 000
经营活动产生的现金流量净额	5 000
投资活动产生的现金流量：	
因购买设备而支付的现金	30 000
投资活动产生的现金流量净额	-30 000
筹资活动产生的现金流量：	
收到小李投入的现金	60 000
筹资活动产生的现金流量净额	60 000
本月现金的净增加额	35 000
加：期初现金余额	0
期末现金余额	35 000

(13) 悦茶公司在 2021 年 2 月的所有者权益变化情况可归纳如表 7-4 所示。

表 7-4 悦茶公司 2021 年 2 月所有者权益变动表　　　　　单位：元

项目	实收资本	利润	所有者权益合计
月初余额			
本月增减	60 000	5 500	65 500
月末余额	60 000	5 500	65 500

第二节　财务报告概述

一、财务报告

（一）财务报告

财务报告，是指企业对外提供的反映企业某一特定日期的财务状况和某一会计期间的经营成果、现金流量等会计信息的文件。财务报告包括财务报表、财务报表附注和财务情况说明书。

财务报表是财务报告的主体和核心。一套完整的财务报表至少应当包括"四表一注"，即资产负债表、利润表、现金流量表、所有者权益（或股东权益）变动表以及附注，不包括董事报告及财务情况说明书等列入财务报告的资料。

资产负债表、利润表和现金流量表分别从不同角度反映企业的财务状况、经营成果和现金流量。

所有者权益变动表反映构成所有者权益的各组成部分当期的增减变动情况。企业的净利润及其分配情况是所有者权益变动表的重要组成部分。

财务报表附注是对在资产负债表、利润表、现金流量表和所有者权益变动表等报表中列示项目的文字描述或明细资料，以及对未能在这些报表中列示项目的说明等。

财务情况说明书是对企业一定会计期间内生产经营、资金周转和利润实现及分配等情况的综合性说明。

（二）编制财务报告的目的

会计主体在日常会计核算工作中，通过填制记账凭证、登记账簿及成本计算、资产计量等一系列会计处理方法，对其所发生的经济事项在会计账簿中进行反映。但在形成财务报告之前，每一账簿只反映会计主体经营活动某一侧面的会计信息，不能将会计主体经营活动的全貌有机地、综合概括地反映出来。因此，这些会计信息还不能满足会计信息使用者的需要，为此，要求在日常会计核算资料的基础上，根据信息使用者的需要，编制财务报告，将分散的会计信息加以归类、计算、整理，使零星的信息集中化，繁杂的信息概括化，间断的信息连续化，孤立的信息系统化，全面、连续、系统、综合地反映企业在某个会计期间内经济活动财务状况和财务成果的会计信息，借此来满足会计主体内外会计信息使用者的需求。简言之，编制财务报告的目的在于为企业现在和未来潜在的投资者、债权人及经营管理者和其他财务报告的使用者提供使其作出正确决策的会计信息。具体有如下四个方面。

(1) 财务报告有助于投资者、潜在投资者和债权人、潜在债权人了解有关经营成果、财务状况及其变动情况，分析企业的盈利能力、偿债水平和经营业绩，预测发展前景，以便作出正确的投资决策和信贷决策。

(2) 财务报告反映企业管理当局的受托经营责任。股东通过财务报告能够较全面、系统、连续和综合地跟踪反映企业投入资源的渠道、性质、分布状态以及资源的运用效果，从而有助于评估企业的财务状况与经营绩效，以及管理当局对受托资源的经营管理责任的履行情况。

(3) 为相关政府部门（企业主管部门、国有资产管理部门、银行、财政、税务、审计等部门）提供企业经营管理的各种信息，以便于上述各部门检查、监督企业财经政策、法规、制度的执行情况，遵守会计制度的状况，充分发挥各级政府部门的经济调控与监督作用。

(4) 为企业内部各级管理人员（厂长经理、部门主管等）提供管理企业必不可缺的信息。通过财务报告，企业管理人员可以了解企业资产负债状况及现金流量好坏、成本费用高低、效益优劣等基本信息，并借此总结分析取得的成绩和存在的问题，进而采取措施，改善与加强企业管理，提高经营效益。

二、财务报表的种类

财务会计报告是对企业资金运动过程及其结果进行加工、提炼和组合的产物。由于企业资金运动是不同状态和形式的统一体，这就决定了财务会计报告具有丰富的内容和多样化的形式，各种报表之间存在着相互联系、彼此制约的关系，构成了一套完整的财务会计报告体系。财务报表是对企业财务状况、经营成果和现金流量的结构性表述，包括资产负债表、利润表、现金流量表、所有者权益（或股东权益）变动表以及附注，可以根据需要按照不同的标准对财务报表进行分类。

1. 按所反映的资金运动形态分类。由于资金运动具有相对静止状态和显著变动状态，从而决定了财务报表在内容上具有两种基本类型，即提供静态指标的静态报表和提供动态指标的动态报表。

(1) 静态报表。它是反映企业在特定时日的财务状况及提供企业在特定时日资产、负债与所有者权益状况的报表,如资产负债表。静态报表的数字来自有关账簿的期末余额。

(2) 动态报表。企业经营资金运动的显著变动状态,形成了会计中的收入、费用、成本、利润等要素。动态报表反映一定时期内这些要素的变化过程及其最终结果,如利润表。

(3) 静态与动态相结合的报表。它是既反映资金运动的显著变动状态,又反映资金运动时点状况的报表,如现金流量表和所有者权益变动表。

2. 按编制时间分类。

(1) 年报,即年度财务报表。年报是年度终了以后编制的,全面反映企业财务状况和经营成果及其分配、现金流量等的报表。

(2) 中期财务报表。中期财务报表是指短于一年的会计期间的财务报表,如半年末报、季报、月报。

3. 按编报主体分类。

(1) 个别报表。个别报表是只反映企业自身的财务状况、经营成果和现金流量的报表。

(2) 汇总报表。汇总报表是由若干个别报表加以汇总而编制成的报表。

(3) 合并财务报表是以母公司和子公司组成的企业集团为会计主体,以母公司和子公司单独编制的个别财务报表为基础,由母公司编制的综合反映企业集团经营成果、财务状况及其资金变动情况的财务报表。汇总报表是个别报表数据的简单加总,而合并财务报表是将个别报表的数据经过调整、抵销后编制而成的。

三、财务报表列报的基本要求

列报,是指交易和事项在报表中的列示和在附注中的披露。财务报表列报的基本要求如下:

(1) 企业应当以持续经营为基础,根据实际发生的交易和事项,按照各项会计准则的规定进行确认和计量,在此基础上编制财务报表。持续经营既是会计的基本前提,也是会计确认、计量及编制财务报表的基础。以持续经营为基础编制财务报表不再合理的(例如企业处于破产状况),企业应当采用其他基础编制财务报表,并在附注中披露这一事实。

(2) 财务报表项目的列报应当在各个会计期间保持一致,不得随意变更。这一要求不仅针对财务报表中的项目名称,还包括财务报表项目的分类、排列顺序等方面。

(3) 性质或功能不同的项目,一般应当在财务报表中单独列报。例如,存货和固定资产在性质上和功能上都有本质差别,必须分别在资产负债表上单独列报。性质或功能类似的项目,一般可以汇总列报。例如,原材料、低值易耗品等项目在性质上类似,均通过生产过程形成企业的产品存货,因而可以汇总列报为

"存货"。

（4）项目在财务报表中是单独列报还是汇总列报，应当依据重要性原则来判断。如果不具有重要性，则可将其与其他项目汇总列报；如具有重要性，则应当单独列报。企业在进行重要性判断时，应当根据所处环境，从项目的性质和金额大小两方面予以判断。

（5）财务报表项目应当以总额列报，资产和负债、收入和费用不得相互抵销，但会计准则另有规定的除外。例如，企业欠客户的应付款不得与其他客户欠本企业的应收款相抵销，否则就掩盖了交易的实质。不过，资产项目按扣除减值准备后的净额列示，不属于抵销。非日常活动产生的损益，以收入扣减费用后的净额列示，也不属于抵销。

（6）企业在列报当期财务报表时，至少应当提供所有列报项目上一个可比会计期间的比较数据，以及与理解当期财务报表相关的说明。目的是向报表使用者提供对比数据，提高信息在会计期间的可比性。通常情况下，企业列报所有列报项目上一个可比会计期间的比较数据，至少包括两期报表及相关附注。例如，资产负债表有年初余额和期末余额，利润表、现金流量表、所有者权益变动表都有本年数和上年数，等等。

（7）企业在财务报表的显著位置（通常是表首部分）应当至少披露下列基本信息：①编报企业的名称；②资产负债表日或财务报表涵盖的会计期间；③货币名称和金额单位；④财务报表是合并财务报表的，应当予以标明。

（8）企业至少应当按年编制财务报表。年度财务报表涵盖的期间短于一年的，应当披露年度财务报表的涵盖期间，以及短于一年的原因。

第三节　资产负债表

一、资产负债表及其格式

资产负债表是反映企业某一特定日期（如月末、年末）财务状况的会计报表。它是以"资产＝负债＋所有者权益"这一会计恒等式为基础编制的，揭示企业在编表日所拥有的资产、承担的债务及所有者所拥有的权益三方面的会计信息，揭示企业持有的经济资源及其产权归属的对照关系。

目前，国际流行的资产负债表格式主要有两种，即账户式和报告式。

（一）账户式资产负债表

按照"T"型账户的格式，将资产负债表分为左右两方，左方列示资产项目，右方列示负债与所有者权益项目。由于"资产＝负债＋所有者权益"，所以该种格式资产负债表左方资产总额与右方负债和所有者权益总额的合计数总是相等的。我国会计制度规定采用这种账户式资产负债表，如表7-5所示。

表 7-5　　　　　　　　　　　　　　账户式资产负债表

编制单位：　　　　　　　　　　　　　年　月　日　　　　　　　　　　　　　　单位：元

资产	期末余额	年初余额	负债和所有者权益	期末余额	年初余额
流动资产：			流动负债：		
货币资金			短期借款		
交易性金融资产			交易性金融负债		
应收票据			应付票据		
应收账款			应付账款		
预付款项			预收款项		
其他应收款			合同负债		
存货			应付职工薪酬		
合同资产			应交税费		
持有待售资产			其他应付款		
一年内到期的非流动资产			持有待售负债		
其他流动资产			一年内到期的非流动负债		
流动资产合计			其他流动负债		
非流动资产：			流动负债合计		
债权投资			非流动负债：		
其他债权投资			长期借款		
长期应收款			应付债券		
长期股权投资			租赁负债		
其他权益工具投资			长期应付款		
其他非流动金融资产			预计负债		
投资性房地产			递延收益		
固定资产			其他非流动负债		
在建工程			非流动负债合计		
生产性生物资产			负债合计		
油气资产			所有者权益：		
使用权资产			实收资本（或股本）		
无形资产			库存股		
开发支出			资本公积		
商誉			其他综合收益		
长期待摊费用			盈余公积		
其他非流动资产			未分配利润		
非流动资产合计			所有者权益合计		
资产总计			负债和所有者权益总计		

资产负债表中各项目的排列遵循国际会计惯例,是按照流动性的大小进行排列的。流动性通常按资产的变现或耗用时间长短或者负债的偿还时间长短来确定。左方资产项目变现能力最强的货币资金排在首位,其次是变现能力较强,可以在一年或一个营业周期内变现的各种流动资产,而变现能力弱的长期投资、固定资产等排列在后。右方负债项目是按债务清偿期限长短,分轻重缓急排列的。一年或一个营业周期内需偿还的债务放在前面,长期负债则排在其后。在企业解散之前不需偿还的所有者权益放在最后。

(二)报告式资产负债表

报告式资产负债表,又称垂直式资产负债表。它是将资产项目改列在表的上端,负债和所有者权益项目列在表的下端,仍保持"资产=负债+所有者权益"的平衡关系。报告式资产负债表简示如表7-6所示。

表7-6　　　　　　　　　　报告式资产负债表

编制单位:　　　　　　　　年　月　日　　　　　　　　单位:元

项目	期末余额	年初余额
流动资产:		
……		
非流动资产:		
……		
资产总计		
流动负债:		
……		
非流动负债:		
……		
负债合计		
所有者权益:		
……		
所有者权益合计		
负债和所有者权益总计		

二、资产负债表的编制方法

资产负债表中各项目,都列有"年初余额"和"期末余额"两栏。"年初余额"栏内各项数字,应根据上年年末资产负债表"期末余额"填列。"期末余额",指月末、季末、半年末或年末数字,它们是根据各项目有关账户的期末余额填列,具体可通过以下几种方式取得:

（1）根据某个总账账户的期末余额直接填列。例如，"短期借款""应付票据""工程物资""应付职工薪酬""应交税费""实收资本""资本公积""其他综合收益""盈余公积"等很多项目都是根据其总账账户的期末余额直接填列。

（2）根据总账账户余额计算填列。例如，"货币资金"项目根据"库存现金""银行存款""其他货币资金"账户的期末余额合计数填列。"存货"项目根据"在途物资""原材料""库存商品""生产成本"等账户的期末余额合计数填列。"其他应收款"项目根据"应收利息""应收股利""其他应收款"账户的期末余额合计数填列。

（3）根据明细账户余额计算填列。例如，"应收账款"项目根据"应收账款"和"预收账款"两账户所属相关明细账户的期末借方余额计算填列。"应付账款"项目根据"应付账款"和"预付账款"两账户所属的相关明细账户的期末贷方余额合计数填列。

（4）根据总账账户期末余额减去将于一年内到期的部分填列。例如，"债权投资""长期应收款""长期借款""应付债券""长期应付款"等项目都需要扣除其所属明细账户中将于一年内到期的部分。

（5）根据总账账户余额减去其备抵项目后的净额填列。例如，"固定资产"项目根据"固定资产"总账账户的期末余额，减去"累计折旧""固定资产减值准备"账户的期末余额填列。"无形资产"项目根据"无形资产"账户的期末余额，减去"累计摊销""无形资产减值准备"账户的期末余额填列。"应收账款""长期应收款""存货""合同资产""无形资产""商誉""债权投资""长期股权投资"等项目都需要减去其对应的资产减值准备账户的期末余额。

三、资产负债表各项目的具体填列方法

根据企业会计准则，资产负债表中各主要项目"期末余额"填列的具体方法如下。

（一）资产项目的内容和填列方法

（1）"货币资金"项目，反映企业库存现金、银行结算户存款、银行汇票存款、外埠存款、银行本票存款、信用卡存款、信用证保证金存款等的合计数。本项目应根据"库存现金""银行存款""其他货币资金"账户的期末余额合计填列。

（2）"交易性金融资产"项目，反映资产负债表日企业分类为以公允价值计量且其变动计入当期损益的金融资产，以及企业持有的指定为以公允价值计量且其变动计入当期损益的金融资产的期末账面价值。该项目应根据"交易性金融资产"账户的相关明细账户期末余额分析填列。自资产负债表日起超过一年到期且预期持有超过一年的以公允价值计量且其变动计入当期损益的非流动金融资产的期末账面价值，在"其他非流动金融资产"项目反映。

(3)"应收票据"项目,反映资产负债表日以摊余成本计量的、企业因销售商品和提供服务等收到的商业汇票,包括银行承兑汇票和商业承兑汇票。该项目应根据"应收票据"账户的期末余额,减去"坏账准备"账户中相关坏账准备期末余额后的金额分析填列。

(4)"应收账款"项目,反映资产负债表日以摊余成本计量的、企业因销售商品和提供服务等经营活动应收取的款项。该项目应根据"应收账款"和"预收账款"账户所属各明细账户的期末借方余额合计,减去"坏账准备"账户中有关应收账款计提的坏账准备期末余额后的金额填列。例如,"应收账款"账户所属明细账户期末有贷方余额,应在本表"预收账款"项目内填列。

(5)"预付款项"项目,反映企业按合同规定预付的款项。本项目应根据"预付账款"和"应付账款"账户所属有关明细账户的期末借方余额合计,减去"坏账准备"账户中有关预付账款计提的坏账准备期末余额后的金额填列。例如,"预付账款"账户所属有关明细账户期末有贷方余额的,应在本表"应付账款"项目内填列。

(6)"其他应收款"项目,应根据"应收利息""应收股利""其他应收款"账户的期末余额合计数,减去"坏账准备"账户中相关坏账准备期末余额后的金额填列。

(7)"存货"项目,反映企业期末在库、在途和在加工中的各项存货的可变现净值,包括各种材料、商品、在产品、半成品、包装物、低值易耗品、发出商品、委托代销商品等。本项目应根据"在途物资""原材料""周转材料""库存商品""委托加工物资""生产成本"等账户的期末余额合计,减去"存货跌价准备"账户期末余额后的金额填列。

(8)"合同资产"项目、"合同负债"项目,应分别根据"合同资产"账户、"合同负债"账户的相关明细账户的期末余额分析填列,同一合同下的合同资产和合同负债应当以净额列示,其中净额为借方余额的,应当根据其流动性在"合同资产"或"其他非流动资产"项目中填列,已计提减值准备的,还应根据减去"合同资产减值准备"账户中相关的期末余额后的金额填列;其中净额为贷方余额的,应当根据其流动性在"合同负债"或"其他非流动负债"项目中填列。

(9)"持有待售资产"项目,反映资产负债表日划分为持有待售类别的非流动资产及划分为持有待售类别的处置组中的流动资产和非流动资产的期末账面价值。该项目应根据"持有待售资产"账户的期末余额,减去"持有待售资产减值准备"账户的期末余额后的金额填列。

(10)"一年内到期的非流动资产"项目,通常反映预计自资产负债表日起一年内变现的非流动资产。本项目不包括折旧(或摊销、折耗)年限(或期限)只剩一年或不足一年的固定资产、使用权资产、无形资产和长期待摊费用等非流动资产。

(11)"其他流动资产"项目,反映企业除以上流动资产项目外的其他流动资产。

（12）"债权投资"项目，反映资产负债表日企业以摊余成本计量的长期债权投资的期末账面价值。该项目应根据"债权投资"账户的相关明细账户期末余额，减去"债权投资减值准备"账户中相关减值准备的期末余额后的金额分析填列。自资产负债表日起一年内到期的长期债权投资的期末账面价值，在"一年内到期的非流动资产"项目反映。企业购入的以摊余成本计量的一年内到期的债权投资的期末账面价值，在"其他流动资产"项目反映。

（13）"其他债权投资"项目，反映资产负债表日企业分类为以公允价值计量且其变动计入其他综合收益的长期债权投资的期末账面价值。该项目应根据"其他债权投资"账户的相关明细账户期末余额分析填列。自资产负债表日起一年内到期的长期债权投资的期末账面价值，在"一年内到期的非流动资产"项目反映。企业购入的以公允价值计量且其变动计入其他综合收益的一年内到期的债权投资的期末账面价值，在"其他流动资产"项目反映。

（14）"长期应收款"项目，反映企业持有的长期应收款的可收回金额。本项目应根据"长期应收款"账户的期末余额，先减去"坏账准备"账户所属相关明细账户期末余额，再减去"未确认融资收益"账户期末余额后的金额分析计算填列。

（15）"长期股权投资"项目，反映企业持有的对子公司、联营企业和合营企业的长期股权投资。本项目应根据"长期股权投资"账户的期末余额，减去"长期股权投资减值准备"账户期末余额后的金额填列。

（16）"其他权益工具投资"项目，反映资产负债表日企业指定为以公允价值计量且其变动计入其他综合收益的非交易性权益工具投资的期末账面价值。该项目应根据"其他权益工具投资"账户的期末余额填列。

（17）"其他非流动金融资产"项目，本项目反映自资产负债表日起超过一年到期且预期持有超过一年的以公允价值计量且其变动计入当期损益的非流动金融资产的期末账面价值。

（18）"投资性房地产"项目，反映企业持有的投资性房地产。企业采用成本模式计量投资性房地产的，本项目应根据"投资性房地产"账户的期末余额，减去"投资性房地产累计折旧"和"投资性房地产减值准备"账户期末余额后的金额填列；企业采用公允价值模式计量投资性房地产的，本项目应根据"投资性房地产"账户的期末余额填列。

（19）"固定资产"项目，反映资产负债表日企业固定资产的期末账面价值和企业尚未清理完毕的固定资产清理净损益。该项目应根据"固定资产"账户的期末余额，减去"累计折旧"和"固定资产减值准备"账户的期末余额后的金额，以及"固定资产清理"账户的期末余额填列。

（20）"在建工程"项目，反映资产负债表日企业尚未达到预定可使用状态的在建工程的期末账面价值和企业为在建工程准备的各种物资的期末账面价值。该项目应根据"在建工程"账户的期末余额，减去"在建工程减值准备"账户的期末余额后的金额，以及"工程物资"账户的期末余额，减去"工程物资减值准备"账户的期末余额后的金额填列。

（21）"生产性生物资产"项目，反映资产负债表日企业持有的生产性生物资产的期末账面价值。该项目应根据"生产性生物资产"账户的期末余额，减去"生产性生物资产累计折旧"账户的期末余额后的金额填列。

（22）"油气资产"项目，反映资产负债表日企业持有的油气资产的期末账面价值。该项目应根据"油气资产"账户的期末余额，减去"累计折耗"账户的期末余额后的金额填列。

（23）"使用权资产"项目，反映资产负债表日承租人企业持有的使用权资产的期末账面价值。该项目应根据"使用权资产"账户的期末余额，减去"使用权资产累计折旧"和"使用权资产减值准备"账户期末余额后的金额填列。

（24）"无形资产"项目，反映企业各项无形资产的期末可收回金额。本项目应根据"无形资产"账户的期末余额，减去"累计摊销""无形资产减值准备"等账户期末余额后的金额填列。

（25）"开发支出"项目，反映企业开发无形资产过程中发生的、能够资本化形成无形资产成本的那部分支出。本项目应根据"研发支出"账户中所属的"资本化支出"明细账户期末余额填列。

（26）"商誉"项目，反映企业合并中形成的商誉的价值。本项目应根据"商誉"账户的期末余额，减去相应减值准备后的金额填列。

（27）"长期待摊费用"项目，反映企业已经发生但应由本期和以后各期负担的分摊期限在一年以上的各项费用。长期待摊费用中在一年内（含一年）摊销的部分，在资产负债表"一年内到期的非流动资产"项目填列。本项目应根据"长期待摊费用"账户期末余额减去将于一年内（含一年）摊销的数额后的金额填列。

（28）"其他非流动资产"项目，反映企业除以上资产以外的其他长期资产。

（二）负债项目的内容和填列方法

（1）"短期借款"项目，反映企业借入尚未归还的一年期以下（含一年）的借款。本项目应根据"短期借款"账户的期末余额填列。

（2）"交易性金融负债"项目，反映资产负债表日企业承担的交易性金融负债，以及企业持有的指定为以公允价值计量且其变动计入当期损益的金融负债的期末账面价值。该项目应根据"交易性金融负债"账户的相关明细账户期末余额填列。

（3）"应付票据"项目，反映资产负债表日以摊余成本计量的、企业因购买材料及商品和接受服务等开出、承兑的商业汇票，包括银行承兑汇票和商业承兑汇票。该项目应根据"应付票据"账户的期末余额填列。

（4）"应付账款"项目，反映资产负债表日企业因购买材料、商品和接受服务等经营活动应支付的款项。该项目应根据"应付账款"和"预付账款"账户所属的相关明细账户的期末贷方余额合计数填列。如"应付账款"账户所属各明细账户期末有借方余额,应在本表"预付账款"项目内填列。

(5)"预收款项"项目,反映企业按合同规定预收的款项。本项目应根据"预收账款"和"应收账款"账户所属各有关明细账户的期末贷方余额合计填列。"预收账款"账户所属明细账户有借方余额的,应在本表"应收账款"项目内填列。

(6)"应付职工薪酬"项目,反映企业应付未付的职工薪酬。本项目应根据"应付职工薪酬"账户期末贷方余额填列。如"应付职工薪酬"账户期末有借方余额,以"-"号填列。

(7)"应交税费"项目,反映企业期末未交、多交或未抵扣的各种税费。本项目应根据"应交税费"账户的期末贷方余额合计填列。如"应交税费"账户期末为借方余额,以"-"号填列。

(8)"其他应付款"项目,应根据"应付利息""应付股利""其他应付款"账户的期末余额合计数填列。

(9)"持有待售负债"项目,反映资产负债表日处置组中与划分为持有待售类别的资产直接相关的负债的期末账面价值。该项目应根据"持有待售负债"账户的期末余额填列。

(10)"一年内到期的非流动负债"项目,反映企业承担的将于资产负债表日后一年内到期的非流动负债。

(11)"其他流动负债"项目,反映企业除以上流动负债以外的其他流动负债。

(12)"长期借款"项目,反映企业向银行或其他金融机构借入的期限在1年以上(不含一年)的各项借款。本项目应根据"长期借款"账户的期末余额填列。

(13)"应付债券"项目,反映企业为筹集长期资金而发行的债券本金和利息。本项目应根据"应付债券"账户的期末余额填列。

(14)"租赁负债"项目,反映资产负债表日承租人企业尚未支付的租赁付款额的期末账面价值。该项目应根据"租赁负债"账户的期末余额填列。自资产负债表日起一年内到期应予以清偿的租赁负债的期末账面价值,在"一年内到期的非流动负债"项目反映。

(15)"长期应付款"项目,反映资产负债表日企业除长期借款和应付债券以外的其他各种长期应付款项的期末账面价值。该项目应根据"长期应付款"账户的期末余额,减去相关的"未确认融资费用"账户的期末余额后的金额,以及"专项应付款"账户的期末余额填列。

(16)"预计负债"项目,反映企业确认的对外提供担保、未决诉讼、产品质量保证、重组义务、亏损合同等预计负债。本项目应根据"预计负债"账户的期末余额填列。

(17)"递延收益"项目,应根据"递延收益"账户的期末余额填列。"递延收益"项目中摊销期限只剩一年或不足一年的,或预计在一年内(含一年)进行摊销的部分,不得归类为流动负债,仍在该项目中填列,不转入"一年内到期的非流动负债"项目。

(18)"其他非流动负债"项目,反映企业除以上非流动负债项目以外的其他非流动负债。本项目应根据有关账户的期末余额填列。

(三) 所有者权益项目的内容和填列方法

(1)"实收资本(或股本)"项目,反映企业各投资者实际投入的资本(或股本)总额。本项目应根据"实收资本(或股本)"账户的期末余额填列。

(2)"库存股"项目,反映企业持有尚未转让或注销的本公司股份金额。本项目应根据"库存股"账户的期末余额填列。

(3)"资本公积"项目,反映企业资本公积的期末余额。本项目应根据"资本公积"账户的期末余额填列。

(4)"其他综合收益"项目,反映企业其他综合收益的期末余额。本项目应根据"其他综合收益"账户的期末余额填列。

(5)"盈余公积"项目,反映企业盈余公积的期末余额。本项目应根据"盈余公积"账户的期末余额填列。

(6)"未分配利润"项目,反映企业尚未分配的利润。本项目应根据"本年利润"账户和"利润分配"账户的余额计算填列。未弥补的亏损,在本项目内以"-"号填列。

【例7-1】云山有限责任公司2020年12月31日资产负债表及2021年12月31日的账户余额表分别如表7-7和表7-8所示。

表7-7　　　　　　　　　　　资产负债表

编制单位:云山有限责任公司　　　2020年12月31日　　　　　　　　单位:元

资产	期末余额	年初余额	负债和所有者权益	期末余额	年初余额
流动资产:			流动负债:		
货币资金	1 800 000		短期借款		
交易性金融资产	600 000		交易性金融负债		
应收票据			应付票据		
应收账款	1 500 000		应付账款	1 300 000	
预付款项	200 000		预收款项		
其他应收款			合同负债		
存货	1 500 000		应付职工薪酬		
合同资产			应交税费	600 000	
持有待售资产			其他应付款		
一年内到期的非流动资产			持有待售负债		
其他流动资产			一年内到期的非流动负债		

续表

资产	期末余额	年初余额	负债和所有者权益	期末余额	年初余额
流动资产合计	5 600 000		其他流动负债		
非流动资产：			流动负债合计	1 900 000	
债权投资	200 000		非流动负债：		
其他债权投资			长期借款	3 850 000	
长期应收款			应付债券		
长期股权投资	1 800 000		租赁负债		
其他权益工具投资			长期应付款		
其他非流动金融资产			预计负债		
投资性房地产			递延收益		
固定资产	4 000 000		其他非流动负债		
在建工程			非流动负债合计	3 850 000	
生产性生物资产			负债合计	5 750 000	
油气资产			所有者权益：		
使用权资产			实收资本（或股本）	4 000 000	
无形资产	1 750 000		库存股		
开发支出			资本公积	1 000 000	
商誉			其他综合收益		
长期待摊费用			盈余公积	100 000	
其他非流动资产			未分配利润	2 500 000	
非流动资产合计	7 750 000		所有者权益合计	7 600 000	
资产总计	13 350 000		负债和所有者权益总计	13 350 000	

表 7-8　　　　　　　　　　　　　　账户余额表

编制单位：云山有限责任公司　　　　2021 年 12 月 31 日　　　　　　　　单位：元

账户名称	明细账	借方余额	贷方余额	账户名称	明细账	借方余额	贷方余额
库存现金		80 000		短期借款			
银行存款		3 000 000		应付票据			
其他货币资金		120 000		应付账款			1 200 000
交易性金融资产		600 000			F 企业		800 000
应收票据					G 企业	300 000	
应收账款		1 400 000			H 企业		700 000
	A 企业		250 000	预收账款			50 000
	B 企业	1 000 000			S 企业		70 000
	C 企业	650 000			T 企业	20 000	
预付账款		86 000		应付职工薪酬			

续表

账户名称	明细账	借方余额	贷方余额	账户名称	明细账	借方余额	贷方余额
	D 企业	90 000		应交税费			200 000
	E 企业		4 000	其他应付款			
其他应收款				应付股利			
在途物资		106 500		应付利息			
原材料		324 000		长期借款			500 000
包装物		8 800		应付债券			
低值易耗品		6 200		长期应付款			3 605 500
库存商品		1 400 000		实收资本			5 000 000
生产成本		124 000		资本公积			1 350 000
				盈余公积			130 000
长期股权投资		1 550 000		利润分配	未分配利润		1 720 000
固定资产		5 100 000					
累计折旧			1 300 000				
固定资产减值准备							
工程物资		200 000					
在建工程							
无形资产		950 000					
其他长期资产							

根据上述资料,编制云山有限责任公司2021年12月31日资产负债表,见表7-9。

表7-9　　　　　　　　　　资产负债表

编制单位:云山有限责任公司　　　　2021年12月31日　　　　　　　　　单位:元

资产	期末余额	年初余额	负债和所有者权益	期末余额	年初余额
流动资产:			流动负债:		
货币资金	3 200 000	1 800 000	短期借款		
交易性金融资产	600 000	600 000	交易性金融负债		
应收票据			应付票据		
应收账款	1 670 000	1 500 000	应付账款	1 504 000	1 300 000
预付款项	390 000	200 000	预收款项	320 000	
其他应收款					
存货	1 969 500	1 500 000	应付职工薪酬		

续表

资产	期末余额	年初余额	负债和所有者权益	期末余额	年初余额
合同资产			应交税费	200 000	600 000
持有待售资产			其他应付款		
一年内到期的非流动资产			持有待售负债		
其他流动资产			一年内到期的非流动负债		
流动资产合计	7 829 500	5 600 000	其他流动负债		
非流动资产:			流动负债合计	2 024 000	1 900 000
债权投资		200 000	非流动负债:		
其他债权投资			长期借款	500 000	3 850 000
长期应收款			应付债券		
长期股权投资	1 550 000	1 800 000	租赁负债		
其他权益工具投资			长期应付款	3 605 500	
其他非流动金融资产			预计负债		
投资性房地产			递延收益		
固定资产	3 800 000	4 000 000	其他非流动负债		
在建工程	200 000		非流动负债合计	4 105 500	3 850 000
生产性生物资产			负债合计	6 129 500	5 750 000
油气资产			所有者权益:		
使用权资产			实收资本(或股本)	5 000 000	4 000 000
无形资产	950 000	1 750 000	库存股		
开发支出			资本公积	1 350 000	1 000 000
商誉			其他综合收益		
长期待摊费用			盈余公积	130 000	100 000
其他非流动资产			未分配利润	1 720 000	2 500 000
非流动资产合计	6 500 000	7 750 000	所有者权益合计	8 200 000	7 600 000
资产总计	14 329 500	13 350 000	负债和所有者权益总计	14 329 500	13 350 000

第四节 利润表

一、利润表及其格式

利润表是反映企业在一定期间经营成果的报表,又称损益表。它是以"收入－费用＝利润"这一会计恒等式为基础编制的,揭示一定期间按收入实现原则和配比原则确认计算的收入、费用和利润。利润表还反映投资净收益、营业外收支净额、所得税费用等情况。

常见的利润表格式有单步式和多步式两种。

(一) 单步式利润表

企业将所有收入及所有费用、支出分别汇总，两者相减而得出本期净利润。因只有一个相减的步骤，故称为单步式利润表。其基本格式如表7-10所示。

表7-10　　　　　　　　　　　单步式利润表

编制单位：　　　　　　　　　年　　月　　　　　　　　　　　　单位：元

项　目	本期金额	上期金额
一、收入		
营业收入		
投资收益		
公允价值变动收益		
资产处置收益		
营业外收入		
收入合计		
二、费用		
营业成本		
税金及附加		
销售费用		
管理费用		
研发费用		
财务费用		
信用减值损失		
资产减值损失		
营业外支出		
所得税费用		
费用合计		
三、净利润		

(二) 多步式利润表

企业将利润表的内容作多项分类，采用上下加减的报表式，产生一些中间性信息。由于从营业收入到本期净利润，需依次计算出营业利润、利润总额，最后计算得出企业净利润，故称为多步式利润表。我国会计制度规定采用这种多步式利润表，格式如表7-11所示。

表 7-11　　　　　　　　　　多步式利润表

编制单位：　　　　　　　　　年　月　　　　　　　　　　　　单位：元

项　目	本期金额	上期金额
一、营业收入		
减：营业成本		
税金及附加		
销售费用		
管理费用		
研发费用		
财务费用		
加：投资收益（损失以"-"号填列）		
公允价值变动收益（损失以"-"号填列）		
信用减值损失（损失以"-"号填列）		
资产减值损失（损失以"-"号填列）		
资产处置收益（损失以"-"号填列）		
二、营业利润（亏损以"-"号填列）		
加：营业外收入		
减：营业外支出		
三、利润总额（亏损总额以"-"号填列）		
减：所得税费用		
四、净利润（净亏损以"-"号填列）		

二、利润表的编制方法

利润表中各项目，都列有"本期金额"和"上期金额"两栏。"上期金额"栏根据上年该期利润表"本期金额"栏内所列数字填列。"本期金额"，指本月、本季、半年或本年数字，它们是根据各项目有关账户的本期发生额填列，其填列方法如下：

（1）"营业收入"根据"主营业务收入"和"其他业务收入"账户的本期发生额之和填列。"营业成本"根据"主营业务成本"和"其他业务成本"账户的本期发生额之和填列。

（2）"税金及附加""销售费用""管理费用""财务费用""投资收益""公允价值变动收益""信用减值损失""资产减值损失""资产处置损益""营业外收入""营业外支出""所得税费用"等项目，根据有关损益类账户的本期发生额填列。

（3）"营业利润""利润总额""净利润"项目，根据本表中相关项目计算填列。

【例7-2】云山有限责任公司2021年12月损益类账户发生额如表7-12所示。

表7-12　　　　　　　　　　损益类账户发生额

编制单位：云山有限责任公司　　　2021年12月　　　　　　　　　　单位：元

账户名称	借方发生额	贷方发生额
主营业务收入		1 676 000
主营业务成本	1 310 000	
其他业务收入		218 000
其他业务成本	150 000	
税金及附加	49 300	
销售费用	10 000	
管理费用	103 900	
研发费用		
财务费用	5 000	
投资收益		33 000
营业外收入		2 000
营业外支出	3 000	
所得税费用	74 450	

根据上述资料，编制云山有限责任公司2021年12月利润表如表7-13所示。

表7-13　　　　　　　　　　利润表

编制单位：云山有限责任公司　　　2021年12月　　　　　　　　　　单位：元

项　目	本期金额	上期金额
一、营业收入	1 894 000	
减：营业成本	1 460 000	
税金及附加	49 300	
销售费用	10 000	
管理费用	103 900	
研发费用		
财务费用	5 000	
加：投资收益（损失以"-"号填列）	33 000	
公允价值变动收益（损失以"-"号填列）		
信用减值损失（损失以"-"号填列）		
资产减值损失（损失以"-"号填列）		
资产处置收益（损失以"-"号填列）		

续表

项　目	本期金额	上期金额
二、营业利润（亏损以"－"号填列）	298 800	
加：营业外收入	2 000	
减：营业外支出	3 000	
三、利润总额（亏损总额以"－"号填列）	297 800	
减：所得税费用	74 450	
四、净利润（净亏损以"－"号填列）	223 350	

第五节　现金流量表

一、现金流量

现金流量表是反映企业在一定会计期间现金和现金等价物流入和流出的报表。现金流量表是以现金为基础编制的，这里的现金包括库存现金、可以随时用于支付的存款以及现金等价物。具体包括以下内容：

（1）库存现金，是指企业持有的、可随时用于支付的现金，即"库存现金"账户核算的内容。

（2）银行存款，是指存在金融企业、随时可以用于支付的存款，但不包括不能随时用于支付的存款（如定期存款）。

（3）其他货币现金，是指企业存在金融企业具有特定用途的资金，如外埠存款、银行汇票存款、信用证保证金存款、在途货币资金等。

（4）现金等价物，是指企业持有的期限短、流动性强、易于转换为已知金额的现金和价值变动风险很小的投资。其中，"期限短"一般是指从购买日起三个月内到期。现金等价物虽然不是现金，但其支付能力与现金的差别不大，可视为现金。现金等价物通常包括三个月内到期的短期债券投资。权益性投资变现的金额通常不确定，因而不属于现金等价物。

二、现金流量的分类

现金流量是指一定期间现金和现金等价物的流入和流出。对现金流量进行合理分类，有助于深入地分析企业财务状况变动，预测企业现金流量未来前景。企业现金流量分为三类：经营活动产生的现金流量、投资活动产生的现金流量和筹资活动产生的现金流量。

（一）经营活动产生的现金流量

经营活动是指企业投资活动和筹资活动以外的所有交易和事项。对于工商企业而言，经营活动主要包括销售商品、提供劳务、购买商品、接受劳务、支付职工薪酬、支付税费等。

（二）投资活动产生的现金流量

投资活动是指企业长期资产的购建和不包括在现金等价物范围内的投资及其处置活动。这里所讲的投资活动，既包括实物资产的投资，也包括金融资产投资。这里长期资产是指固定资产、无形资产、在建工程、其他持有期限在一年或一个营业周期以上的资产。这里之所以将"包括在现金等价物范围内的投资"排除在外，是因为已经将包括在现金等价物范围内的投资视同现金。

（三）筹资活动产生的现金流量

筹资活动是指导致企业资本及债务的规模和构成发生变化的活动。这里所说的资本，既包括实收资本（股本），也包括资本溢价（股本溢价）；这里所说的债务，指对外举债，包括向银行借款、发行债券以及偿还债务等。应付账款、应付票据等商业应付款等属于经营活动，不应纳入筹资活动。

三、现金流量表的格式

现金流量表的格式如表 7-14 所示。

表 7-14　　　　　　　　　　现金流量表

编制单位：　　　　　　　　　　年度　　　　　　　　　　单位：元

项　目	本期金额	上期金额
一、经营活动产生的现金流量：		
销售商品、提供劳务收到的现金		
收到的税费返还		
收到其他与经营活动有关的现金		
经营活动现金流入小计		
购买商品、接受劳务支付的现金		
支付给职工以及为职工支付的现金		
支付的各项税费		
支付其他与经营活动有关的现金		
经营活动现金流出小计		
经营活动产生的现金流量净额		

续表

项目	本期金额	上期金额
二、投资活动产生的现金流量：		
收回投资收到的现金		
取得投资收益收到的现金		
处置固定资产、无形资产和其他长期资产收回的现金净额		
收到其他与投资活动有关的现金		
投资活动现金流入小计		
购建固定资产、无形资产和其他长期资产支付的现金		
投资支付的现金		
支付其他与投资活动有关的现金		
投资活动现金流出小计		
投资活动产生的现金流量净额		
三、筹资活动产生的现金流量：		
吸收投资收到的现金		
取得借款收到的现金		
收到其他与筹资活动有关的现金		
筹资活动现金流入小计		
偿还债务支付的现金		
分配股利、利润或偿付利息支付的现金		
支付其他与筹资活动有关的现金		
筹资活动现金流出小计		
筹资活动产生的现金流量净额		
四、汇率变动对现金及现金等价物的影响		
五、现金及现金等价物净增加额		
加：期初现金及现金等价物余额		
六、期末现金及现金等价物余额		

补充资料	本期金额	上期金额
将净利润调节为经营活动现金流量：		
净利润		
加：资产损失准备		
固定资产折旧、生产性生物资产折旧		
无形资产摊销		
长期待摊费用摊销		
处置固定资产、无形资产和其他长期资产的损失（减：收益）		
固定资产报废损失		
公允价值变动损失（减：收益）		

续表

项　　目	本期金额	上期金额
财务费用		
投资损失（减：收益）		
存货的减少（减：增加）		
经营性应收项目的减少（减：增加）		
经营性应付项目的增加（减：减少）		
其他		
经营活动产生的现金流量净额		

四、现金流量的编制方法

编制现金流量表时，列报经营活动现金流量的方法有两种：直接法和间接法。

直接法是指按现金收入和现金支出的主要类别直接反映企业经营活动产生的现金流量。如销售商品、提供劳务收到的现金和购买商品、接受劳务支付的现金等就是按现金收入和支出的来源直接反映的。我国现金流量表正表中经营活动的现金流量即是以直接法来列报。

间接法是指以净利润为起点，通过调整不涉及现金的收入、费用等有关项目，据此计算出经营活动产生的现金流量。我国现金流量表补充资料中的经营活动现金流量即是按间接法来反映的，起到对正表中按直接法反映的经营活动现金流量进行核对和补充说明的作用。

采用直接法编报的现金流量表，便于分析企业经营活动产生的现金流量的来源和用途，预测企业现金流量的未来前景。采用间接法编报的现金流量表，便于将净利润与经营活动产生的现金流量进行比较，了解净利润与经营活动产生的现金流量差异的原因，从现金流量的角度分析净利润的质量。

第六节　所有者权益变动表

一、所有者权益变动表及其格式

所有者权益变动表是反映企业所有者权益各组成部分当期增减变动情况的报表。所有者权益变动表既可以为报表使用者提供所有者权益总量增减变动的信息，也能为其提供所有者权益增减变动的结构性信息，特别是能够让报表使用者理解所有者权益增减变动的根源。

所有者权益变动表的基本格式如表7-15所示。

表 7-15 所有者权益变动表

编制单位：　　　　　　　　　　　　　　　年度　　　　　　　　　　　　　　　单位：元

项目	本期金额						上期金额					
	实收资本（股本）	资本公积	其他综合收益	盈余公积	未分配利润	所有者权益合计	实收资本（股本）	资本公积	其他综合收益	盈余公积	未分配利润	所有者权益合计
一、上年期末余额												
加：会计政策变更												
前期差错更正												
其他												
二、本年期初余额												
三、本期增减变动金额（减少以"-"号填列）												
（一）综合收益总额												
（二）所有者投入和减少资本												
（三）利润分配												
1. 提取盈余公积												
2. 对所有者（或股东）的分配												
3. 其他												
（四）所有者权益内部结转												
1. 资本公积转增资本（或股本）												
2. 盈余公积转增资本（或股本）												
3. 盈余公积弥补亏损												
4. 其他综合收益结转留存收益												
5. 其他												
（五）其他												
四、本期期末余额												

二、所有者权益变动表的编制方法

所有者权益变动表中"上期金额"栏内各项数字,应根据上期所有者权益变动表"本期金额"栏内所列数字填列。

所有者权益变动表中"本期金额"栏内各项数字一般应根据"实收资本(或实收资本)""资本公积""盈余公积""其他综合收益""利润分配"等账户及其明细账户的发生额分析填列。

第七节 财务报表附注

一、财务报表附注及其内容

财务报表附注是对在资产负债表、利润表、现金流量表和所有者权益变动表等报表中列示项目的文字描述或明细资料,以及对未能在这些报表中列示项目的说明等。

按照《企业会计准则第30号——财务报表列报》及其应用指南的规定,财务报表附注一般应当按照下列顺序至少披露如下内容。

1. 企业的基本情况。
(1) 企业注册地、组织形式和总部地址;
(2) 企业的业务性质和主要经营活动;
(3) 母公司以及集团最终母公司的名称;
(4) 财务报告的批准报出者和财务报告批准报出日;
(5) 营业期限有限的企业,还应当披露有关其营业期限的信息。

2. 财务报表的编制基础。企业应当根据规定判断企业是否持续经营,并披露财务报表是否以持续经营为基础编制。

3. 遵循企业会计准则的声明。企业应当声明编制的财务报表符合企业会计准则的要求。

4. 重要会计政策和会计估计。企业应当披露采用的重要会计政策,并结合企业的具体实际披露其重要会计政策的确定依据和财务报表项目的计量基础。企业应当披露重要会计估计,并结合企业的具体实际披露其会计估计所采用的关键假设和不确定因素。

5. 会计政策和会计估计变更以及差错更正的说明。

6. 报表重要项目的说明。企业应当按照资产负债表、利润表、现金流量表、所有者权益变动表及其项目列示的顺序,采用文字和数字描述相结合的方式披露报表重要项目的说明。

7. 或有和承诺事项、资产负债表日后非调整事项、关联方关系及其交易等需要说明的事项。

8. 有助于报表使用者评价企业管理资本的目标、政策及程序的信息。

二、财务报表附注的作用

财务报表附注可以使报表使用者全面了解企业的财务状况、经营成果和现金流量。它是对财务报表的补充说明,是财务报告的重要组成部分。财务报表附注的作用体现在下述三个方面。

1. 对财务报表进行辅助说明。企业财务报表格式中所规定的项目内容较为固定,仅能提供有限数量的信息;财务报表附注是对报表正文信息的补充说明,它提供财务报表未能体现的内容,如企业的基本信息、财务报表数据明细构成、关联方关系及其交易、或有负债等。

2. 提高报表信息的可理解性。企业财务报表的使用者很多,各自需求的信息不同,且知识结构参差不齐,阅读、理解财务报告信息的程度也有差别。因此,很难设想几张财务报表便能满足所有用户。只能对资料作必要的筛选、加工,把关键的、基本的、通用的信息,编列财务报表满足一般会计信息使用者的需要,而将具体的、附加性的、适应特殊需要的信息以附注的形式披露,满足特殊会计信息使用者的需要,提高会计信息的可理解性。

3. 增强报表信息的可比性。会计准则允许企业根据行业特性及经济环境自行选择最适当的会计程序、方法与原则,即进行会计政策选择。这必然使不同行业之间或同行业不同企业之间所提供的会计信息产生较大的差异。因此,通过财务报表附注披露企业所采用的会计政策,揭示企业会计政策的变更原因及事后的影响,可以使不同企业的会计信息的差异更具可比性,从而便于进行对比分析。

第八节 常见财务报表分析指标

单纯财务报表上数据不便判断企业的财务状况,特别是不便判断企业经营状况的好坏和经营成果的高低,将企业的财务指标与有关数据进行比较才能说明企业财务状况所处的地位。财务报表分析指标是企业总结和评价财务状况和经营成果的相对指标。由于相对指标排除了规模的影响,使不同比较对象建立起可比性,因而广泛用于历史比较、同业比较和预算比较。

财务报表分析指标包括盈利能力分析、偿债能力分析、营运能力分析等。

一、盈利能力分析

1. 主营业务毛利率 = $\dfrac{\text{主营业务收入} - \text{主营业务成本}}{\text{主营业务收入}} \times 100\%$

毛利率表示每一元销售收入扣除销售成本后,有多少钱可以用于各项期间费用和形成盈利。主营业务毛利是企业净利润的起点,没有足够大的毛利便不能盈利。企业的毛利率显著高于同行业水平,说明企业产品附加值高,产品定价高,或者有成本优势。

2. 总资产收益率 = $\dfrac{\text{净利润}}{\text{平均总资产}} \times 100\%$

总资产收益率反映企业总资产的利用效率,或者说是企业所有资产的获利能力。总资产收益率的高低既直接反映了公司的竞争实力和发展能力,也是决定公司是否应举债经营的重要依据。总资产收益率一般应该≥5% 或 ≥一年期银行贷款利率。

3. 净资产收益率 = $\dfrac{\text{净利润}}{\text{平均所有者权益}} \times 100\%$

净资产收益率反映企业自有资本的利用效率,或者说是股东权益的收益水平。指标值越高,说明投资带来的收益越高,投资者的投资收益率越高。

二、偿债能力分析

1. 流动比率 = $\dfrac{\text{流动资产}}{\text{流动负债}}$

2. 速动比率 = $\dfrac{\text{速动资产}}{\text{流动负债}} = \dfrac{\text{流动资产} - \text{存货}}{\text{流动负债}}$

流动比率和速动比率都反映短期偿债能力,表示企业在短期债务到期以前,可以将流动资产或速动资产变现用于偿债的能力。如果企业存货的变现能力较差,那么把存货从流动资产中减去后得到的速动比率反映的短期偿债能力更令人信服。一般认为生产企业合理的最低流动比率为2,速动比率为1。不同行业经营情况不同,流动比率和速动比率的正常标准会有所不同。

3. 现金流动负债比 = $\dfrac{\text{经营现金净流量}}{\text{流动负债}}$

该指标是从现金流入和流出的动态角度对企业实际偿债能力进行考察,反映本期经营活动所产生的现金净流量足以抵付流动负债的倍数。

4. 资产负债率 = $\dfrac{\text{负债总额}}{\text{资产总额}} \times 100\%$

资产负债率反映总资产中有多大比例是通过借债得来的,是评价公司负债水平的综合指标,也可以衡量企业在清算时保护债权人利益的程度。一般认为,资产负债率的适宜水平是 40%~60%。如果资产负债比率达到 100% 或超过 100% 说明公司已经没有净资产或资不抵债。

5. 有息负债对资本比率 = $\dfrac{\text{短期借款}+\text{一年内到期的长期负债}+\text{长期借款}+\text{应付债券}}{\text{资产总额}} \times 100\%$

无息负债与有息负债对利润的影响是完全不同的,前者不直接减少利润,后者可以通过财务费用减少利润。因此,企业在降低负债率方面,应当重点减少有息负债,而不是无息负债。一般认为,有息负债对资本比率的安全警戒线是 100%。

三、营运能力分析

1. 应收账款周转率(次数)= $\dfrac{\text{赊销收入}}{\text{平均应收账款}}$

应收账款周转率是衡量企业应收账款周转速度及管理效率的指标。指标高说明收账迅速,账龄期限短,可以减少企业收账费用和坏账损失。反之,说明营运资金过多呆滞在应收账款上,影响正常资金周转及偿债能力。

2. 存货周转率(次数)= $\dfrac{\text{主营业务成本}}{\text{平均存货}}$

存货周转率反映存货的周转速度,是衡量企业生产经营各环节中存货运营效率的指标,也被用来评价企业的经营业绩。一般情况下存货周转速度越快,变现速度越快,占用相同数额的存货资金而实现的销货成本越大。

3. 流动资产周转率(次数)= $\dfrac{\text{主营业务收入}}{\text{平均流动资产}}$

4. 总资产周转率(次数)= $\dfrac{\text{主营业务收入}}{\text{平均总资产}}$

流动资产周转率和总资产周转率都是评价企业资产利用率的重要指标。通过对这两个指标的对比分析,可以发现企业与同类企业在资产利用上的差距,促进企业挖掘潜力,加强管理,提高资产利用效率。

复习思考题

1. 什么是财务报告?它包括哪些内容?
2. 简述资产负债表的项目分类和排列。
3. 简述利润表的内容。
4. 利润表的格式有哪两种?
5. 简述现金流量的分类和具体内容。
6. 简述财务报表附注的内容和作用。
7. 常见财务报表分析指标有哪些?如何计算?

第八章 账务处理程序

【本章知识结构图】

```
                ┌─ 会计账务处理程序概述
                │
                ├─ 记账凭证账务处理程序
                │
                ├─ 科目汇总表账务处理程序
                │
    账务处理程序 ┤
                ├─ 汇总记账凭证会计财务处理程序
                │
                │                              ┌─ 1. 填制通用记账凭证
                │                              ├─ 2. 登记日记账
                │                              ├─ 3. 登记明细账
                │                              ├─ 4. 编制科目汇总表
                └─ 科目汇总表会计账务处理程序实例─┤
                                               ├─ 5. 登记总分类账
                                               ├─ 6. 账簿核对
                                               ├─ 7. 编制试算平衡表
                                               └─ 8. 编制财务报表
```

【学习目的与要求】

会计核算方法是相互联系的，它们以一定的方式结合起来，构成一个完整的方法体系，形成了企业的会计账务处理程序。通过本章学习，了解会计账务处理的意义与分类；掌握记账凭证会计账务处理程序、科目汇总表会计账务处理程序、汇总记账凭证会计账务处理程序的内容；重点掌握科目汇总表会计账务处理程序的具体应用。

第一节 会计账务处理程序概述

一、会计账务处理程序的意义

账务处理程序又被称为会计核算程序或会计核算组织形式，是在会计核算中会计凭证、账簿组织及记账程序和记账方法互相结合的一种方式。它是指从取得原始凭证到产生会计信息的步骤和方法。其主要内容包括整理、汇总原始凭证，填制记账凭证，登记各种账簿，编制会计报表这一整个过程的步骤和方法。而在这一过程中，会计凭证、账簿组织表明了凭证和账簿的种类和格式，以及各种账簿之间、各种凭证之间及各种账簿与各种凭证之间的相互关系。合理、科学地设计会计核算组织形式，对于正确组织会计核算工作、充分发挥会计在经济管理中的作用，具有十分重要的意义，主要表现在以下三个方面：

（1）可以保证会计数据能够及时、正确、完整地在会计处理整个过程的各个环节中有条不紊地进行传递，并迅速编制会计报表，从而提高会计核算工作的效率。

（2）可以保证会计信息方便而迅速地形成，及时为经济管理提供全面、准确、有用的会计信息，提高会计核算工作质量。

（3）可以减少不必要的核算手续和环节，避免烦琐重复，由此提高核算工作的效益。

在会计工作中，不仅要了解会计凭证的填制、账簿的设置和登记以及会计报表的编制，还必须明确规定各会计凭证、会计账簿和会计报表之间的关系，使之构成一个有机整体。而不同的账簿组织、记账程序和记账方法的有机结合，就构成了不同的账务处理程序。一个单位由于业务性质、规模大小和经济业务的繁简程度各异，决定其适用的账务处理程序也不同。为此，科学地组织账务处理程序，对提高会计核算质量和会计工作效率、充分发挥会计的核算和监督职能，具有重要意义。

二、账务处理程序选用的原则

为了满足国家经济管理和综合平衡工作的需要，保证会计指标在全国范围内口径一致，便于会计资料的汇总和分析利用，财政部已规定了若干种全国统一的会计账务处理程序，各单位应根据各自的实际情况选用适合本单位的账务处理程序。具体来说，企业在选用账务处理程序时，应坚持以下三个基本原则。

（1）要适应本单位经济活动的特点、规模的大小和业务的繁简情况，有利于会计账务处理分工，建立岗位责任制。各单位在选用会计账务处理程序时，要详细了解和分析本单位经济活动的特点和账务处理目标，并根据这些要求来设置所需的会计凭证、会计账簿和会计报表，进行分工账务处理，以便能正确、及时地反映本单位的经济活动情况。

（2）要适应本单位、主管部门以至于国家管理经济的需要，全面、系统、及时、正确地提供反映本单位经济活动情况的会计账务处理资料。

（3）在保证会计账务处理资料正确、完整和及时的前提下，力求简化账务处理手续，提高会计工作的效率，节约人力和物力以及账务处理费用。要正确处理工作质量和数量的关系，既不能片面追求简化而不顾质量，也不能贪多求全，增加不必要的账务处理手续。要注意采用科学方法，完善内部牵制制度，合理简化账务处理手续，建立科学的会计账务处理程序。

三、账务处理程序的种类

账务处理程序的内容包括整理、汇总原始凭证,填制记账凭证,登记各种账簿,编制会计报表这一整个过程。具体包括:

(1)根据原始凭证编制汇总原始凭证。为了简化账务处理工作,对于经济业务内容相同的原始凭证,应尽可能地先将其予以汇总,然后再根据汇总后的原始凭证编制记账凭证。

(2)根据原始凭证或汇总原始凭证编制各种记账凭证(包括收款凭证、付款凭证和转账凭证)。

(3)根据收款凭证和付款凭证,逐日逐笔登记现金、银行存款日记账。

(4)根据原始凭证或汇总原始凭证、记账凭证,登记各种明细分类账。

(5)根据记账凭证,逐笔登记总分类账。

(6)期末,将现金、银行存款日记账的余额和明细分类账的余额分别与总分类账中的相关账户的余额相核对。

(7)期末,根据审核无误的总分类账和明细分类账的记录,编制会计报表。

在会计工作的长期实践中,根据上述步骤(5)中登记会计总分类账的具体依据和方式的不同,形成了以下几种会计账务处理程序:

①记账凭证会计账务处理程序;
②科目汇总表会计账务处理程序;
③汇总记账凭证会计账务处理程序;
④日记总账会计账务处理程序;
⑤多栏式日记账会计账务处理程序。

这些账务处理程序尽管在凭证组织、账簿组织及具体的账务处理步骤上各有不同,但其基本的账务处理程序是一样的。下面主要介绍的是企业最常用的前三种账务处理程序。账务处理程序的基本程序如图8-1所示。

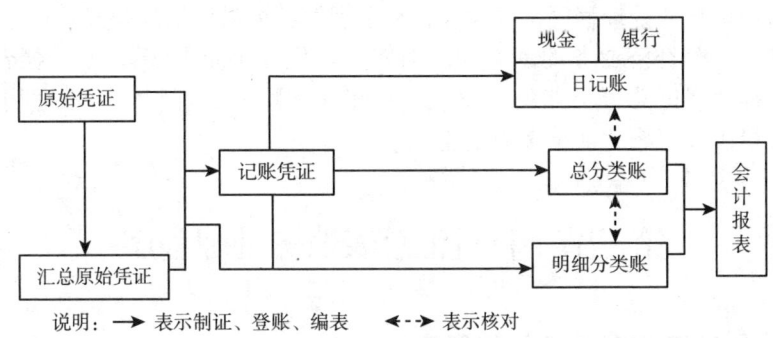

说明:→ 表示制证、登账、编表   ←-→ 表示核对

图8-1 账务处理程序的基本程序

第二节 记账凭证账务处理程序

一、记账凭证账务处理程序

记账凭证账务处理程序是直接根据记账凭证逐笔登记总分类账。记账凭证会计账务处理程序也是最基本的账务处理程序,其他账务处理程序都是在此基础上发展演变形成的。记账凭证账务处理程序的基本程序如图8-2所示。在记账凭证账务处理程序下,记账凭证既可以采用通用格式,也可以采用专用格式(即收款凭证、付款凭证和转账凭证);现金、银行存款日记账一般采用三栏式;总分类账采用三栏式,并按每一总分类科目开设账页;明细分类账则可根据管理需要,分别采用三栏式、数量金额栏式或者多栏式。

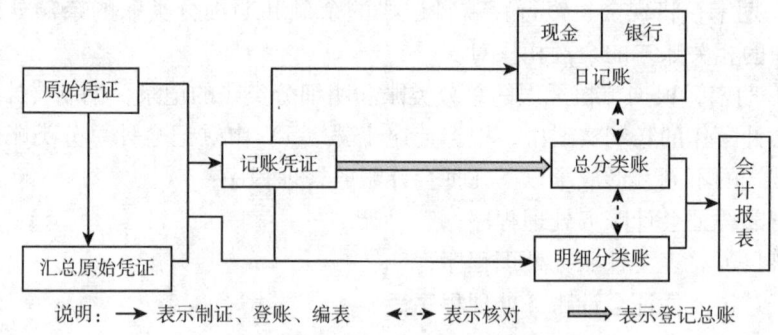

图8-2 记账凭证账务处理程序的基本程序

二、记账凭证会计账务处理程序的优缺点

记账凭证账务处理程序手续简便,易于理解,可以详细反映经济业务的来龙去脉,便于了解经济业务的动态和核对账目。但如果企业规模大、经济业务繁多,就会加大登记总分类账的工作量。记账凭证账务处理程序一般适用于规模小、业务量少、记账凭证不多的企业。

第三节 科目汇总表账务处理程序

一、科目汇总表账务处理程序

科目汇总表账务处理程序是先定期将所有记账凭证汇总编制科目汇总表,再根据科目汇总表登记总分类账。由于科目汇总表是根据记账凭证汇总编制而成的,因此,科目汇总表也称为记账凭证汇总表,相应地,科目汇总表会计账务处理程序也称为记账凭证汇总表会计账务处理程序。科目汇总表账务处理程序的基本程序如图8-3所示。与记账凭证账务处理程序相似,在科目汇总表账务处理程序下,记账凭证既可以采用通用格式,也可以采用专用格式(即收款凭证、付款凭证和转账凭证);现金、银行存款日记账一般采用三栏式;总分类账采用三栏式,并按每一总分类科目开设账页;明细分类账则可根据管理需要,分别采用三栏式、数量金额栏式或多栏式。

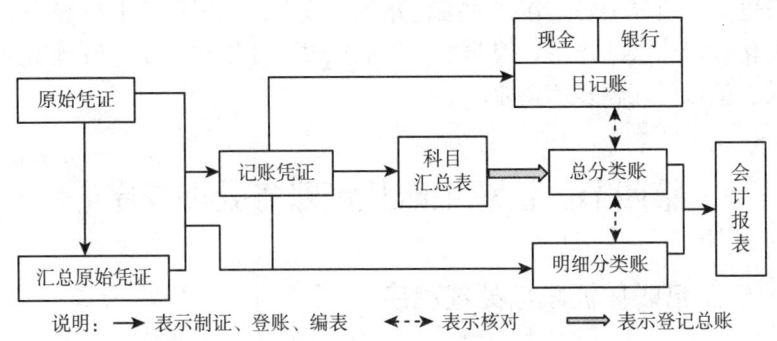

图8-3 科目汇总表账务处理程序的基本程序

二、科目汇总表的编制方法

科目汇总表,又称记账凭证汇总表,是根据一定时期内的全部记账凭证,分别计算出每一总账科目的借方发生额合计与贷方发生额合计的一种汇总凭证。科目汇总表的格式如表8-1所示。

表8-1　　　　　　　　　　科目汇总表

年　月　日　　　　　　　　　　　编号:

会计科目	账页	本期借方发生额	本期贷方发生额	记账凭证起讫号码
合计				

由于借贷记账法的记账规则是"有借必有贷,借贷必相等",所以在编制的科目汇总表中,全部总账科目的借方发生额的合计数必定等于其贷方发生额的合计数。科目汇总表的编制时间根据企业经济业务量的多少来确定,既可以每月汇总一次,也可以每旬汇总一次。科目汇总表既可以每汇总一次编制一张,也可以每月编制一张。

三、科目汇总表会计账务处理程序的优缺点

科目汇总表账务处理程序大大减少了登记总分类账的工作量,编制科目汇总表还能起到试算平衡的作用,保证总分类账登记的正确性。但由于科目汇总表不分对应科目进行汇总,因而不能反映各科目之间的对应关系,不便于分析和检查经济业务的来龙去脉和核对账目。如果记账凭证较多,根据记账凭证编制科目汇总表本身也是一项复杂的工作;如果记账凭证较少,运用科目汇总表登记总账又起不到简化登记总账的作用。因此,科目汇总表账务处理程序一般适用于经济业务量较大、记账凭证较多的企业。

第四节 汇总记账凭证账务处理程序

一、汇总记账凭证账务处理程序

汇总记账凭证账务处理程序是先定期将全部的记账凭证按收款凭证、付款凭证和转账凭证分别归类编制汇总记账凭证,再根据各种汇总记账凭证登记总分类账。在汇总记账凭证会计账务处理程序下,除设置收款凭证、付款凭证和转账凭证外,还应设置汇总收款凭证、汇总付款凭证和汇总转账凭证,作为登记总分类账的依据。汇总记账凭证账务处理程序的基本程序如图8-4所示。与记账凭证会计账务处理程序和科目汇总表会计账务处理程序相同,设置的现金、银行存款、日记账采用三栏式;设置的总分类账,按每一总账科目设置账页,采用三栏式;设置的各种明细分类账,根据需要可采用三栏式、多栏式和数量金额栏式。

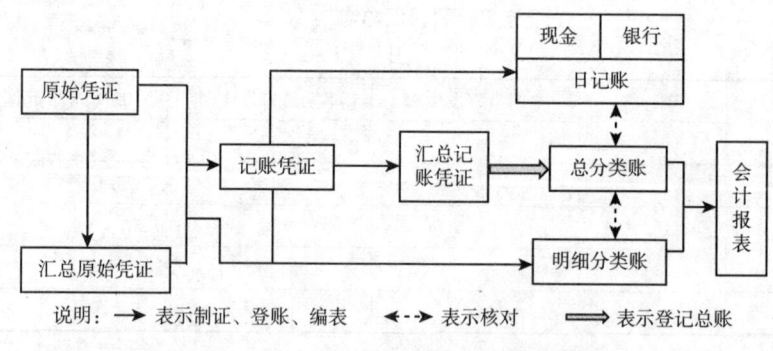

图8-4 汇总记账凭证账务处理程序的基本程序

二、汇总记账凭证的编制方法

汇总记账凭证分为汇总收款凭证、汇总付款凭证和汇总转账凭证三种。

（一）汇总收款凭证

汇总收款凭证是根据一定时期的全部收款凭证，按月汇总编制而成的。由于每一收款凭证中的借方科目都是"库存现金"或"银行存款"科目，所以汇总收款凭证也是按库存现金或银行存款科目的借方分别设置，并根据收款凭证按贷方科目归类定期汇总填列，每月编制一张。月末，计算出汇总凭证中各行的合计数，并据以登记总分类账。其格式如表 8-2 所示。

表 8-2　　　　　　　　　汇总收款凭证

借方科目：　　　　　　　　　年　　月　　　　　　　　　　汇字第　号

贷方科目	金额				记账	
	1～10日收字第　～　号	11～20日收字第　～　号	21～31日收字第　～　号	合计	借方	贷方
合计						

（二）汇总付款凭证

汇总付款凭证是根据一定时期的全部付款凭证，按月汇总编制而成的。由于每一付款凭证中的贷方科目都是"库存现金"或"银行存款"科目，所以汇总付款凭证也是按库存现金或银行存款科目的贷方分别设置，并根据付款凭证按借方科目归类定期汇总填列，每月编制一张。月末，计算出汇总凭证中各行的合计数，并据以登记总分类账。其格式和内容如表 8-3 所示。

表 8-3　　　　　　　　　汇总付款凭证

贷方科目：　　　　　　　　　年　　月　　　　　　　　　　汇字第　号

借方科目	金额				记账	
	1～10日付字第　～　号	11～20日付字第　～　号	21～31日付字第　～　号	合计	借方	贷方
合计						

(三) 汇总转账凭证的编制方法

汇总转账凭证是根据一定时期的全部转账凭证，按月汇总编制而成的。由于每一转账凭证中的借方科目或贷方科目不完全相同，汇总所有转账凭证时为了避免漏汇或重汇，一律按转账凭证中的贷方科目分别设置，并根据相对应的借方科目归类定期汇总填列，每月编制一张。月末，计算出汇总凭证中各行的合计数，并据以登记总分类账。其格式和内容如表 8-4 所示。

表 8-4　　　　　　　　　　汇总转账凭证

贷方科目：　　　　　　　　　　年　月　　　　　　　　　　汇字第　号

借方科目	金额			合计	记账	
	1~10日转字第 ~ 号	11~20日转字第 ~ 号	21~31日转字第 ~ 号		借方	贷方
合计						

由于汇总转账凭证上的科目对应关系是一个贷方科目与一个或几个借方科目相对应，因此，在汇总记账凭证会计账务处理程序下，为了便于编制汇总转账凭证，平时填制的转账凭证中的科目对应关系，也应该是一个贷方科目与一个或几个借方科目相对应，而不应填制几个贷方科目与一个或几个借方科目相对应的转账凭证。也就是可以填制一借一贷和一贷多借的转账凭证，而不应填制一借多贷和多借多贷的转账凭证。

三、汇总记账凭证账务处理程序的优缺点

汇总记账凭证账务处理程序减轻了登记总分类账的工作量，由于按照账户对应关系汇总编制记账凭证，因而也便于了解账户之间的对应关系。但是当转账凭证较多时，编制汇总转账凭证的工作量比较大。因此，汇总记账凭证账务处理程序适用于规模较大、收付款业务发生较多的单位。

第五节　科目汇总表账务处理程序实例

本节通过举例说明在科目汇总表账务处理程序下，各种记账凭证和科目汇总表的填制方法；库存现金日记账、银行存款日记账、总分类账及有关明细分类账的登

记;日记账、明细分类账与总分类账的核对;资产负债表和利润表的编制准备。

一、相关资料

白云公司2021年11月30日各总分类账户余额及有关账户明细资料如表8-5所示。

表8-5　　　　　　　　有关账户明细资料　　　　　　　　单位:元

账户名称	借方余额	账户名称	贷方余额
银行存款	139 200	短期借款	42 900
库存现金	1 300	应付账款	1 000
应收账款	3 000	其他应付款	300
原材料	125 000	应交税费	1 500
库存商品	164 000	实收资本	1 000 000
固定资产	882 000	盈余公积	14 000
利润分配	326 800	本年利润	427 000
		累计折旧	154 600
合计	16 413 001		1 641 300

"库存商品"账户余额164 000元,其中:

A产品4 000件,单价20元,计80 000元;

B产品7 000件,单价10元,计70 000元;

C产品500件,单价28元,计14 000元。

"应收账款"账户余额3 000元,系新华厂欠款。

"应付账款"账户余额1 000元,系欠八一厂货款。

白云公司12月发生下列经济业务:

(1) 仓库发出原材料40 000元,用于生产A产品21 900元、B产品18 100元。

(2) 仓库发出辅助材料2 000元,供车间使用。

(3) 从银行存款提取现金30 000元。

(4) 以现金支付职工工资24 000元。

(5) 向光明厂购入甲材料14 000元,增值税税额为1 820元,另付运杂费1 000元,款项均以银行存款支付,材料已验收入库。

(6) 向八一厂购入乙材料40 000元,增值税税额为5 200元。货款以商业承兑汇票结算,材料已到达并验收入库。

(7) 以库存现金支付上述购入材料的搬运费600元。

(8) 收到新华厂还来欠款3 000元,存入银行。

(9) 以银行存款支付上月应交税费1 000元。

(10) 本月职工工资分配如下:

A产品生产工人工资10 000元；

B产品生产工人工资10 000元；

车间职工工资3 000元；

管理部门职工工资1 000元；

合计24 000元。

（11）计提应付职工福利费3 360元，其中：

A产品生产工人1 400元；

B产品生产工人1 400元；

车间职工420元；

管理部门职工140元。

（12）计提本月固定资产折旧3 160元，其中，车间使用固定资产折旧2 380元，管理部门用固定资产折旧780元。

（13）以银行存款支付本月应计入制造费用的车间管理费用1 400元。

（14）将制造费用按生产工人工资比例摊入A产品、B产品。

（15）A产品已全部完工，共2 000件，按其实际生产成本转账。

（16）出售A产品给新华厂1 800件，每件售价28元；B产品4 400件，每件售价14元；共计售价112 000元，增值税税额为14 560元，货款尚未收到。

（17）结转上述出售商品生产成本。A产品每件20元，B产品每件10元，共计80 000元。

（18）用库存现金支付销售产品包装费、装卸费等销售费用1 100元。

（19）以银行存款支付临时借款利息5 000元。

（20）以银行存款支付管理费用1 200元。

（21）由于自然灾害使辅助材料损坏300千克，价值120元，经上级批准，作非常损失处理。

（22）没收包装逾期未还的押金300元。

（23）出售多余材料2 000元，增值税税额为260元，价款存入银行。同时结转该材料的实际成本1 500元。

（24）将12月各损益账户余额转至本年利润账户，结出12月利润总额。

（25）按12月利润总额的25%计算和结转应交所得税。

（26）按12月净利润的10%提取盈余公积。

二、科目汇总表账务处理程序

（一）填制通用记账凭证

为简化起见，此处不涉及会计凭证的填制，只以表格形式将会计分录列出，如表8-6所示。

表 8-6　　　　　　　　　白云公司 2021 年 12 月会计分录　　　　　　单位：元

2021年		凭证号	摘　要	会计科目		金额	
月	日			总账	明细账	借方	贷方
12	1	记1	发出材料用于生产	生产成本	A产品	21 900	
					B产品	18 100	
				原材料			40 000
	1	记2	发出辅助材料用于车间	制造费用		2 000	
				原材料			2 000
	5	记3	从银行提取现金	库存现金		30 000	
				银行存款			30 000
	6	记4	用现金支付职工工资	应付职工薪酬		24 000	
				库存现金			24 000
	7	记5	购入甲材料	原材料	甲材料	15 000	
				应交税费	应交增值税（进项税额）	1 820	
				银行存款			16 820
	8	记6	购入乙材料	原材料	乙材料	40 000	
				应交税费	应交增值税（进项税额）	5 200	
				应付票据	八一厂		45 200
	9	记7	支付材料搬运费	原材料	乙材料	600	
				库存现金			600
	11	记8	收回欠款	银行存款		3 000	
				应收账款	新华厂		3 000
	12	记9	支付上月应交税费	应交税费		1 000	
				银行存款			1 000
	15	记10	分配职工工资	生产成本	A产品	10 000	
					B产品	10 000	
				制造费用		3 000	
				管理费用		1 000	
				应付职工薪酬			24 000
	15	记11	计提职工福利费	生产成本	A产品	1 400	
					B产品	1 400	
				制造费用		420	
				管理费用		140	
				应付职工薪酬			3 360

续表

2021年		凭证号	摘　要	会计科目		金额	
月	日			总账	明细账	借方	贷方
	16	记12	计提固定资产折旧	制造费用		2 380	
				管理费用		780	
				累计折旧			3 160
	17	记13	支付车间管理费用	制造费用	车间管理费用	1 400	
				银行存款			1 400
	18	记14	分配制造费用	生产成本	A产品	4 600	
					B产品	4 600	
				制造费用			9 200
	19	记15	A产品完工入库	库存商品		37 900	
				生产成本	A产品		37 900
	22	记16	出售产品	应收账款	新华厂	126 560	
				主营业务收入			112 000
				应交税费	应交增值税（销项税额）		14 560
	22	记17	结转售出产品成本	主营业务成本		80 000	
				库存商品	A产品		36 000
					B产品		44 000
	23	记18	支付销售费用	销售费用		1 100	
				库存现金			1 100
	25	记19	支付临时借款利息	财务费用		5 000	
				银行存款			5 000
	26	记20	支付管理费用	管理费用		1 200	
				银行存款			1 200
	27	记21	辅助材料损坏	营业外支出		120	
				原材料			120
	28	记22	没收包装物押金	其他应付款		300	
				营业外收入			300
	29	记23	出售多余材料	银行存款		2 260	
				其他业务收入			2 000
				应交税费	应交增值税（销项税额）		260
	29	记24	结转材料销售成本	其他业务成本		1 500	
				原材料			1 500

续表

2021年		凭证号	摘要	会计科目		金额	
月	日			总账	明细账	借方	贷方
	31	记25	结转12月各收益账户	主营业务收入		112 000	
				其他业务收入		2 000	
				营业外收入		300	
				本年利润			114 300
	31	记26	结转12月各损失账户	本年利润		90 840	
				主营业务成本			80 000
				其他业务成本			1 500
				营业外支出			120
				销售费用			1 100
				管理费用			3 120
				财务费用			5 000
	31	记27	计提所得税费用	所得税费用		5 865	
				应交税费	应交所得税		5 865
			结转所得税费用	本年利润		5 865	
				所得税费用			5 865
	31	记28	利润分配	本年利润		17 595	
				利润分配			17 595
	31	记29	提取盈余公积	利润分配		1 759.5	
				盈余公积			1 759.5

（二）登记日记账

根据白云公司2021年12月编制的会计分录，逐日逐笔登记库存现金日记账和银行存款日记账，如表8－7、表8－8所示。

表8－7　　　　　　　　　　　库存现金日记账　　　　　　　　　　　单位：元

2021年		凭证号	摘要	收入	支出		结存金额
月	日						
12	1		月初余额			借	1 300
	5	记3	从银行提取现金	30 000		借	31 300
	6	记4	支付职工工资		24 000	借	7 300
	9	记7	支付材料搬运费		600	借	6 700
	23	记18	支付销售费用		1 100	借	5 600
	31		本月合计	30 000	25 700	借	5 600

表 8-8　　　　　　　　　　　　银行存款日记账　　　　　　　　　　　　单位：元

2021年		凭证号	摘要	收入	支出		结存金额
月	日						
12	1		月初余额			借	139 200
	5	记3	从银行提取现金		30 000	借	109 200
	7	记5	购入甲材料		16 820	借	122 380
	11	记8	收回欠款	3 000		借	142 200
	12	记9	支付上月应交税费		1 000	借	138 200
	17	记13	支付车间管理费用		1 400	借	137 800
	25	记19	支付临时借款利息		5 000	借	134 200
	26	记20	支付管理费用		1 200	借	138 000
	29	记23	出售多余材料	2 260		借	141 460
	31		本月合计	5 260	55 420	借	89 040

（三）登记明细账

根据原始凭证和所编制的记账凭证，登记明细账。为了简化，本节只就"库存商品""应收账款""应付账款"账户举例进行说明，如表 8-9、表 8-10、表 8-11、表 8-12、表 8-13 所示。

表 8-9　　　　　　　　　　　　库存商品明细账

商品名称：A 产品　　　　　　　　　　　　　　　　　　　　　　　　计量单位：件

2021年		凭证号	摘要	借方金额			贷方金额			余额		
月	日			数量	单价	金额	数量	单价	金额	数量	单价	金额
12	1		月初余额							4 000	20	80 000
	22	记17	购进材料	1800	20	36 000				2 200	20	44 000
	31		本月合计			0	1800	20	36 000	2 200	20	44 000

表 8-10　　　　　　　　　　　　库存商品明细账

商品名称：B 产品　　　　　　　　　　　　　　　　　　　　　　　　计量单位：件

2021年		凭证号	摘要	借方金额			贷方金额			余额		
月	日			数量	单价	金额	数量	单价	金额	数量	单价	金额
12	1		月初余额							7 000	10	70 000
	22	记17	购进材料				4 400	10	44 000	2 600	10	26 000
	31		本月合计			0	4 400	10	44 000	2 600	10	26 000

表 8－11　　　　　　　　　　　库存商品明细账

商品名称：C 产品　　　　　　　　　　　　　　　　　　　　　　　　　计量单位：件

2021 年		凭证号	摘要	借方金额			贷方金额			余额		
月	日			数量	单价	金额	数量	单价	金额	数量	单价	金额
12	1		月初余额							500	28	14 000
	31		本月合计			0			0	500	28	14 000

表 8－12　　　　　　　　　　　应收账款明细账

明细科目：新华厂　　　　　　　　　　　　　　　　　　　　　　　　　　　单位：元

2021 年		凭证号	摘要	借方金额	贷方金额		余额
月	日						
12	1		月初余额			借	3 000
	11	记 8	收回欠款		3 000	平	0
	22	记 16	出售产品	126 560		借	126 560
	31		本月合计	126 560	3 000	借	126 560

表 8－13　　　　　　　　　　　应付账款明细账

明细科目：八一厂　　　　　　　　　　　　　　　　　　　　　　　　　　　单位：元

2021 年		凭证号	摘要	借方金额	贷方金额		余额
月	日						
12	1		月初余额			贷	1 000
	31		本月合计	0	0	贷	1 000

（四）编制科目汇总表

　　白云公司按旬汇总，每月编制科目汇总表一张，进行本月发生额的试算平衡，并据以登记总账，如表 8－14 所示。

表 8-14　　　　　　　　　　白云公司科目汇总表
2021年12月31日　　　　　　　　　　　　　　　　　单位：元

会计科目	1~10日 借方	1~10日 贷方	11~20日 借方	11~20日 贷方	21~31日 借方	21~31日 贷方	本月合计 借方	本月合计 贷方
库存现金	30 000	24 600				1 100	30 000	25 700
银行存款		46 820	3 000	2 400	2 260	6 200	5 260	55 420
应收账款				3 000	126 560		126 560	3 000
原材料	55 600	42 000				1 620	55 600	43 620
库存商品			37 900			80 000	37 900	80 000
累计折旧				3 160				3 160
应付票据				45 200				45 200
其他应付款						300		300
应付职工薪酬	24 000			27 360			24 000	27 360
应交税费	7 020		1 000			20 685	8 020	20 685
盈余公积						1 759.5		1 759.5
本年利润					114 300	114 300	114 300	114 300
利润分配					1 759.5	17 595	1 759.5	17 595
主营业务收入					112 000	112 000	112 000	112 000
主营业务成本					80 000	80 000	80 000	80 000
其他业务收入					2 000	2 000	2 000	2 000
其他业务成本					1 500	1 500	1 500	1 500
生产成本	40 000		32 000	37 900			72 000	37 900
制造费用	2 000		7 200	9 200			9 200	9 200
销售费用					1 100	1 100	1 100	1 100
管理费用			1 920	1 200	3 120		3 120	3 120
财务费用					5 000	5 000	5 000	5 000
营业外收入					300	300	300	300
营业外支出					120	120	120	120
所得税费用					5 865	5 865	5 865	5 865
合　计	158 620	158 620	83 020	83 020	454 264.5	454 264.5	695 904.5	695 904.5

（五）登记总分类账

月终，根据所编制的"科目汇总表"登记各有关总分类科目，如表 8-15~表 8-43 所示。

表 8-15 总分类账

会计科目：库存现金　　　　　　　　　　　　　　　　　　　　　单位：元

2021年		凭证号	摘要	借方金额	贷方金额		余额
月	日						
12	1		月初余额			借	1 300
	10	科目汇总表	1~10日发生额	30 000	24 600	借	6 700
	31	科目汇总表	21~31日发生额		1 100	借	5 600
	31		本月合计	30 000	25 700	借	5 600

表 8-16 总分类账

会计科目：银行存款　　　　　　　　　　　　　　　　　　　　　单位：元

2021年		凭证号	摘要	借方金额	贷方金额		余额
月	日						
12	1		月初余额			借	139 200
	10	科目汇总表	1~10日发生额		46 820	借	92 380
	20	科目汇总表	11~20日发生额	3 000	2 400	借	92 980
	31	科目汇总表	21~31日发生额	2 260	6 200	借	89 040
	31		本月合计	5 260	55 420	借	89 040

表 8-17 总分类账

会计科目：应收账款　　　　　　　　　　　　　　　　　　　　　单位：元

2021年		凭证号	摘要	借方金额	贷方金额		余额
月	日						
12	1		月初余额			借	3 000
	20	科目汇总表	11~20日发生额		3 000	平	0
	31	科目汇总表	21~31日发生额	126 560		借	126 560
	31		本月合计	126 560	3 000	借	126 560

表 8-18 总分类账

会计科目：原材料　　　　　　　　　　　　　　　　　　　　　　单位：元

2021年		凭证号	摘要	借方金额	贷方金额		余额
月	日						
12	1		月初余额			借	125 000
	10	科目汇总表	1~10日发生额	55 600	42 000	借	138 600
	31	科目汇总表	21~31日发生额		1 620	借	136 980
	31		本月合计	55 600	43 620	借	136 980

表 8-19　　　　　　　　　　　　　　　总分类账

会计科目：库存商品　　　　　　　　　　　　　　　　　　　　　　　　　　　单位：元

2021年		凭证号	摘要	借方金额	贷方金额		余额
月	日						
12	1		月初余额			借	164 000
	20	科目汇总表	11~20日发生额	37 900		借	201 900
	31	科目汇总表	21~31日发生额		80 000	借	121 900
	31		本月合计	37 900	80 000	借	121 900

表 8-20　　　　　　　　　　　　　　　总分类账

会计科目：固定资产　　　　　　　　　　　　　　　　　　　　　　　　　　　单位：元

2021年		凭证号	摘要	借方金额	贷方金额		余额
月	日						
12	1		月初余额			借	882 000
	31		本月合计	0	0	借	882 000

表 8-21　　　　　　　　　　　　　　　总分类账

会计科目：累计折旧　　　　　　　　　　　　　　　　　　　　　　　　　　　单位：元

2021年		凭证号	摘要	借方金额	贷方金额		余额
月	日						
12	1		月初余额			贷	154 600
	20	科目汇总表	11~20日发生额		3 160	贷	157 760
	31		本月合计	0	3 160	贷	157 760

表 8-22　　　　　　　　　　　　　　　总分类账

会计科目：短期借款　　　　　　　　　　　　　　　　　　　　　　　　　　　单位：元

2021年		凭证号	摘要	借方金额	贷方金额		余额
月	日						
12	1		月初余额			贷	42 900
	31		本月合计	0	0	贷	42 900

表 8-23　　　　　　　　　　　　　　　　总分类账

会计科目：应付票据　　　　　　　　　　　　　　　　　　　　　　　　单位：元

2021 年		凭证号	摘要	借方金额	贷方金额		余额
月	日						
12	1		月初余额			平	0
	10	科目汇总表	1~10 日发生额		45 200	贷	45 200
	31		本月合计	0	45 200	贷	45 200

表 8-24　　　　　　　　　　　　　　　　总分类账

会计科目：应付账款　　　　　　　　　　　　　　　　　　　　　　　　单位：元

2021 年		凭证号	摘要	借方金额	贷方金额		余额
月	日						
12	1		月初余额			贷	1 000
	31		本月合计	0	0	贷	1 000

表 8-25　　　　　　　　　　　　　　　　总分类账

会计科目：其他应付款　　　　　　　　　　　　　　　　　　　　　　　单位：元

2021 年		凭证号	摘要	借方金额	贷方金额		余额
月	日						
12	1		月初余额			贷	300
	31	科目汇总表	21~31 日发生额	300		平	0
	31		本月合计	300	0	平	0

表 8-26　　　　　　　　　　　　　　　　总分类账

会计科目：应付职工薪酬　　　　　　　　　　　　　　　　　　　　　　单位：元

2021 年		凭证号	摘要	借方金额	贷方金额		余额
月	日						
12	1		月初余额			平	0
	10	科目汇总表	1~10 日发生额	24 000		借	24 000
	20	科目汇总表	11~20 日发生额		27 360	贷	3 360
	31		本月合计	24 000	27 360	贷	3 360

表 8-27　　　　　　　　　　　　　总分类账

会计科目：应交税费　　　　　　　　　　　　　　　　　　　　　单位：元

2021年		凭证号	摘要	借方金额	贷方金额		余额
月	日						
12	1		月初余额			贷	1 500
	10	科目汇总表	1~10日发生额	7 020		借	5 520
	20	科目汇总表	11~20日发生额	1 000		借	6 520
	31	科目汇总表	21~31日发生额		20 685	贷	14 165
	31		本月合计	8 020	20 685	贷	14 165

表 8-28　　　　　　　　　　　　　总分类账

会计科目：实收资本　　　　　　　　　　　　　　　　　　　　　单位：元

2021年		凭证号	摘要	借方金额	贷方金额		余额
月	日						
12	1		月初余额			贷	1 000 000
	31		本月合计	0	0	贷	1 000 000

表 8-29　　　　　　　　　　　　　总分类账

会计科目：盈余公积　　　　　　　　　　　　　　　　　　　　　单位：元

2021年		凭证号	摘要	借方金额	贷方金额		余额
月	日						
12	1		月初余额			贷	14 000
	31	科目汇总表	21~31日发生额		1 759.5	贷	15 759.5
	31		本月合计	0	1 759.5	贷	15 759.5

表 8-30　　　　　　　　　　　　　总分类账

会计科目：本年利润　　　　　　　　　　　　　　　　　　　　　单位：元

2021年		凭证号	摘要	借方金额	贷方金额		余额
月	日						
12	1		月初余额			贷	427 000
	31	科目汇总表	21~31日发生额	114 300	114 300	贷	427 000
	31		本月合计	114 300	114 300	贷	427 000

表 8-31　　　　　　　　　　　　　　　　总分类账

会计科目：利润分配　　　　　　　　　　　　　　　　　　　　　　　　　　　　　单位：元

2021年		凭证号	摘要	借方金额	贷方金额		余额
月	日						
12	1		月初余额			贷	326 800
	31	科目汇总表	21~31日发生额	1 759.5	17 595	贷	310 964.5
	31		本月合计	1 759.5	17 595	贷	310 964.5

表 8-32　　　　　　　　　　　　　　　　总分类账

会计科目：主营业务收入　　　　　　　　　　　　　　　　　　　　　　　　　　　单位：元

2021年		凭证号	摘要	借方金额	贷方金额		余额
月	日						
12	31	科目汇总表	21~31日发生额	112 000	112 000	平	0
	31		本月合计	112 000	112 000	平	0

表 8-33　　　　　　　　　　　　　　　　总分类账

会计科目：主营业务成本　　　　　　　　　　　　　　　　　　　　　　　　　　　单位：元

2021年		凭证号	摘要	借方金额	贷方金额		余额
月	日						
12	31	科目汇总表	21~31日发生额	80 000	80 000	平	0
	31		本月合计	80 000	80 000	平	0

表 8-34　　　　　　　　　　　　　　　　总分类账

会计科目：其他业务收入　　　　　　　　　　　　　　　　　　　　　　　　　　　单位：元

2021年		凭证号	摘要	借方金额	贷方金额		余额
月	日						
12	31	科目汇总表	21~31日发生额	2 000	2 000	平	0
	31		本月合计	2 000	2 000	平	0

表 8-35　　　　　　　　　　　　　　　　总分类账

会计科目：其他业务成本　　　　　　　　　　　　　　　　　　　　　　　　　　　单位：元

2021年		凭证号	摘要	借方金额	贷方金额		余额
月	日						
12	31	科目汇总表	21~31日发生额	1 500	1 500	平	0
	31		本月合计	1 500	1 500	平	0

表 8-36　　　　　　　　　　　　　　　总分类账

会计科目：生产成本　　　　　　　　　　　　　　　　　　　　　　　　　　　单位：元

2021年		凭证号	摘要	借方金额	贷方金额		余额
月	日						
12	1		月初余额			平	0
	10	科目汇总表	1~10日发生额	40 000		借	40 000
	20	科目汇总表	11~20日发生额	32 000	37 900	借	34 100
	31		本月合计	72 000	37 900	借	34 100

表 8-37　　　　　　　　　　　　　　　总分类账

会计科目：制造费用　　　　　　　　　　　　　　　　　　　　　　　　　　　单位：元

2021年		凭证号	摘要	借方金额	贷方金额		余额
月	日						
12	1		月初余额			平	0
	10	科目汇总表	1~10日发生额	2 000		借	2 000
	20	科目汇总表	11~20日发生额	7 200	9 200	平	0
	31		本月合计	9 200	9 200	平	0

表 8-38　　　　　　　　　　　　　　　总分类账

会计科目：销售费用　　　　　　　　　　　　　　　　　　　　　　　　　　　单位：元

2021年		凭证号	摘要	借方金额	贷方金额		余额
月	日						
12	31	科目汇总表	21~31日发生额	1 100	1 100	平	0
	31		本月合计	1 100	1 100	平	0

表 8-39　　　　　　　　　　　　　　　总分类账

会计科目：管理费用　　　　　　　　　　　　　　　　　　　　　　　　　　　单位：元

2021年		凭证号	摘要	借方金额	贷方金额		余额
月	日						
12	20	科目汇总表	11~20日发生额	1 920		借	1 920
	31	科目汇总表	21~31日发生额	1 200	3 120	平	0
	31		本月合计	3 120	3 120	平	0

表8-40　　　　　　　　　　　　　总分类账

会计科目：财务费用　　　　　　　　　　　　　　　　　　　　　　　　　　单位：元

2021年		凭证号	摘要	借方金额	贷方金额		余额
月	日						
12	31	科目汇总表	21~31日发生额	5 000	5 000	平	0
	31		本月合计	5 000	5 000	平	0

表8-41　　　　　　　　　　　　　总分类账

会计科目：营业外收入　　　　　　　　　　　　　　　　　　　　　　　　　　单位：元

2021年		凭证号	摘要	借方金额	贷方金额		余额
月	日						
12	31	科目汇总表	21~31日发生额	300	300	平	0
	31		本月合计	300	300	平	0

表8-42　　　　　　　　　　　　　总分类账

会计科目：营业外支出　　　　　　　　　　　　　　　　　　　　　　　　　　单位：元

2021年		凭证号	摘要	借方金额	贷方金额		余额
月	日						
12	31	科目汇总表	21~31日发生额	120	120	平	0
	31		本月合计	120	120	平	0

表8-43　　　　　　　　　　　　　总分类账

会计科目：所得税费用　　　　　　　　　　　　　　　　　　　　　　　　　　单位：元

2021年		凭证号	摘要	借方金额	贷方金额		余额
月	日						
12	31	科目汇总表	21~31日发生额	5 865	5 865	平	0
	31		本月合计	5 865	5 865	平	0

（六）账簿核对

月终，将库存现金日记账和银行存款日记账余额及各种明细账的余额合计数，分别与总分类账中有关科目的余额核对相符。

（七）编制试算平衡表

月终根据核对无误的总分类账和明细分类账的记录，编制"总分类科目发生额及余额试算平衡表"，如表8-44所示。

表8-44 总分类账本期发生额及余额表
2021年12月31日   单位：元

账户名称	期初余额		本期发生额		期末余额	
	借方	贷方	借方	贷方	借方	贷方
库存现金	1 300		30 000	25 700	5 600	
银行存款	139 200		5 260	55 420	89 040	
应收账款	3 000		126 560	3 000	126 560	
原材料	125 000		55 600	43 620	136 980	
库存商品	164 000		37 900	80 000	121 900	
固定资产	882 000		0	0	882 000	
累计折旧		154 600	0	3 160		157 760
短期借款		42 900	0	0		42 900
应付票据			0	45 200		45 200
应付账款		1 000	0	0		1 000
其他应付款		300	300	0		
应付职工薪酬			24 000	27 360		3 360
应交税费		1 500	8 020	20 685		14 165
实收资本		1 000 000	0	0		1 000 000
盈余公积		14 000	0	1 759.5		15 759.5
本年利润		427 000	114 300	114 300		427 000
利润分配	326 800		1 759.5	17 595	310 964.5	
主营业务收入			112 000	112 000		
主营业务成本			80 000	80 000		
其他业务收入			2 000	2 000		
其他业务成本			1 500	1 500		
生产成本			72 000	37 900	34 100	
制造费用			9 200	9 200		
销售费用			1 100	1 100		
管理费用			3 120	3 120		
财务费用			5 000	5 000		
营业外收入			300	300		
营业外支出			120	120		
所得税费用			5 865	5 865		
合计	1 641 300	1 641 300	695 904.5	695 904.5	1 707 145	1 707 145

（八）编制资产负债表和利润表

试算平衡后，编制"资产负债表"和"利润表"（略）。

复习思考题

1. 账务处理程序的步骤是什么？
2. 不同账务处理程序的区别主要在哪里？
3. 记账凭证账务处理程序的基本程序是什么？
4. 科目汇总表账务处理程序的基本程序是什么？
5. 汇总记账凭证财务处理程序的基本程序是什么？

第九章 会计工作组织

【本章知识结构图】

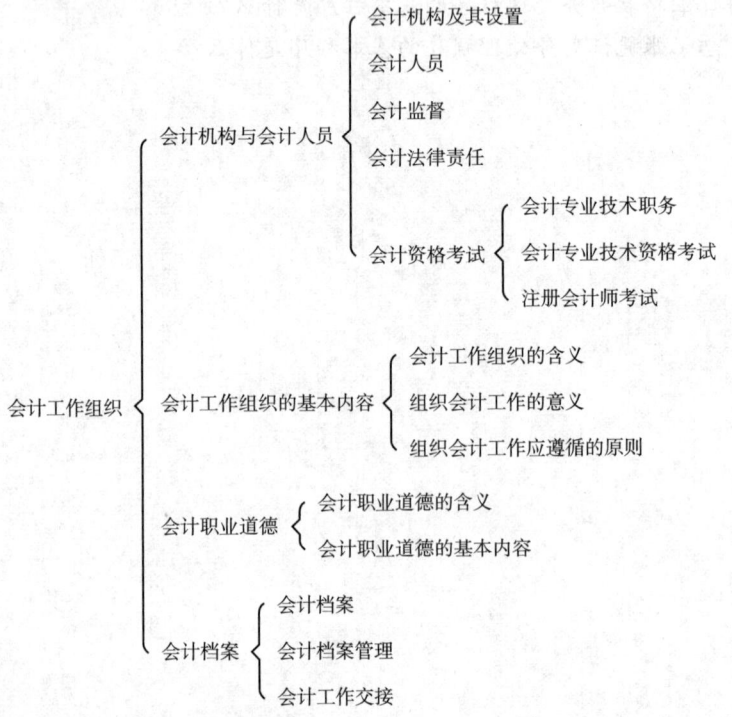

【学习目的与要求】

会计工作组织是提高会计信息质量的重要保障。通过本章学习，了解会计工作组织的基本内容；掌握我国现行会计组织机构的设立及不同会计岗位对工作人员的要求；明确会计职业道德的基本内容；了解会计档案的管理办法。

第一节 会计机构与会计人员

一、会计机构及其设置

会计机构，是指各单位办理会计事务的职能部门。《会计法》第三十六条规定,各单位应当根据会计业务的需要,设置会计机构,或者在有关机构中设置会计人员并指定会计主管人员;不具备设置条件的,应当委托经批准设立从事会计代理记账业务的中介机构代理记账。所以,是否设置独立的会计机构具体应由企业根据自身的需要确定。

一个单位是否单独设置会计机构,往往取决于以下几个因素:一是单位规模的大小;二是经济业务和财务收支的繁简;三是经营管理的要求。通常实行独立核算的大中型企业,都要设置由本单位领导人直接领导的财务会计机构,并配备必要的会计人员。而财务收支数额不大、单位形式比较简单、会计核算不太复杂的单位,如一些业务规模小、业务量少的企业,以及业务比较少的企业,可以不设置专门的会计机构。

根据《会计基础工作规范》,如果单位设置了独立的会计机构,应当配备会计机构负责人;如果单位是在有关机构中配备专职会计人员,应当在专职会计人员中指定会计主管人员。大型和中型企业、事业单位、业务主管部门应当根据法律和国家有关规定设置总会计师。

没有设置会计机构或者配备会计人员的单位,应当根据《代理记账管理办法》的规定,委托会计师事务所或者持有代理记账许可证书的代理记账机构进行代理记账。

各单位应当根据会计业务需要设置会计工作岗位。会计工作岗位一般可分为会计机构负责人或者会计主管人员、出纳、财产物资核算、工资核算、成本费用核算、财务成果核算、资金核算、往来结算、总账报表、稽核、档案管理等。会计工作岗位,可以一人一岗、一人多岗或者一岗多人。但出纳人员不得兼管稽核、会计档案保管和收入、费用、债权债务账目的登记工作。会计人员的工作岗位应当有计划地进行轮换。

二、会计人员

各单位应当根据会计业务需要配备会计人员。会计人员是指具备了会计的专门知识和技能,并从事会计工作的专业技术人员,包括会计机构负责人(会计主管人员)以及具体从事会计工作的会计师、会计员和出纳员等。《会计法》和《会计基础工作规范》对会计人员提出了下列要求:

(1) 会计人员应当具备从事会计工作所需要的专业能力。会计人员应当具备必要的专业知识和专业技能,熟悉国家有关法律、法规、规章和国家统一会计制度,遵守职业道德。

(2) 会计人员应当按照国家有关规定参加会计业务的培训。各单位应当合理安排会计人员的培训,保证会计人员每年有一定时间用于学习和参加培训。

(3) 会计机构负责人、会计主管人员应当具备会计师以上专业技术职务资格或者从事会计工作不少于三年。总会计师由具有会计师以上专业技术资格的人员担任。

(4) 因有提供虚假财务会计报告，做假账，隐匿或者故意销毁会计凭证、会计账簿、财务会计报告，贪污，挪用公款，职务侵占等与会计职务有关的违法行为被依法追究刑事责任的人员，不得再从事会计工作。

三、会计监督

根据《会计法》的规定，单位负责人对本单位的会计工作和会计资料的真实性、完整性负责。单位负责人应当保证会计机构、会计人员依法履行职责，不得授意、指使、强令会计机构、会计人员违法办理会计事项。会计机构、会计人员对违反本法和国家统一的会计制度规定的会计事项，有权拒绝办理或者按照职权予以纠正。任何单位和个人对违反本法和国家统一的会计制度规定的行为，有权检举。收到检举的部门有权处理的，应当依法按照职责分工及时处理；无权处理的，应当及时移送有权处理的部门处理。收到检举的部门、负责处理的部门应当为检举人保密，不得将检举人姓名和检举材料转给被检举单位和被检举人个人。

根据《会计基础工作规范》的规定，会计机构、会计人员对单位的会计工作具有如下监督职责：

(1) 会计机构、会计人员应当对原始凭证进行审核和监督。对不真实、不合法的原始凭证，不予受理。对弄虚作假、严重违法的原始凭证，在不予受理的同时，应当予以扣留，并及时向单位领导人报告，请求查明原因，追究当事人的责任。对记载不准确、不完整的原始凭证，予以退回，要求经办人员更正、补充。

(2) 会计机构、会计人员对伪造、变造、故意毁灭会计账簿或者账外设账行为，应当制止和纠正；制止和纠正无效的，应当向上级主管单位报告，请求作出处理。

(3) 会计机构、会计人员应当对实物、款项进行监督，督促建立并严格执行财产清查制度。发现账簿记录与实物、款项不符时，应当按照国家有关规定进行处理。超出会计机构、会计人员职权范围的，应当立即向本单位领导报告，请求查明原因，作出处理。

(4) 会计机构、会计人员对指使、强令编造、篡改财务报告的行为，应当制止和纠正；制止和纠正无效的，应当向上级主管单位报告，请求处理。

(5) 会计机构、会计人员应当对财务收支进行监督。①对审批手续不全的财务收支，应当退回，要求补充、更正。②对违反规定不纳入单位统一会计核算的财务收支，应当制止和纠正。③对违反国家统一的财政、财务、会计制度规定的财务收支，不予办理。④对认为是违反国家统一的财政、财务、会计制度规定的财务收支，应当制止和纠正；制止和纠正无效的，应当向单位领导人提出书面意见请求处理。单位领导人应当在接到书面意见起十日内作出书面决定，并对决定承担责任。⑤对违反国家统一的财政、财务、会计制度规定的财务收支，不予制止和纠正,又不向单位领导人提出书面意见的,也应当承担责任。⑥对严重违反国家利益和社会公众利益的财务收支,应当向主管单位或者财政、审计、税务机关报告。

(6)会计机构、会计人员对违反单位内部会计管理制度的经济活动,应当制止和纠正;制止和纠正无效的,向单位领导人报告,请求处理。

(7)会计机构、会计人员应当对单位制定的预算、财务计划、经济计划、业务计划的执行情况进行监督。

(8)各单位必须依照法律和国家有关规定接受财政、审计、税务等机关的监督,如实提供会计凭证、会计账簿、会计报表和其他会计资料以及有关情况,不得拒绝、隐匿、谎报。

(9)按照法律规定应当委托注册会计师进行审计的单位,应当委托注册会计师进行审计,并配合注册会计师的工作,如实提供会计凭证、会计账簿、会计报表和其他会计资料以及有关情况,不得拒绝、隐匿、谎报,不得示意注册会计师出具不当的审计报告。

四、会计法律责任

《会计法》规定了各种会计违法违规行为的法律责任:

(1)有下列行为之一的,由县级以上人民政府财政部门责令限期改正,可以对单位并处三千元以上五万元以下的罚款;对其直接负责的主管人员和其他直接责任人员,可以处二千元以上二万元以下的罚款;属于国家工作人员的,还应当由其所在单位或者有关单位依法给予行政处分;构成犯罪的,依法追究刑事责任:

①不依法设置会计账簿的;

②私设会计账簿的;

③未按照规定填制、取得原始凭证或者填制、取得的原始凭证不符合规定的;

④以未经审核的会计凭证为依据登记会计账簿或者登记会计账簿不符合规定的;

⑤随意变更会计处理方法的;

⑥向不同的会计资料使用者提供的财务会计报告编制依据不一致的;

⑦未按照规定使用会计记录文字或者记账本位币的;

⑧未按照规定保管会计资料,致使会计资料毁损、灭失的;

⑨未按照规定建立并实施单位内部会计监督制度或者拒绝依法实施监督或者不如实提供有关会计资料及有关情况的;

⑩任用会计人员不符合《会计法》规定的。

会计人员有上述所列行为之一,情节严重的,五年内不得从事会计工作。

(2)伪造、变造会计凭证、会计账簿,编制虚假财务会计报告,构成犯罪的，依法追究刑事责任；尚不构成犯罪的，由县级以上人民政府财政部门予以通报，可以对单位并处五千元以上十万元以下的罚款；对其直接负责的主管人员和其他直接责任人员，可以处三千元以上五万元以下的罚款；属于国家工作人员的，还应当由其所在单位或者有关单位依法给予撤职直至开除的行政处分；其中的会计人员，五年内不得从事会计工作。

（3）隐匿或者故意销毁依法应当保存的会计凭证、会计账簿、财务会计报告，构成犯罪的，依法追究刑事责任；尚不构成犯罪的，由县级以上人民政府财政部门予以通报，可以对单位并处五千元以上十万元以下的罚款；对其直接负责的主管人员和其他直接责任人员，可以处三千元以上五万元以下的罚款；属于国家工作人员的，还应当由其所在单位或者有关单位依法给予撤职直至开除的行政处分；其中的会计人员，五年内不得从事会计工作。

（4）授意、指使、强令会计机构、会计人员及其他人员伪造、变造会计凭证、会计账簿，编制虚假财务会计报告或者隐匿、故意销毁依法应当保的会计凭证、会计账簿、财务会计报告，构成犯罪的，依法追究刑事责任；尚不构成犯罪的，可以处五千元以上五万元以下的罚款；属于国家工作人员的，还应当由其所在单位或者有关单位依法给予降级、撤职、开除的行政处分。

（5）单位负责人对依法履行职责、抵制违反本法规定行为的会计人员以降级、撤职、调离工作岗位、解聘或者开除等方式实行打击报复，构成犯罪的，依法追究刑事责任；尚不构成犯罪的，由其所在单位或者有关单位依法给予行政处分。对受打击报复的会计人员，应当恢复其名誉和原有职务、级别。

（6）财政部门及有关行政部门的工作人员在实施监督管理中滥用职权、玩忽职守、徇私舞弊或者泄露国家秘密、商业秘密，构成犯罪的，依法追究刑事责任；尚不构成犯罪的，依法给予行政处分。

（7）收到会计违规的检举，将检举人姓名和检举材料转给被检举单位和被检举人个人的，由所在单位或者有关单位依法给予行政处分。

五、会计资格考试

1. 会计专业技术职务。会计专业技术职务是区分会计人员从事业务工作的技术等级。会计专业技术职务分为高级会计师、会计师、助理会计师和会计员四个档次。其中，高级会计师为高级职务，会计师为中级职务，助理会计师和会计员为初级职务。

初级、中级会计专业技术职务实行以考代评制度，通过会计专业技术初级资格考试可以取得助理会计师和会计员任职资格，通过会计专业技术中级资格考试可以取得会计师任职资格。

高级会计专业技术职务的取得实行考试与评审相结合制度，通过会计专业技术高级资格考试后，方可参加高级会计师评审。参加全国统一组织的《高级会计师实务》考试，考试合格后由本人申请，单位推荐，经所在单位的高级会计专业职务评审委员会（会计高评委）考核评议，并提出考核推荐材料，报省、自治区、直辖市财政部门会计专业高级职务评审委员会审定认可。

2. 会计专业技术资格考试。会计专业技术资格考试分为初级、中级、高级三个级别。初级资格的考试科目为《经济法基础》和《初级会计实务》，考生需要在1个考试年度内通过全部科目考试。中级资格的考试科目为《经济法》《中级会计实务》《财务管理》，考生需要在连续2个考试年度内通过全部科目考试。高级资格的考试科目为《高级会计师实务》，考试成绩合格证有效期为3年，即考试通过后需在3年内通过高级会计师评审，否则成绩作废，需要重新参加考试。

报名参加会计专业技术资格考试（含初级、中级和高级）应具备的基本条件包括：(1) 遵守《中华人民共和国会计法》和国家统一的会计制度等法律法规；(2) 具备良好的职业道德，无严重违反财经纪律的行为；(3) 热爱会计工作，具备相应的会计专业知识和业务技能。此外，报名参加初级会计资格考试，还必须具备国家教育部门认可的高中毕业（含高中、中专、职高和技校）及以上学历。

报名参加中级会计资格考试，除满足基本条件外，还必须具备下列条件之一：(1) 具备大学专科学历，从事会计工作满5年；(2) 具备大学本科学历或学士学位，从事会计工作满4年；(3) 具备第二学士学位或研究生班毕业，从事会计工作满2年；(4) 具备硕士学位，从事会计工作满1年；(5) 具备博士学位；(6) 通过全国统一考试，取得经济、统计、审计专业技术中级资格。

报名参加高级资格考试，除满足基本条件外，还应符合下列条件之一：(1) 具备大学专科学历，取得会计师职称后，从事与会计师职责相关工作满10年；(2) 具备硕士学位或第二学士学位或研究生班毕业或大学本科学历或学士学位，取得会计师职称后，从事与会计师职责相关工作满5年；(3) 具备博士学位，取得会计师职称后，从事与会计师职责相关工作满2年。

会计专业技术资格考试，原则上每年举行一次。报名日期为每年的上半年，基本上在3月、4月进行，当年下半年进行考试，基本上在9月进行。如遇特殊情况需要调整考试时间，财政部、人事部将会及时通知各地。

3. 注册会计师考试。注册会计师考试是中国的一项执业资格考试。参加注册会计师全国统一考试并通过全部考试科目取得全科合格证后，可申请成为注册会计师非执业会员（不具备审计签字权）；拥有2年国内事务所独立审计工作经验后可以申请成为注册会计师执业会员（拥有审计签字权）。

注册会计师考试分为专业阶段和综合阶段两个阶段。专业阶段的考试科目是《会计》《审计》《财务成本管理》《经济法》《税法》《公司战略与风险管理》，考生需要在连续5个考试年度内通过全部科目考试，报名条件为：(1) 具有完全民事行为能力；(2) 具有高等专科以上学校毕业学历，或者具有会计或者相关专业中级以上技术职称。综合阶段的考试科目是《职业能力综合测试》，报名条件为：(1) 具有完全民事行为能力；(2) 已取得注册会计师全国统一考试专业阶段考试合格证。

第二节　会计工作组织的基本内容

一、会计工作组织的含义

会计工作是指利用会计知识和技能，从事提供会计信息、进行会计管理的一项脑力劳动，既包括会计应该做什么，也包括会计劳动过程。会计工作是一项复杂、细致、综合的经济管理活动。各单位所发生的各项经济业务，都要通过会计加以反映和监督管理，因而会计工作就与其他经营管理工作有着密切的联系；会计工作也是一项政策性很强的工作，必须按照有关的财经政策、法规、制度的要求办理业务；会计工作还是一项严密细致的工作，会计所产生的数据信息要经过一连串的记录、计算、分类、汇总和分析等处理程序。因此，要做好会计工作，就必须建立专门的会计机构，要有专职的办事人员，并按照规定的会计制度开展日常的会计工作。

会计人员掌握了会计知识和技能，只是开展会计工作的一个基本条件。要搞好会计工作，必须对会计工作进行科学的组织。所谓会计工作组织，从广义上讲包括组织与会计工作有关的一切事情；从狭义上讲，会计工作组织包括会计核算机构的设置、会计人员的配备与教育、会计法规的制定和执行、会计档案的保管等。在此我们从狭义角度出发，给出会计工作组织的定义如下：会计工作组织，就是根据会计工作的特点，设置会计机构，配备会计人员，制定、执行会计法规，保管会计档案，以保证合理、有效地进行会计工作。

会计工作不仅是一项综合性、政策性很强的经济管理工作，而且还是一项严密的技术工作。因此，要做好会计工作，必须有专门的办事机构、专职的会计人员，按照国家的法律法规和制度的要求开展会计工作。因此，会计工作组织的内容包括设置会计机构、配备会计人员、会计规范体系的建立与执行、会计档案的保管等。

二、组织会计工作的意义

会计工作是经济管理的重要组成部分，为了保证会计工作的顺利进行、不断提高会计工作的质量、实现会计目标、充分发挥会计职能作用，科学地组织好会计工作具有十分重要的意义。

1. 科学地组织会计工作，有利于提高会计工作的质量和效率。会计反映的是再生产过程中各个阶段以货币表现的经济活动，具体又可表现为周而复始的企业和行政事业单位的资金运动和频繁发生的财务收支。会计工作要把这些财务收支和经济活动从凭证到账簿，从账簿到报表，连续地进行收集、记录、分类、汇总和分析，这都需要一连串的数字计算，需要一系列的程序和手续；各个程序之间，各种手续之间，各个数字之间一环扣一环，联系紧密。在任何一个环节上出现差错或者脱节，都会造成整个会计处理结果不正确或不能及时完成。如果没有专职的机构和办事人员，没有一套工作制度和办事程序，就不能组织与管理好会计工作，就不能很好地完成会计的任务。

2. 科学地组织会计工作，有利于会计工作与其他经济管理工作协调一致。会计工作是企业经济管理工作的一部分。它既独立于其他经济管理工作，又与其他经济管理工作有着密切的联系。会计工作一方面能够促进其他经济管理工作；另一方面也需要其他经济管理工作的配合。只有这样，才能充分发挥会计工作的重要作用。

3. 科学地组织会计工作，有利于加强企业内部的经济责任制。企业内部的经济责任制离不开会计工作。科学地组织会计工作，可以促使企业单位内部各有关部门管好和用好资金、增收节支，通过提高经营管理水平，达到提高经济效益、取得最佳经济效果的目的。

4. 科学地组织会计工作，有利于会计法规的正确执行。会计工作是一项错综复杂的系统工作，政策性又很强，必须通过核算如实地反映各单位的活动和财务收支，通过监督来贯彻执行国家的有关政策、方针、法令和制度。因此，科学地组织好会计工作，可以促使各单位更好地贯彻实施各项方针政策，维护好财经纪律，为建立良好的社会经济秩序打下基础。

三、组织会计工作应遵循的原则

对会计工作进行组织和管理要符合一定的要求，或者说要遵循一定的原则。组织会计工作应符合的要求，是指组织好会计工作、提高会计工作质量和效率要保证科学、有效地组织和管理会计工作，必须符合以下要求。

1. 统一性要求。统一性要求是指组织会计工作必须按照《会计法》和《企业会计准则》以及其他相关会计法规制度对会计工作的统一要求，贯彻执行国家规定的法令制度，进行会计核算，实行经济管理，提高经济效益中的应有作用。

2. 适应性要求。适应性要求是指组织会计工作必须适应本单位经营管理的特点。各单位应在遵守国家法规和准则的前提下，根据自身管理特点及规模等情况，制定出相应的具体办法，采用不同的账簿组织、记账方法和程序处理相应的经济业务，以适应企业自身发展的需要。

3. 效益性要求。效益性要求是指组织会计工作时，在保证会计工作质量的前提下，应讲求效益，节约人力和物力。会计工作非常繁杂，需要对会计机构的设置和会计人员的配备等进行科学的组织和设计。只有这样，才能保证会计工作的质量。同时，在保证会计工作质量的前提下，要讲求效益，尽量节约会计工作的时间和费用。

4. 内部控制要求。内部控制要求是指组织会计工作应建立内部控制规范。内部控制规范主要包括现金出纳控制、实物资产进出控制、各项费用支出控制等。通过彼此牵制，可以防止会计舞弊的发生，达到监督的目的。

5. 责任制要求。责任制要求是指建立和完善会计工作本身的责任制度，包括建立会计各岗位，确定各岗位会计人员，明确各岗位的责任（即定岗、定人、定责）。各岗位上的会计人员应当各尽其责，相互配合，共同做好本单位的会计工作。

第三节 会计职业道德

会计行业作为市场经济活动的一个重要领域，主要为社会提供会计信息或鉴证服务，其服务质量的好坏直接影响着经营者、投资人和社会公众的利益，进而影响着整个社会的经济秩序。会计工作者在提供信息或鉴证服务的过程中，除了必须将本职工作置于法律、法规的约束和规范之下，还必须具备与其职能相适应的职业道德水准，市场经济越发展，对会计工作的职业道德水准要求就越高。正确认识和分析我国会计职业道德现状，建立健全会计职业道德规范体系，广泛开展会计职业道德宣传教育，全面提高会计职业素养和执业质量，是新时期以德治国、建立和谐社会和会计工作发展的需要。

一、会计职业道德的含义

道德是一定社会调节人际关系的行为规范的总和。职业道德是指人们在职业生活中应遵循的基本道德，即一般社会道德在职业生活中的具体体现，是职业品德、职业纪律、专业胜任能力以及职业责任等的总称，属于自律范畴，它通过公约、守则等对职业生活中的某些方面加以规范。职业道德既是本行业人员在职业活动中的行为规范，又是行业对社会所承担的道德责任和义务。

会计职业道德是指会计人员从事会计工作所应遵循的基本道德规范，是会计人员在职业活动中形成和体现出来的，调整会计人员与社会之间、会计人员个人之间及个人与集体之间职业道德主观意识和客观行为的统一，是体现会计职业特征、调整会计职业关系的职业行为准则和规范，包括职业品德、职业纪律、专业胜任能力及职业责任等，属于一种非强制性的自律规范，与法律等强制性规范不同，它是依靠信念、习俗、传统、教育和素质的力量来维持的。

会计职业道德是中国社会主义职业道德建设的一个重要方面，会计职业道德水平的高与低会直接影响到整个会计工作的质量和服务。一方面，会计职业道德是一种非强制性的规范，主要依靠会计职业界自身及社会舆论来实行监督；另一方面，会计职业道德的目标在于维护社会经济秩序，具有一定程度的强制性。在中国有很多法律规范都包含会计职业道德的内容，如《会计法》中明确规定："会计人员应当遵守职业道德，提高业务素质。"在《会计基础工作规范》中也有明确要求。在会计人员的工作过程中，会计职业道德规范和其他会计规范相互补充、相互联系，共同构成会计规范体系，规范着会计工作。

同时，会计职业道德规范的作用又是其他会计法律法规所不能取代的，会计职业道德贯穿会计工作所有领域和整个过程。会计职业道德是对会计法律制度的重要补充，是规范会计行为的基础，是实现会计目标的重要保证，也是提高会计人员素质的内在要求。

会计职业作为社会经济活动中的一种特殊职业，其职业道德与其他职业道德相比具有自身的特征：一是具有一定的强制性，如为了强化会计职业道德的调整职能，我国会计职业道德中的许多内容都直接纳入了会计法律制度之中；二是较多关注公众利益，会计职业的社会公众利益性，要求会计人员客观公正，在会计职业活动中，发生道德冲突时要坚持准则，把社会公众利益放在第一位。

二、会计职业道德的基本内容

会计职业道德规范是指一定的社会经济条件下，对会计职业行为及职业活动的系统要求或明文规定，它是社会道德体系的一个重要组成部分，是职业道德在会计职业行为和会计职业活动中的具体体现。我国会计职业道德主要内容可以概括为以下八个方面：爱岗敬业、诚实守信、廉洁自律、客观公正、坚持准则、提高技能、参与管理和强化服务。

1. 爱岗敬业。爱岗敬业是职业道德的基本要求，是每个会计人员是否具有职业道德的首要标志。爱岗就是热爱自己的工作岗位，热爱本职工作，安心本职岗位，忠于职守。敬业就是用严肃恭敬的态度，认真地对待本职工作，将身心与本职工作融为一体。爱岗和敬业互为前提、相互支持、相辅相成。"爱"由"敬"起，"敬"由"爱"生。爱岗是敬业的基石，敬业是爱岗的升华。

2. 诚实守信。诚实守信，简称"诚信"，既是职业道德的根本，也是每个会计人员在职业活动中处理人与人之间关系的道德准则。诚实是指言行跟内心思想一致，不弄虚作假，不欺上瞒下，做老实人，说老实话，办老实事。守信就是要遵守所做出的承诺，讲信用，重信用，信守诺言，保守秘密。诚实守信要求会计人员提供的会计信息真实可靠，不作假账；执业谨慎，信誉至上；保守企业秘密，不为利益诱惑。

3. 廉洁自律。廉洁自律既是中华民族的传统美德，也是会计职业道德的重要内容之一。廉洁就是不收受贿赂，不贪污钱财。自律就是按照一定标准，约束、控制自己的言行和思想的过程。会计工作的特点决定了廉洁自律是会计职业道德的内在要求，是会计人员的行为准则。自律是廉洁的保证，廉洁是自律的基础。不自律就做不到廉洁，不廉洁就谈不上自律。廉洁自律要求会计人员树立正确的人生观和价值观——公私分明，不贪不占；遵纪守法，抵制行业不正之风；清正廉洁，加强自律。

4. 客观公正。客观公正是会计人员必须具备的行为品德，是会计职业道德的灵魂。客观是指会计人员必须以实际发生的交易或者事项为依据，如实反映企业的财务状况、经营成果和现金流量情况。公正是指会计人员应该具备正直、诚实的品质,不偏不倚地对待有关利益各方。客观公正不仅是一种工作态度,更是会计人员追求的一种境界。客观公正要求会计人员端正态度,提高技能;依法办事,遵规守法;实事求是,不偏不倚。会计人员从业应保持独立性。

5. 坚持准则。坚持准则是指会计人员在处理业务过程中严格按照会计法规办事,不为主观或他人意志左右。这里所指的"准则"不仅指会计准则,而且指"会计法规"。坚持准则要求会计人员熟悉准则,提高会计人员遵守准则的能力;执行准则,提高会计人员依照准则办事的能力;坚持准则,提高会计人员正确运用准则的能力,不唯情,不唯钱,只唯法。

6. 提高技能。提高技能是指会计人员在实际工作中应通过自学、培训和实践等合理的学习途径,不断提高会计理论水平、会计实务能力、职业判断能力、自动更新知识的能力、提供会计信息的能力、沟通交流能力、丰富职业经验等,达到并维持足够的专业胜任能力的活动。提高技能要求会计人员增强提高专业技能的自觉性和紧迫感;勤学苦练,刻苦钻研;不断进取,提高业务水平。

7. 参与管理。参与管理是指会计人员通过确认、计量、报告等会计核算程序向企业管理者提供财务会计信息,为管理活动提供合理化建议,为管理者当参谋,为管理活动服务。参与管理要求会计人员在做好本职工作的同时,努力钻研相关业务。全面熟悉本单位经营活动和业务流程,主动提出合理化建议,协助管理者决策,积极参与管理。

8. 强化服务。强化服务是指会计人员在提供服务的过程中,要有强烈的服务意识、文明的服务态度和优良的服务质量,以提高服务对象的满意度。强化服务既是会计工作的宗旨,也是行业文明的标志。强化服务要求会计人员树立服务意识,履行会计职能;提高服务质量,不断开拓创新;努力维护和提升会计职业的良好社会形象。

以上八项,是每一个会计从业者在工作中应具备的基础职业道德,会计从业者应在实践中自觉遵循、不断充实和发扬光大。

第四节 会计档案

一、会计档案

会计档案是指单位在进行会计核算等过程中接收或形成的,记录和反映单位经济业务事项的,具有保存价值的文字、图表等各种形式的会计资料,包括通过计算机等电子设备形成、传输和存储的电子会计档案。

会计档案是企业单位日常发生的各项经济活动的历史记录,是总结经营管理经验、进行决策所需的主要资料,也是检查各种责任事故的重要依据,同时还是国家经济档案的重要组成部分。会计档案对于指导生产经营管理和事业管理,查验经济问题,防止贪污舞弊,研究经济发展的方针和战略都具有重要作用。各单位应当加强会计档案管理工作,建立和完善会计档案的收集、整理、保管、利用和鉴定销毁等管理制度,采取可靠的安全防护技术和措施,保证会计档案的真实、完整、可用、安全。

按照《会计档案管理办法》的规定,下列会计资料应当进行归档:

(1) 会计凭证,包括原始凭证、记账凭证;

(2) 会计账簿,包括总账、明细账、日记账、固定资产卡片及其他辅助性账簿;

(3) 财务会计报告,包括月度、季度、半年度、年度财务会计报告;

(4) 其他会计资料,包括银行存款余额调节表、银行对账单、纳税申报表、会计档案移交清册、会计档案保管清册、会计档案销毁清册、会计档案鉴定意见书及其他具有保存价值的会计资料。

二、会计档案管理

为加强我国会计档案的科学管理,《会计法》规定:"各单位对会计凭证、会计账簿、财务报告和其他会计资料应当建立档案,妥善保管。会计档案的保管期限和销毁办法,由国务院财政部门会同有关部门制定。"由于会计档案管理是一项技术性、政策性都很强的工作,财政部会同国家档案局共同制定了《会计档案管理办法》,对会计档案的立卷、归档、保管、调阅和销毁以及单位变更后的会计档案管理等问题做出了更加明确的规定。

1. 电子会计档案。同时满足下列条件的,单位内部形成的属于归档范围的电子会计资料可仅以电子形式保存,形成电子会计档案:

(1) 形成的电子会计资料来源真实有效,由计算机等电子设备形成和传输;

(2) 使用的会计核算系统能够准确、完整、有效接收和读取电子会计资料,能够输出符合国家标准归档格式的会计凭证、会计账簿、财务会计报表等会计资料,设定了经办、审核、审批等必要的审签程序;

(3) 使用的电子档案管理系统能够有效接收、管理、利用电子会计档案,符合电子档案的长期保管要求,并建立了电子会计档案与相关联的其他纸质会计档案的检索关系;

(4) 采取有效措施,防止电子会计档案被篡改;

(5) 建立电子会计档案备份制度,能够有效防范自然灾害、意外事故和人为破坏的影响;

(6) 形成的电子会计资料不属于具有永久保存价值或者其他重要保存价值的会计档案。

单位从外部接收的电子会计资料,如果满足上述条件,并且附有符合《中华人民共和国电子签名法》规定的电子签名的,可仅以电子形式归档保存,形成电子会计档案。

2. 会计档案的归档要求。(1) 单位可以利用计算机、网络通信等信息技术手段管理会计档案。

(2) 单位的会计机构或会计人员所属机构,按照归档范围和归档要求,负责定期将应当归档的会计资料整理立卷,编制会计档案保管清册。

(3) 当年形成的会计档案,在会计年度终了后,可由单位会计管理机构临时保管一年,再移交单位档案管理机构保管。因工作需要确需推迟移交的,应当经单位档案管理机构同意。

(4) 单位会计管理机构临时保管会计档案最长不超过三年。临时保管期间,会计档案的保管应当符合国家档案管理的有关规定,且出纳人员不得兼管会计档案。

3. 会计档案的保管期限。会计档案的保管期限分为永久、定期两类。定期保管期限分为10年和30年。保管期限从会计年度终了后的第一天算起。各类会计档案保管期限如表9-1所示。

表9-1　　　　　　　　　企业会计档案保管期限

序号	档案名称	保管期限	备注
一	会计凭证		
1	原始凭证	30年	
2	记账凭证	30年	
二	会计账簿		
3	总账	30年	
4	明细账	30年	
5	日记账	30年	
6	固定资产卡片		固定资产报废清理后保管5年
7	其他辅助性账簿	30年	
三	财务会计报告		
8	月度、季度、半年度财务会计报告	10年	
9	年度财务会计报告	永久	
四	其他会计资料		
10	银行存款余额调节表	10年	
11	银行对账单	10年	
12	纳税申报表	10年	
13	会计档案移交清册	30年	
14	会计档案保管清册	永久	
15	会计档案销毁清册	永久	
16	会计档案鉴定意见书	永久	

4. 会计档案的借阅要求。单位应当严格按照相关制度利用会计档案，在进行会计档案查阅、复制、借出时履行登记手续，严禁篡改和损坏。单位保存的会计档案一般不得对外借出。确因工作需要且根据国家有关规定必须借出的，应当严格按照规定办理相关手续。会计档案借用单位应当妥善保管和利用借入的会计档案，确保借入会计档案的安全完整，并在规定时间内归还。

5. 会计档案的鉴定和销毁。单位应当定期对已到保管期限的会计档案进行鉴定，并形成会计档案鉴定意见书。经鉴定，仍需继续保存的会计档案，应当重新划定保管期限；对保管期满、确无保存价值的会计档案，可以销毁。会计档案鉴定工作应当由单位档案管理机构牵头，组织单位会计、审计、纪检监察等机构或人员共同进行。

经鉴定可以销毁的会计档案，应当按照以下程序销毁：

（1）单位档案管理机构编制会计档案销毁清册，列明拟销毁会计档案的名称、卷号、册数、起止年度、档案编号、应保管期限、已保管期限和销毁时间等内容。

（2）单位负责人、档案管理机构负责人、会计管理机构负责人、档案管理机构经办人、会计管理机构经办人在会计档案销毁清册上签署意见。

（3）单位档案管理机构负责组织会计档案销毁工作，并与会计管理机构共同派员监销。监销人在会计档案销毁前，应当按照会计档案销毁清册所列内容进行清点核对；在会计档案销毁后，应当在会计档案销毁清册上签名或盖章。

电子会计档案的销毁还应当符合国家有关电子档案的规定，并由单位档案管理机构、会计管理机构和信息系统管理机构共同派员监销。

保管期满但未结清的债权债务会计凭证和涉及其他未了事项的会计凭证不得销毁，纸质会计档案应当单独抽出立卷，电子会计档案单独转存，保管到未了事项完结时为止。单独抽出立卷或转存的会计档案，应当在会计档案鉴定意见书、会计档案销毁清册和会计档案保管清册中列明。

6. 会计档案的移交。单位会计管理机构在办理会计档案移交时，应当编制会计档案移交清册，并按照国家档案管理的有关规定办理移交手续。纸质会计档案移交时应当保持原卷的封装。电子会计档案移交时应当将电子会计档案及其元数据一并移交，且文件格式应当符合国家档案管理的有关规定。特殊格式的电子会计档案应当与其读取平台一并移交。单位档案管理机构接收电子会计档案时，应当对电子会计档案的准确性、完整性、可用性、安全性进行检测，符合要求的才能接收。

三、会计工作交接

会计工作交接是会计工作中的一项重要内容，办好会计工作交接，有利于保持会计工作的连续性，有利于明确各自的责任。

会计人员调动工作或者离职时，与接替人员办清交接手续，可以使会计工作前后紧密衔接，保证会计工作连续进行，防止因会计人员的更换而出现会计核算混乱的现象，同时可以分清移交人员和接替人员的责任。《会计法》第四十一条规定，会计人员调动工作或者离职，必须与接管人员办清交接手续。

《会计工作基础规范》对会计工作交接作了比较具体的规定，其内容包括：

（1）会计人员工作调动或者因故离职，必须将本人所经管的会计工作全部移交给接替人员。没有办清交接手续的，不得调动或者离职。接替人员应当认真接管移交工作，并继续办理移交的未了事项。

（2）会计人员办理移交手续前，必须及时做好以下工作：①已经受理的经济业务尚未填制会计凭证的，应当填制完毕；②尚未登记的账目，应当登记完毕，并在最后一笔余额后加盖经办人员印章；③整理应该移交的各项资料，对未了事项写出书面材料；④编制移交清册，列明应当移交的会计凭证、会计账簿、会计报表、印章、现金、有价证券、支票簿、发票、文件、其他会计资料和物品等内容；实行会计电算化的单位，从事该项工作的移交人员还应当在移交清册中列明会计软件及密码、会计软件数据磁盘（磁带等）及有关资料、实物等内容。

（3）会计人员办理交接手续，必须有监交人负责监交。一般会计人员交接，由单位会计机构负责人、会计主管人员负责监交；会计机构负责人、会计主管人员交接，由单位领导人负责监交，必要时可由上级主管部门派人会同监交。

（4）移交人员在办理移交时，要按移交清册逐项移交；接替人员要逐项核对点收，并注意以下要点：

①现金、有价证券要根据会计账簿有关记录进行点交。库存现金、有价证券必须与会计账簿记录保持一致。不一致时，移交人员必须限期查清。

②会计凭证、会计账簿、会计报表和其他会计资料必须完整无缺。如有短缺，必须查清原因，并在移交清册中注明，由移交人员负责。

③银行存款账户余额要与银行对账单核对，如不一致，应当编制银行存款余额调节表调节相符，各种财产物资和债权债务的明细账户余额要与总账有关账户余额核对相符；必要时，要抽查个别账户的余额，与实物核对相符，或者与往来单位、个人核对清楚。

④移交人员经管的票据、印章和其他实物等，必须交接清楚；移交人员从事会计电算化工作的，要对有关电子数据在实际操作状态下进行交接。

（5）交接完毕后，交接双方和监交人员要在移交注册上签名或者盖章，并应在移交注册上注明单位名称、交接日期、交接双方和监交人员的职务及姓名、移交清册页数以及需要说明的问题和意见等。移交清册一般应当填制一式三份，交接双方各执一份，存档一份。接替人员应当继续使用移交的会计账簿，不得自行另立新账，以保持会计记录的连续性。

复习思考题

1. 会计工作组织的含义是什么？组织会计工作应遵循哪些要求？

2. 会计机构设置取决于哪些要素?
3. 会计人员的工作岗位一般如何划分?
4. 会计人员的任职基本条件有哪些?
5. 会计人员的专业技术资格如何取得?
6. 会计职业道德的基本内容有哪些?
7. 什么是会计档案?会计档案的保管要求有哪些?
8. 会计工作交接应当注意哪些问题?

主要参考文献

1. 中国注册会计师协会：《2021年注册会计师全国统一考试辅导用书——会计》，中国财政经济出版社2021年版。
2. 财政部会计资格评价中心：《2021年度全国会计专业技术资格考试辅导教材——中级会计实务》，经济科学出版社2021年版。
3. 陈国辉、迟旭升：《基础会计》，东北财经大学出版社2018年版。
4. 夏冬林、秦玉熙：《会计学——原理与方法》，中国人民大学出版社2013年版。
5. 李现宗、叶忠明：《基础会计学》，清华大学出版社2012年版。
6. 胡玉明：《会计学（非专业用）》，中国人民大学出版社2010年版。

敬 告 读 者

为了帮助广大师生和其他学习者更好地使用、理解、巩固教材的内容,本教材配课件和部分习题答案,读者可关注微信公众号"会计与财税"获取相关信息。如有任何疑问,请与我们联系。

QQ:16678727

邮箱:esp_bj@163.com

教师服务 QQ 群:606331294

读者交流 QQ 群:391238470

经济科学出版社

2022 年 2 月

会计与财税

教师服务 QQ 群

读者交流 QQ 群

经科在线学堂